交通大数据应用技术与安全

李雷孝　马志强　林　浩　著

科学出版社

北京

内 容 简 介

　　本书系统阐述交通大数据在地面城市交通中的广泛应用,涵盖 4 个方面的内容。第一部分(包括第 1、2 章),主要介绍交通大数据相关背景、研究意义、基本特征定义和分类方法,是深入研究交通大数据不可或缺的先验知识;第二部分(包括第 3~5 章),以文本类型的结构化数据为基础,利用机器学习、数据挖掘等相关知识构造交通流量预测、交通拥堵预测、流量热点分析等模型;第三部分(包括第 6、7 章),通过视频和图像等媒体数据提供交通场景的视觉信息,以车载监控和道路监控为应用场景实现对驾驶员和车辆的监管;第四部分(包括第 8、9 章),主要介绍模型可视化呈现工具,以及交通大数据安全结合区块链的相关研究。

　　本书可作为计算机相关专业、交通运输相关专业及从事两者交叉方向研究的教师、研究生、本科生和相关技术开发人员的参考用书。

图书在版编目(CIP)数据

交通大数据应用技术与安全 / 李雷孝, 马志强, 林浩著. -- 北京 : 科学出版社, 2024.7. -- ISBN 978-7-03-079068-2

Ⅰ. U495

中国国家版本馆 CIP 数据核字第 2024E8W836 号

责任编辑:杨 昕 宋 芳 / 责任校对:王万红
责任印制:吕春珉 / 封面设计:东方人华平面设计部

科 学 出 版 社 出版

北京东黄城根北街 16 号
邮政编码:100717
http://www.sciencep.com

北京中科印刷有限公司印刷

科学出版社发行 各地新华书店经销

*

2024 年 7 月第 一 版 开本:787×1092 1/16
2024 年 7 月第一次印刷 印张:15 1/4
字数:361 000

定价:152.00 元

(如有印装质量问题,我社负责调换)

销售部电话 010-62136230 编辑部电话 010-62138978-2032

前　　言

随着信息技术的快速发展，交通行业也在不断地发生变革，两者之间的关系日益紧密。信息技术在交通行业中的应用已经非常广泛，如智能交通系统、车联网、高精度地图、无人驾驶技术等都表现出了信息技术对交通行业运营的支撑作用。交通行业的发展也极大地推动了信息技术的进步，促进了通信技术、传感技术、计算机视觉技术等相关技术的更新迭代。

交通大数据作为智能交通系统的重要一环，具有数据量庞大、数据来源广泛、时效性强、安全性要求高等特点，需要采用先进的技术手段和方法对数据进行有效的采集、存储、处理和分析。其中，交通运输、交通服务、交通监管部门等交通行业参与者通过合理规划、设计、应用交通大数据平台，达到提高运输效率、优化交通流量、减少交通事故等的目的。融合大数据技术的智能交通系统会是未来交通事业的发展方向，也是下一代城市地面交通系统管理的基石。因此，开展交通大数据相关研究具有重要的理论价值和现实意义。

交通大数据不仅包含各类交通系统数据库存储的文本、日志等结构化数据，还包含图像和视频等非结构化数据。基于文本类型的结构化数据利用机器学习、数据挖掘等相关技术，主要应用于道路交通流量预测、交通拥堵预测、流量热点分析等领域；基于图像、视频的非结构化数据利用图像处理、深度学习等技术，主要应用于车载监控和道路监控领域，实现对驾驶员和车辆的监管。本书主要围绕上述两个方面，在建立和优化交通流量数据库的基础上，研究最新的交通流量数据特征提取技术，以及数据预测和目标检测相关模型，给出每种模型执行的详尽步骤，并对实验结果进行详细分析。

本书内容来源于著者课题组多年的研究成果，不仅包含著者团队负责的国家自然科学基金项目和省部项目的研究内容，还融合了课题组近年来在国内外期刊和会议上发表的论文中的内容。本书由内蒙古工业大学李雷孝和马志强、天津理工大学林浩撰写，内蒙古工业大学智能交通大数据处理实验室的研究生参与了本书材料的整理工作，并对算法进行了仿真实验，在此向他们表示衷心感谢。同时，衷心感谢国家自然科学基金项目（项目批准号：62362055）、内蒙古自治区重点研发与成果转化计划项目（项目编号：2022YFSJ0013、2023YFHH0052）、内蒙古自治区高等学校青年科技英才支持计划项目（项目编号：NJYT22084）、内蒙古自治区自然科学基金面上项目（项目编号：2023MS06008）、鄂尔多斯市重点研发计划项目（项目编号：YF20232328）对相关研究工作的资助。

由于人工智能技术发展较为迅速，许多方法还在不断更新和研究中，加之著者水平有限，书中难免存在疏漏和不足之处，恳请读者批评指正。

目　　录

第 1 章　绪　　论

1.1　研究背景与意义

在当今信息爆炸的时代，大数据无疑是最热门的话题之一，它在对海量数据进行分析处理的过程中起着关键作用。大数据计算不仅能提高数据处理效率，增加人类认知盈余，而且可以通过全局的数据让人们了解事物背后的真相。大数据正在改变过去的经验思维，帮助人们建立数据思维。随着信息技术的不断发展，大数据系统愈发完善，在医疗、金融、科技等诸多领域中的应用也越来越广泛。尤其在交通领域，随着城镇化进程不断加快，交通拥堵、交通工具数量增多、自然环境污染等日益严峻的问题使城市交通发展面临巨大压力。交通系统在面对如此巨大的工作挑战时，如果继续沿袭之前的管理模式，整个系统将面临瘫痪的难题。传统的交通系统已经无法适应高速发展的时代，交通系统的智能化发展迫在眉睫。

随着大数据时代的到来，城市交通和大数据在各个环节的相融合已无法避免，大数据正在驱动城市交通向智能化方向发展。复杂的交通信息网会产生海量的数据，而大数据技术在分析处理数据方面具有一定优势，因此大数据的特质可以完美应用于交通系统中，以解决现阶段交通系统所面临的大部分问题，使得整个交通系统具备感知、预测和解决实际问题的能力。首先，在数据驱动方面，交通系统监控对象主要包括人、车、路、环境 4 个方面，通过多样的检测手段和丰富的数据来源可以实现城市交通及相关系统的全面感知。此外，在网络通信方面，针对交通大数据的实时传输要求建立完整的智能交通专属的数据交互中心。数据中心平台承担了智能交通系统的数据挖掘、数据存储、数据共享等功能。大数据驱动的智能交通系统还应具备优质的综合服务，包括"感知现在和预测未来"特征，并对交通情况进行短期和长时间序列的分析。最后，根据服务于交通管理者、企业运营者、个体出行者等对象的不同，交通管理部门利用大数据技术分析各类交通数据，根据大数据管理系统提供的决策采取有效的措施，制定更加完善的交通组织方案，从而解决交通问题。因此充分运用先进的大数据技术搭建智能交通系统不仅可以使整个社会的交通资源利用最大化，而且对智能交通领域的研究应用具有非常重要的理论价值和现实意义。

融合了大数据技术的智能交通系统将会是下一代城市地面交通系统管理的基础。智能交通系统的亮点在于智能，若想实现智能化，则必须应用相关的高科技手段和技术。它是一种基于现代信息技术面向交通的服务系统，将通信、信息、计算机、传感器等多种先进的技术综合有效地运用在交通管理中。它通过加强人、车辆、道路之间的相互关系，构建了一套安全、高效、准确的综合交通管理系统。相比过去传统的交通系统来说，智能交通系统不仅大幅降低了人力的投入，而且大幅提升了工作效率，可以通过对车辆的监控定位，实现一种全方位、智能化的管理，有效保障人们的出行安全，在一定程度上缓解了交通压力。它有效地集成了当前最先进的数据采集和处理技术、模型预测和分析技术、信息控制技术等，通过各机构提供的有效数据，可以准确模拟未来的交通运行情况，验证技术方案的可行性，并利用合适的预测模型进行有效模拟。在实时交通预测、车辆碰撞、车辆变化和车辆驾驶行为检测等领域，智能交通系统可以依靠大数据的信息处理能力进行实时预测，并将它们用于整个地面的交通管理。

随着大数据、人工智能、车联网等技术的改进，智能交通作为计算机应用的一个重要领域，实现了车辆识别、交通流量预测、驾驶员监控、乘客信息服务等功能，这些功能需要利用图像处理、特征检测、模式匹配等机器学习技术，以便进一步提高智能交通的自动化、共享化、便捷化。除此之外，传统数据挖掘方法在对交通数据进行分析预测时，数据量并不大，只有几万或者几十万条，特征最多有几百或几千个维度。随着信息数据不断增长，显然传统数据挖掘方法已无法支持高数据量的处理。机器学习作为当前计算机发展的一门前沿技术，是机器获取知识的重要途径和人工智能的核心，也是使计算机具有智能化的根本途径。经过多年的研究和改进，机器学习已经在人工智能领域得到广泛应用。机器学习凭借着超高准确率的图像检测和分析预测模型，为智能交通系统提供了可能性。例如，运用计算机视觉技术对道路交通进行监控，通过图像检测和图像识别技术来收集道路交通信息数据，对数据进行分析生成实时车流量分布情况，再根据车流量合理调配交通信号灯时长，能够有效疏导交通堵塞。同时硬件资源的快速发展也为机器学习算法效率提供了新的保障。相比传统数据挖掘方法，机器学习的数据每分钟以亿为单位计算，特征以万维计算，因此机器学习成为智能交通系统的关键技术之一。交通属于典型的开放复杂系统，在交通建模研究中，交通拥堵预测、客流量分析、图像识别任务、动态交通流时空特征提取等系统化应用具有特殊的意义，机器学习为这些交通模型的建立、标定奠定了基础。

机器学习算法在学术界和产业界都有巨大的实用价值，但是由于大数据的大量、复杂特性，对于大数据下的应用问题，传统的在小数据上的机器学习算法很多已不再适用。随着交通领域数据量日益庞大，格式多样、形态复杂、规模庞大的交通流数据给机器学习算法带来了很多技术难题，尤其对现有串行化算法来说，大数据带来了难以接受的时间开销，使得应用算法失效。并且机器学习领域的创新也未停止，机器学习模型在结构上变得越来越复杂，许多系统都试图提供全面的性能，导致机器学习模型过大，复杂度过高，训练需要花费大量的时间。在机器学习特定应用中，算法的空间复杂度和时间复杂度是与算法的准确率同样重要的问题。传统的机器学习算法在数据量、数据维度不断增长的情况下，单机的存储容量和运行时长都已不再适用。在这种情况下，考虑将算法并行化是一个非常自然的想法。因此，除了开发效率高的新算法外，一个重要的方法就是研究相关核心算法的并行化。

并行化计算是指采用"分而治之"思想同时使用多种计算资源解决计算问题的过程，这种方法节省了大量计算时间，极大地提高了计算效率。目前在交通领域大量的串行机器学习算法已经相当成熟，所以如何通过一种转换，将现有大量的串行算法并行化处理是提高算法运行速度的一个突破口。近年来，在众多大数据处理技术中，涌现出以 Apache

Hadoop 和 Apache Spark 等为代表的诸多主流大数据处理技术和系统平台，它们利用大规模分布式存储和并行化处理计算技术为机器学习带来了有效的技术手段。目前，处理大数据机器学习的并行方法主要有分布式并行计算、多核异构计算和混合并行计算 3 种类型，Spark 和 Hadoop 都是面向批处理的并行计算模型，多核异构的并行编程模型由于具有低成本、高性能且能降低并行编程难度的优势，在近些年不断涌现。机器学习分析算法的并行化设计并无标准统一的方法，而是根据具体的算法进行特定的并行化优化设计。并行化策略是传统机器学习算法运用于大数据的典型策略之一，并且在一定范围内取得了一些进展，能处理一定量级的大数据。如何研究高效的并行化策略以结合机器学习算法高效地处理大数据也是当今的研究热点之一。

1.2 交通大数据挖掘国内外研究现状

交通大数据在建设智慧交通的步伐中尤为重要，在为出行者提供信息服务的同时，也为诸多应用实践提供理论依据，如出行需求预测、交通资源优化布局、非常态事件管理等，这进一步促进了交通管理政策的实施。对交通大数据的挖掘分析可总结为如下 3 个方面：常态分析研究、非常态分析研究和预测分析研究。常态是指当外部环境正常时，符合大众认知的、符合大多数个体出行规律的行为；非常态则相反。分析常态、非常态背景下的交通大数据对推进交通规划管理、土地利用、安全事故防范等服务具有重要意义。预测分析是指通过研究历史数据来推测未来可能发生的交通事件。精确预测数据特征分布是交通出行精细化管理的关键，也是交通风险预警和防控的先决条件。

1.2.1 常态分析研究

常态分析研究的数据来源多为出租车、公交车、轨道交通等交通方式提供的出行记录。这些交通方式服务范围广、乘坐方便快捷，对其数据进行分析可找到潜在的行为规律，进而有效提高乘客出行质量，促进管理者协调和调度车辆资源，为交通设施管理[1]、交通土地利用[2]、交通安全出行[3]等措施提供理论支撑。

近年来，部分学者针对出租车大数据进行了详细研究。2017 年，在大型城市的真实及虚拟场景下，Xia 等[4]对比分析了出租车运行时间、运行速度、早高峰流量、起讫点（origin-destination，OD）分布、交叉口排队时间等参数的统计分布，进而掌握了出租车宏观上的出行特征。2018 年，Zong 等[5]为使出租车巡航路线推荐算法具有良好的精确性，对主观上的司机驾驶经验，客观上的土地利用、道路条件、道路等级等因素进行了综合考虑，使得巡航路径推荐能够在主、客观条件上实现权衡，从而取得了良好的进展。2021 年，邱少宁等[6]利用具有噪声的基于密度的聚类（density-based spatial clustering of applications with noise，DBSCAN）算法和改进动态时间归整（dynamic time warping，DTW）距离的时间序列聚类算法来提取具有相似性特征的时空模式，从而有效地分析了城市人群出行的时空差异。

除专注于出租车的数据挖掘外，相关学者在宏观上还分析了共享单车、电动车等交通方式的分布特征。2017 年，Jiang 等[7]为指导多种交通方式之间的调控问题，对比分析了乘客在乘坐不同交通工具下的变化特性。研究发现，乘客在公交、轨道交通、出租车3种交通方式上有着不同的分布状态，结合这3种交通方式实现一体化出行有着最好的评估效果。2018年，高楣等[8]针对共享单车供需失衡的现象，即某部分区域无车可用，而另一些区域供大于需，对比分析了工作日、周六日早晚高峰期间强源、强汇点的分布特征，并根据不同的土地类型分析不同用地的单车使用模式，从而提出了共享单车局部优化的空间调度模型，在一定程度上提高了城市资源利用率。2021年，逯琳等[9]基于浮动车的大数据信息，利用通勤时间、通勤距离、职住区域指标及数据聚类等诸多要素对职住空间特征进行了全面分析，精细化的分析结果可为城市规划提供理论依据。

常态分析研究作为人们生活中最常见的交通大数据挖掘方式，为交通资源的管理及人们的出行提供了理论支持，方便并丰富了人们的生活体验。目前的常态分析研究已采用各式各样的特征来量化交通主体的行为，但仍然存在一些问题：①未利用多模态特征对行为进行表达；②分析过于宏观而使微观特征的研究过少；③未能将多模态特征利用图状等结构进行合理、有效地刻画，从而也未能分析出多维特征的全局分布与关联状态。因此，未来可从上述3个方面对常态分析进行深入研究。

1.2.2　非常态分析研究

现如今，交通大数据的非常态分析研究主要聚焦在交通拥堵的识别与分析上（对于非常态中的预测分析研究将在下一小节进行概述）。交通拥堵问题是诸多交通问题中最常见、影响范围最广的问题，与常态分析研究相比，这种行为具有较强的不确定性和随机性。为了能够解决此问题的发生，交通拥堵识别研究应运而生。20世纪50年代，国外学者开始从事交通拥堵的分析研究，国内学者虽然起步较晚，但是能根据国内的真实情况进行改进和创新，进一步推动了交通拥堵的识别与发展。对于交通拥堵的识别可分为两种，一种是传统检测方法，另一种是机器学习检测方法。传统检测方法主要通过交通评价指标、宏观基本图、元胞传输模型及双流模型等进行识别；机器学习检测方法主要包括贝叶斯网络、马尔可夫模型、聚类算法、K-最邻近（K-nearest neighbor，KNN）算法、支持向量机（support vector machine，SVM）及神经网络[10]。传统检测方法由于限制条件较多，不能很好地适应复杂的外界变化。基于机器学习的检测方法没有特别的条件限制，可与交通数据进行更好的拟合。

在上述方法中，聚类算法可以在没有任何先验知识的情况下对交通数据进行分类，从而确定数据之间的关系。2017年，李桂毅等[11]采用模糊C均值聚类（fuzzy C-means，FCM）算法和粗糙集理论对管制扇形交通的时空拥挤特征进行了划分与识别。2019年，Song等[12]利用k均值聚类（k-means）算法对实时多源数据进行聚类，从而得到拥堵道路的时空分布特征。该方法能够识别不同类型交通拥堵之间的因素差异，为减少交通拥堵提供了理论支持。KNN算法是一种较为简单的数据挖掘方法，通过在标记样本中寻找离未标记数据距离最近的K个数据来划分未标记数据的类别，但近些年对该方法的研究相对较少。SVM最初用来解决二分类问题，随着不断地研究，多分类SVM及其与其他数据挖掘方法的结合也趋于完善。2018年，李宇轩等[13]提出了一种基于交通流量和交通密度的交通状态分类方法，利用SVM来构建拥堵状态与非拥堵状态的分类器。在利用 SVM 技术对交通拥堵进行相关研究的同时，随着机器学习，特别是深度学习技术的日益发展，以及计算机硬件的迭代更新，基于神经网络的拥堵识别方法开始受到学者的广泛关注。目前在交通拥堵识别领域常应用的算法有径向基函数神经网络（radial basis function neural network，RBFNN）[14]、反向传播（back propagation，BP）神经网络[15]等。

因交通事故而引发的交通拥堵问题在现实中普遍存在，大雨、大雾、大雪等非人为控制的极端天气与行车安全与道路拥堵密切相关。针对这种天气问题所导致的交通拥堵，2020 年，毛应萍等[16]通过对道路交通事故进行数据挖掘，采用基于地理信息系统（geographic information system，GIS）对交通事故的多发点及路段进行分析，多角度、多维度分析了人、车、路的数据信息，克服了信息数据采集不完善等问题，挖掘出交通安全面临的主要问题。2021 年，崔海蓉等[17]利用 k 均值聚类算法和风险管理中的风险矩阵法（risk matrix，RM）对极端天气出现的概率和其严重程度分别进行聚类，对交通阻断情况进行了分析研究。

非常态分析研究在一定程度上减少了道路拥堵及交通事故的发生，对于交通管理具有重要意义。但非常态仍存在以下问题：①非常态样本发生率较低，数据较为缺少，样本具有随机性和不确定性；②非常态样本的特征依赖人工提取才能进行很好的表达；③非常态样本数据复杂，核验准确性较为困难。在未来对以上问题的解决还有待进一步研究。

1.2.3 预测分析研究

预测分析研究主要分为客流量预测、交通拥堵预测、出行需求预测、交通出行量预测及公交到站预测。为了进一步减少道路拥堵及交通事故的发生，众多学者对于突发客流量预测及交通拥堵预测更加关注。由于短周期预测时间跨度短、适应性强，对于交通管控、道路规划具有重要意义，目前研究多集中在该领域。对于预测分析研究可分为三大类，即统计预测模型、非参数预测模型（机器学习方法）、组合预测模型（将多种模型进行组合）3 种，其中第 3 种可看作前两种的一种特殊形式。统计预测模型包括卡尔曼滤波（Kalman filtering）和自回归移动平均模型（autoregressive moving average mode，ARMA）等。

非参数预测模型包括支持向量回归（support vector regression，SVR）、卷积神经网络（convolutional neural networks，CNN）、长短期记忆（long short-term memory，LSTM）网络、循环神经网络（recurrent neural network，RNN）、BP 神经网络等；组合预测模型涉及多种模型的组合，目的是使主模型的预测性能更好，包括 SVR 模型和连续蚁群优化（continuous ant colony optimization，CACO）算法相结合、经验模式分解（empirical mode decomposition，EMD）和 CNN 相结合等。

1. 客流量预测

客流量预测包含多种场景下的预测，如地铁出行[18]、旅游出行[19]、公交出行[20]等。在统计预测模型方面，李洁等[21]结合客流特征，利用季节性差分自回归滑动平均

（seasonal autoregressive integrated moving average，SARIMA）模型对铁路车站发送客流的特征与变化规律进行了分析，并与随机森林（random forest，RF）、SVM、梯度提升（gradient boosting，GB）算法、KNN 算法进行了对比试验，验证了 SARIMA 模型的有效性；在非参数预测模型方面，于滨等[22]考虑城市道路的时空特征，并利用该特征作为KNN 算法的时空参数，使得该模型的预测准确率相比只考虑时间维度的模型有了大幅提升；组合预测模型由于能使多个模型方法之间进行互补，因此也是目前预测模型中最受欢迎的一种方法。古圣钰等[23]将粒子群优化（particle swarm optimization，PSO）算法与 SVR 模型相结合，提出了针对季节性调整的 PSO-SVR 节假日乡村旅游客流量预测模型，并与 CNN、自回归滑动平均模型、遗传粒子群寻优等方法进行预测准确率的对比，进一步体现了 PSO-SVR 对旅游客流量进行精准预测的可靠性。

2. 交通拥堵预测

交通拥堵预测除依据上述 3 种通用分类方式分类外，还可以依据影响因素和实验数据进行分类。一方面，相关学者基于交通道路的速度来判断交通是否拥堵。2019 年，Zhou 等[24]提出一种时空深度张量神经网络（spatial-temporal deep tensor neural network，ST-DTNN），该网络通过聚类方法获得时空相关性张量，减少了因人工从不同位置收集时间序列数据而带来的误差，提高了预测不同道路类型交通速度的准确性。2021 年，Ma 等[25]使用胶囊网络（capsule network，CapsNet）和嵌套长短期记忆（nested long short-term memory，NLSTM）网络相结合的思想来进行交通速度的检测，其中 CapsNet 负责提取交通数据的空间特性，NLSTM 网络负责提取交通数据的时间特性。该模型检测效果优于 CNN 和 LSTM 网络混合模型。

另一方面，除利用交通道路的速度来判断交通拥堵外，部分学者还通过将交通拥堵数据直接输入预测模型中来预测交通拥堵情况。2019 年，Zhang 等[26]对在线地图上的信息进行了筛选，使其只拥有不同时刻的道路拥挤图像数据，并输入深度自编码（deep auto encode，DAE）网络中得到道路的短时拥堵预测情况。2020 年，吕鲜等[27]考虑了交通流的特征、天气、节假日等因素，利用去噪自编码模型来提取交通数据的重要特征，使用LSTM 网络模型对道路拥堵进行了有效预测。经实验验证，该模型的准确率可达 92%。

3. 出行需求预测

对出行需求进行预测，一方面可以更好地为乘客提供定制化服务，提升乘客出行体验，另一方面可以为车辆调度提供理论依据，平衡车辆供需关系，减少交通拥堵，进而促进智慧交通的发展。出行需求预测问题利用相关传统统计模型或者机器学习算法可以在一定程度上对出行需求进行特征信息的描述，如 ARIMA[28]、SVM[29]、BP[30]模型等，但出行需求涉及时间与空间多种因素的影响，且需求信息常常呈现动态变化的趋势，因此，依靠传统模型对出行需求进行预测将难以表达需求信息之间的复杂关系。然而，深度学习可以很好地呈现多维信息之间的复杂关系，而且可以通过自学习来发现出行需求自身所存在的复杂特征[31]。例如，滕建等[32]提出了一种基于 3D 卷积和 LSTM 网络编码解码的出行需求预测模型，该模型首先利用 3D 卷积来提取时空数据的相关性，并利用

LSTM 网络编码解码来获取时间的依赖性，实验表明，该模型所带来的整体预测误差较低，具有较高的预测准确率。

4. 交通出行量预测

交通出行量预测，即对客流的起点与终点进行预测。由于交通系统进入网络化运行阶段，以及急剧增加的客流量，使得运营管理和策略制定的难度加大，为了掌握客流的实时动态规律，实现动态化运营管理，对交通出行量进行预测十分有必要。从另一个角度划分，交通出行量预测也可分为基于时序关系的交通出行量预测，以及基于状态空间模型的交通出行量预测。

基于时序关系的交通出行量预测，主要根据历史客流数据来分析客流随时间变化的规律，如林友芳等[33]综合考虑了客运需求中时间序列的时空依赖，针对日常客运需求提出了基于时空 LSTM 网络的预测模型；王寅朴[34]结合 CNN 与 LSTM 网络构建动态交通出行量分配模型，该模型能够快速实现交通出行量的预测。但在实时运营过程中可以获得部分客流观测数据的条件下，基于时序关系的交通出行量预测没有考虑当前客流状况对预计结果的影响，相关算法还有待进一步改进。

基于状态空间模型的交通出行量预测，将无法实时获取的交通出行量作为系统状态，依据可实时观测的进出站客流数据与交通出行量之间的时空关系进行关联，以此来构建状态空间模型的预测方法。刘洋[35]根据上述关系建立了状态空间模型，并利用优化后的卡尔曼滤波算法来求解模型，实现了交通出行量的实时预测；刘婧[36]提出了基于卡尔曼滤波及基于 KNN 的预测模型来估计高速公路的交通出行量，经实验证明，对于规则的交通出行量，矩阵卡尔曼滤波模型具有更好的预测准确率；与之相反，对于不规则的交通出行量，矩阵 KNN 模型具有更好的预测准确率。该类方法仅能表达较为明确的客流关系，难以体现不同时间下的客流变换关系，对历史客流利用不够充分。因此在未来研究中结合时序关系模型及状态空间模型两种方法的优点来对交通出行量进行预测将成为重要的研究方向之一。

5. 公交到站预测

公交到站预测可能是人们最能体会到的一种预测方式。该方式对节约乘客等候时间，以及增加公共交通的吸引力具有重要作用。截至目前，已有众多学者研究公交到站的预测。由于历史趋势法简单易操作的特点，被学者首先应用到公交预测中，但该方法只能预测交通条件变化不明显的线路，当交通环境复杂时，该方法的预测准确率将会降低。为了提高复杂环境下的预测准确率，利用时间序列分析方法来探索交通历史数据之间的内在逻辑成为一种研究趋势[37]。另一方面，为了探究各个因素（站点间距、乘客数量、天气状况、交通情况等）对公交运行时间的影响，相关学者[38-39]利用变量衰减预测法和统计回归预测法对公交到站时间进行了预测。除此之外，卡尔曼滤波在公交到站预测领域中也得到广泛应用[40]。为了得到更高的预测准确率，相关学者对上述多种方法进行了组合[41]，这种组合后的方法适应性强，缺点是实时性相应降低，而且不能预测非线性和非高斯复杂交通系统。为解决该问题，相关学者提出利用粒子滤波技术来进行公交到站预测[42]。粒子滤波技术在不受噪声模型、非高斯及非线性时变系统模型影响的同时，提升了预测准确率。

在通常情况下，按照本小节对预测方法的 3 种分类，即统计预测模型、非参数预测模型、组合预测模型，对于客流量预测、交通拥堵预测、出行需求预测、交通出行量预测及公交到站预测 5 种预测领域来说，统计预测模型结构简单且易于实现，但适应性不强；非参数预测模型一般依靠数据驱动，对于数据的质量和规模有较高要求，模型训练时间较长，但相比统计预测模型有较高的预测准确率；组合预测模型依据多种算法的优点进行结合，功能较为全面，适应性强，得到的预测准确率在上述 3 种模型算法中最高。

1.3　并行化处理国内外研究现状

1.3.1　并行化处理的 3 种策略

并行化处理是计算机系统中处理任务的一种计算方法。该计算方法能够同时处理多个任务、多条指令或多个数据项。完成此处理的计算系统也称为并行计算机系统。它通过网络将多个处理器按照一定的方式有序地组织起来，其主要目的一是提高计算机系统处理及执行任务时的效率；二是解决传统计算机系统无法解决的问题。在并行化处理的过程中，所使用的算法主要需要遵循以下 3 种策略。

1. 分治法

分治法，将多个任务分解到多个计算机或处理器中，然后计算机系统按照一定的拓扑结构进行求解。

理论上，分治法的基本思想就是分而治之，即将一个复杂问题分解为多个规模较小但特性相同的子问题，而且子问题的类型和原复杂问题的类型相同；然后将分解的子问题分而治之；最后合并各个子问题的解得到原复杂问题的解，如图 1.1 所示。

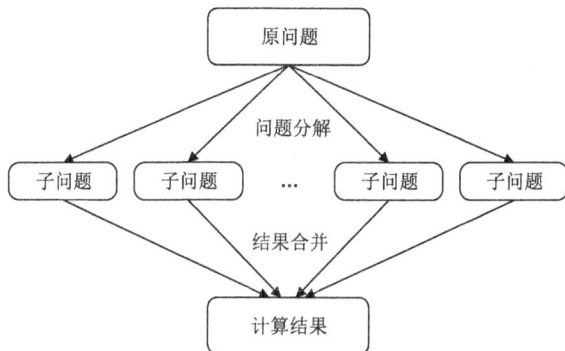

图 1.1　分治法的执行过程

在分治法中，分解的子问题一般是相互独立的。因此，分治法中通常使用递归调用算法来求解子问题。但是，在并行计算机系统中，被分解的子问题会被同时送入各个计算机或者服务器中。因此，并行计算机系统会并行调用算法来求解子问题，以提高计算机的处理效率。

2. 重新排序法

重新排序法是指分别采用静态或动态的指令调度方法。

通常情况下，图形处理器（graphics processing unit，GPU）内部没有指令集，对 GPU 的调度是由运行在 CPU 中的 GPU 驱动程序来完成的。GPU 相当于一个并行的矢量计算器。另外，所有指令层级的任务均由 CPU 完成；硬件层面上的调度及数据的处理（调用和存储显存）是在 GPU 内完成的。

当指令之间无相关性时，可以在流水线中重叠执行，这种并行性称为指令级并行。其中，指令的静态调度依靠编译器对代码进行静态的调度，目的是减少相关和冲突，调度时间是在编译期间进行的；后续指令的动态调度是在保持数据流和异常行为的情况下，通过硬件对指令执行顺序进行重新排序，目的是提高流水线的利用率且减少停顿现象，调度时间是在程序执行过程中进行的。

3. 显式/隐式并行性结合

显式/隐式并行性结合分为显式并行性结合和隐式并行性结合。显式是指并行语言通过编译形成并行程序。隐式是指串行语言通过编译形成并行程序。显式/隐式并行性结合的关键在于并行编译，而并行编译涉及语句、程序段、进程及各级程序的并行性。

1.3.2　大数据处理的并行化

现阶段，随着国民经济的提高，计算机技术和信息技术迅猛发展，并在各行各业得到普遍应用。因此，各行各业的数据呈现出爆炸式增长。数据量的日益增长对社会经济和人们生活产生的影响受到全球的高度关注。大数据时代的到来，给我国及其他各国带来了新的发展机遇和挑战。一方面大规模的数据资源具有巨大的价值，包括商业价值和社会价值等。通过有效地挖掘和利用这些数据，对社会的发展将起到很大的推动作用。另一方面，随着数据量爆炸式的增长，也带来了数据处理的高计算复杂度的问题，大数据在进行数据处理与数据分析时的时间耗费也越来越大。但传统的数据处理技术和串行计算技术难以满足高精细大数据处理的需求，使用并行化计算不仅可以满足大数据分析处理实时性的需求，而且可以有效提升大数据处理的效率。大数据并行化计算系统是整个大数据处理过程的核心，当前较为流行的并行化系统中具有代表性的主要有 MapReduce、Spark 及 Storm 等。下面详细介绍这 3 种系统的基本原理并比较它们的不同之处。

1. MapReduce

MapReduce 是一个能够编写应用程序的软件框架，是 Hadoop 的组成部分。由该框架编写的应用程序能够运行在由几百个甚至上千个不等的商用服务器组成的大集群上，随后以一种可靠的、具有容错能力的方法并行地处理 TB 级别的海量数据集。

在分布式计算中，MapReduce 负责处理并行编程中分布式存储、工作调度、负载均衡、容错均衡、容错处理及网络通信等复杂问题，将复杂的、运行于大规模集群上的并行计算的处理过程高度抽象为映射（Map）和归约（Reduce）两个函数。其中，Map 负责分解任务，即将一个复杂的大的任务分解为多个小的简单的任务；Reduce 负责汇总结果，即将分解后的多个任务处理的结果汇总起来。MapReduce 在处理大数据时的思想就是 "分而治之"，将存储在分布式文件系统中大规模数据集的操作分配给一个主节点下所管理的各个分节点共同完成，然后整合每个分节点的中间结果，从而得到最终的计算结果。在处理过程中，数据集将会被切分为许多独立的切片（split），这些切片可以被多个 Map 任务并行处理。

MapReduce 凭借模型简单、伸缩性高、灵活性强、速度快等优点得到广泛应用。MapReduce 涉及分布式 Grep、分布式排序、Web 连接图反转、每台机器的词矢量、Web 访问日志分析、反向索引构建、文档聚类、机器学习及基于统计的机器翻译等多个方面。很多功能都是使用 MapReduce 实现的，其中包括大规模的算法图形处理、文字处理、数据挖掘、机器学习、统计机器翻译等。但是 MapReduce 的处理模型决定了其需要静态数据，不适合处理流式数据。另外，MapReduce 处理延时较高，不适合处理一些实时性和复杂性较高的算法，如 SVM 算法等机器学习方法，以及斐波那契序列等迭代计算。

2. Spark

Spark 是 2009 年由加州大学伯克利分校 AMP 实验室（UC Berkeley AMP lab）开源的类，是 Hadoop MapReduce 的通用并行框架。它是基于内存计算的大数据并行计算框架，可用于构建大型的、低延迟的数据分析应用程序。Spark 拥有 Hadoop MapReduce 所具有的优点，但与 MapReduce 不同的是，其任务中间的输出结果可以保存在内存中，而不再需要读写到 Hadoop 分布式文件系统（Hadoop distributed file system，HDFS）。因此 Spark 相比 MapReduce 能更好地适用于类似数据挖掘与机器学习等需要迭代的算法。目前，随着技术的发展，Spark 已被拓展为包含多个子项目的通用框架，其内置项目如图 1.2 所示。

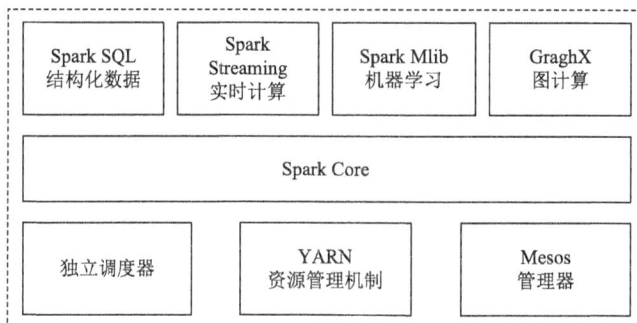

图 1.2　Spark 内置项目

Spark Core 实现了 Spark 的基本功能，包含内存管理、错误恢复、任务调度等模块。

另外，Spark Core 还包含对弹性分布式数据集（resilent distributed datasets，RDD）的应用程序接口（application program interface，API）定义。Spark 的核心就是其底层分布式存储的数据结构，即 RDD。Spark 的一系列操作都是建立在 RDD 基础之上的。

Spark SQL 是一个用来操作结构化数据的程序包。Spark SQL 支持多种数据源，如 Hive、Parquet 及 JSON 等，操作者可以使用结构化查询语句（structured query language，SQL）进行数据的查询。

Spark Streaming 是 Spark 用来对实时数据进行流式计算的组件，提供用来操作数据的 API，并且与 Spark Core 中 RDD 的 API 高度对应。

Spark Mlib 是一个有关机器学习算法的程序库，包括分类、回归、聚类及协同过滤等算法。它充分发挥了 Spark 迭代计算的优势，相比传统 MapReduce 模型算法速度提升了 100 倍以上，因此在机器学习领域应用十分广泛。

为了使 Spark 能够高效灵活地在一个计算节点到数百个、数千个及数万个计算节点之间伸缩计算，Spark 自身带有一个简易调度器，即独立调度器。另外，Spark 也可在各种集群管理器上运行，包括 Hadoop YARN、Mesos 等。

Spark 作为一种高效通用的数据处理系统，已被广泛应用于基因组学、医药保健、金融和天文学等多个应用领域。其与 Hadoop MapReduce 的具体区别如表 1.1 所示。

表 1.1 Hadoop MapReduce 与 Spark 的对比

Hadoop MapReduce 的局限	Spark 的改进
抽象层次低，需要手工编写代码，使用难以上手	基于 RDD 的抽象，数据处理逻辑代码较简洁，支持使用 Scala、Java、Python 和 R 语言编程，并且可以通过 Spark Shell 进行交互式编程
只提供了 Map 和 Reduce 两个操作	通过 RDD 提供了多种转换和动作，实现了很多基本操作
一个作业只有 Map 和 Reduce 两个阶段，复杂的操作需要大量的作业来完成，且作业之间的依赖关系需要应用开发者自行管理	一个作业可以包含多个 RDD 的转换操作，只需要在调度时生成多个阶段。一个阶段中也可以包含多个 Map 操作，只需 Map 操作所使用的 RDD 分区保持不变
处理逻辑隐藏在代码细节中，缺少整体逻辑视图	RDD 的转换操作支持流式 API，提供处理逻辑的整体逻辑视图
对迭代式数据处理性能较差，Reduce 与下一步 Map 之间的中间结果只能存放在 HDFS 文件系统中	通过内存缓存数据，大幅提高了迭代式计算的性能，内存不足时可以溢出到磁盘上
Reduce 任务需要等待所有 Map 任务都完成才能开始执行	分区相同的转换可以在一个任务中以流水线的形式执行，只有分区不同的转换需要混洗（Shuffle）操作
时延高，只适用于批数据处理，对交互式数据和实时处理的支持不够	将流拆解为小的批次，提供 Discretized Stream 处理流数据

3. Storm

Storm 是一个分布式流计算引擎，是推特（Twitter）开源的分布式实时大数据处理框架，是用于处理大量数据的高性能并行计算引擎，在动态处理大量生成的"小数据块"上有着很好的性能，被业界称为实时版 Hadoop MapReduce。Hadoop MapReduce 的高延迟性无法满足越来越多的诸如网站统计、推荐系统、预警系统、金融系统（高频交易、股票）等场景的需要。因此，大数据实时处理解决方案（流计算）的广泛应用，使得 Storm 成为分布式技术领域中，流计算技术的佼佼者和主流。Storm 通过每个节点实现一个基本的计算过程，而数据项在互相连接的网络节点中流进流出。Storm 在处理架构上是数据流入计算节点，移动的是数据而不是计算，对于时间窗口的批量数据处理，需要用户自己来实现。Storm 是一个分布式的、高容错的实时计算引擎。Storm 对实时计算的意义相当于 Hadoop 对批处理的意义。Hadoop 中的 MapReduce 为人们提供了 Map 和 Reduce 原语，使对数据进行批处理变得非常简单且高效。同样，Storm 也为数据的实时计算提供了简单高效的 Spout 和 Bolt 原语。Storm 可以用来处理源源不断的数据流，并将处理之后的结果保存到持久化介质中实时更新并展示到客户端。与其他流处理系统不同，Storm 不需要中间队列媒介。由于 Storm 的处理组件都是由分布式远程过程调用的，且处理延迟都极低，因此 Storm 也可以作为一个通用的分布式框架来使用。它可以充分利用集群中的 CPU 资源，进行 CPU 密集型计算。Storm 的 Trident 是基于 Storm 原语更高级的抽象框架，类似基于 Hadoop 的 Pig 框架，从而让开发更加便利和高效。但是 Storm 自身缺乏现有的 Hadoop 生态体系的融合，在生态体系方面有所欠缺。

Storm 和 Spark 截然相反的是，Storm 的核心是把数据传递给计算过程。不过 Storm 和基于 Spark 的一个扩展 Spark Steaming 却有类似之处，都是流计算引擎。但 Storm 和 Spark Steaming 也有很多不同之处，如 Spark Steaming 有数据平滑窗口（sliding window），而 Storm 则需要自己去维护这个窗口；Spark Steaming 先汇聚批量数据再进行数据块的分发，而 Storm 是只要接收到数据就实时处理并分发。

1.3.3 机器学习的并行化

在当前大数据背景下，机器学习方法被广泛应用。在机器学习领域，对海量的数据加上大量的数学运算的需求越来越普遍。但是由于机器学习模型通常都比较大，而且大模型都是基于大数据训练的，因此大模型和大数据共同构成了较大的计算开销。训练一个机器学习的模型往往需要花费很长的时间，这就导致并行化计算对机器学习来说显得尤为重要。目前，在机器学习领域，比较常见的两种并行方法为数据并行和模型并行。

1. 数据并行

数据并行是将数据集划分为若干份，每一个节点（或者进程）都有一份相同的机器学习模型；然后各个节点取不同组的数据，不同节点各自完成其中一组数据的处理；最后对处理结果进行汇总。因为在这种并行模式中被划分的是数据，所以该并行方式称为数据并行。数据并行如图 1.3 所示。

由图 1.3 可知，数据并行是指将数据集划分为若干份，分别分发给不同的 GPU 进行计算。由于传统的计算方式是逐步计算的，后一个训练数据需要前一个训练数据更新的 W，W 通常是指模型训练变化了的参数。数据并行是数据分成若干份，分别在不同的 GPU 中同时进行计算，改变了传统的计算顺序。因此多个 GPU 计算时需要进行 W 的互相通信，每训练一次就需要进行一次 W 的通信，使得后面的训练始终为最新的 W。但是在实际操作中，数据并行并不能无限扩展，当处理单元数量过多时，整体的处理能力将会被系统数据吞吐量所限制。

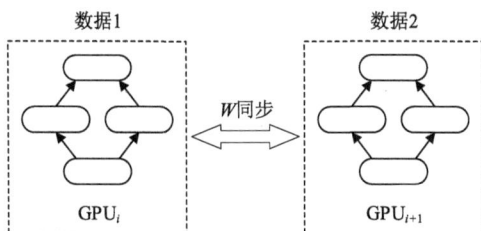

图 1.3　数据并行

2. 模型并行

模型并行是指将模型按层分成若干份，将每一份载入不同的 GPU 中，不同的 GPU 计算整个模型的不同层，每一个 GPU 使用相同的数据集，如图 1.4 所示。

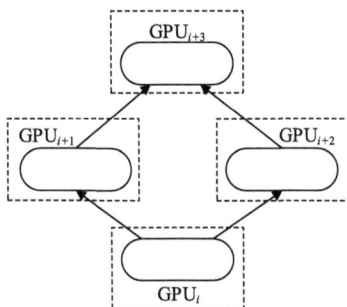

图 1.4　模型并行

3. 混合并行

还有一种并行模式，即混合并行，既有模型并行又有数据并行，如图 1.5 所示。

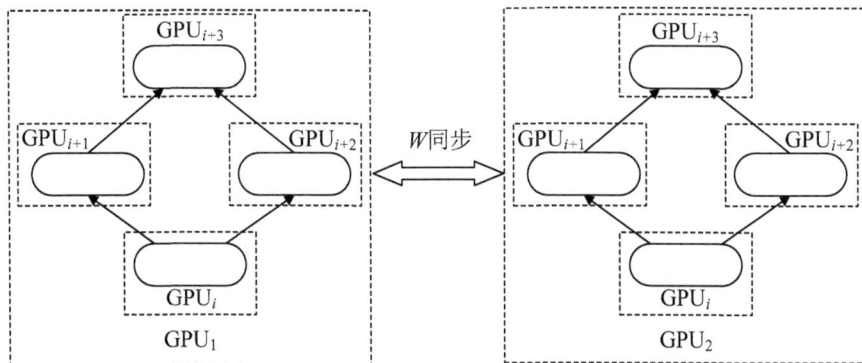

图 1.5　混合并行

数据并行和模型并行二者之间也存在相互联系，同时使用以处理复杂问题。但是由于机器学习面向计算平台是不确定的，对于机器学习并行化，要针对不同的机器学习算法分别讨论适合哪种并行方法，或者是否需要结合其他的并行化技术。

近年来，由于 GPU 在并行计算中应用范围广，且深度学习算法离不开 GPU，因此一些针对机器学习的 GPU 加速库应运而生。目前常见的 GPU 加速库有以下几种。

（1）cuDNN。英伟达 cuDNN（即 CUDA Deep Neural Network 软件库）是用于深度神经网络的 GPU 加速库。它强调性能、易用性和低内存开销。其设计简单且为插入式设计，可以让开发人员专注于设计和实现神经网络模型，而不仅仅是调整性能，同时还可以在 GPU 上实现高性能现代并行计算。

（2）TensorRT。一般的深度学习项目，训练时为了加快速度，会使用多 GPU 分布式训练。在部署时，为了降低成本，往往使用单个 GPU 机器甚至嵌入式平台（如英伟达 Jetson）进行部署推断，部署端也要具备与训练时相同的深度学习环境。由于训练的网络模型可能会很大、参数很多且部署端的机器性能存在差异，导致推理速度慢、延迟高等问题出现。这对于那些高实时性的应用场合是致命的，如自动驾驶要求实时目标检测、目标追踪等。TensorRT 则是专门对部署端进行优化的，当网络训练完之后，可以将训练模型文件直接丢进 TensorRT 中，而不再需要依赖深度学习框架。

可以认为 TensorRT 是一个只有前向传播的深度学习框架，这个框架可以将网络模型解析，然后与 TensorRT 中对应的层进行一一映射，把其他框架的模型统一全部转换到 TensorRT 中，然后在 TensorRT 中针对英伟达自家 GPU 实施优化策略，并进行部署加速。

（3）DALI。英伟达数据加载库（data loading library，简称 DALI）是一个便捷式开源库，用于图像或视频的解码及增强，以加速深度学习的应用。通过并行训练和预处理过程，减少了延迟及训练时间，并为当下流行的深度学习框架中的内置数据加载器及数据迭代器提供了一个嵌入式替代器，便于集成或重定向至不同框架。开发人员可以在 GPU 上运行自己的数据处理通道，从而减少训练神经网络的时间。DALI 设计之初就是用来帮助用户突破数据预处理的瓶颈，使得模型的训练和推理能够达到最高的效率。其主要设计用于 GPU 上的预处理，但大多数操作也可在 CPU 上实现。

1.4　发展趋势

随着大数据的不断发展，智慧交通技术逐步成熟，交通大数据逐步趋于平台化和智能化。在大数据迅猛发展的时代背景下，传统交通信息规划已不能满足大数据应用技术的需求，难以应对交通大数据平台精细化决策。同时，交通信息数据量大，须满足实时性、便捷性及高性能等要求。交通信息规划与大数据技术的融合已成为必然趋势。下面将结合我国交通实际需求，揭示目前交通大数据发展趋势，并从平台化、高性能及未来发展等几个方面系统阐述大数据背景下的交通模型发展方向。

1.4.1　平台化

近年来，随着机器学习、云计算、大数据等技术的不断发展，大数据技术在城市交通规划定量分析方面发挥着不可替代的作用。当前城市化进程正不断推进，城市交通呈"四面八方"的发展趋势，覆盖各个角落。虽然交通网的扩伸推动了经济的高速发展，但是交通网管理的不科学性和不合理性，也给城市交通的有序发展带来了极大的障碍[43]。交通拥堵、公交调度等城市交通问题日益突出。因此，设计实时性好、便捷性强、管理性高的城市交通大数据一体化平台就显得尤为重要。

传统的交通大数据平台主要实现的作用包括如下几点。

（1）对城市交通网进行监控。平台整合道路各类安全监控系统，实现对城市交通的严格监控，实现客流、行车和设备数据的集中统一，形成便捷易操作的交通大数据可视化平台，实现交通大数据信息平台的集中监控。

（2）同步交通实时信息。平台实时同步道路交通状态信息，实现对客流、车流等数据的统计与分析，掌控受监控路段，将异常道路状态信息实时同步至交通大数据平台，保障交通的正常运行，提升解决道路异常状态的效率。

（3）实现在线道路规划。结合交通信息流数据提供合理的交通线路规划，对交通调度、线路调整、公交到站等进行预测分析，同时检测新增路段对交通网的影响。

（4）提供便捷化服务。结合客流、行车等数据为乘客和用户提供实时交通网信息，方便用户出行选择，提升公众信息服务。

智能化是现代社会发展所依赖的一个特性，智能化大数据技术能够实现对全国交通网的监控、调度和调控。智能化交通大数据信息平台是多元的、灵活的、开放的，采用大数据技术实现对道路交通数据的集中化处理，有利于提升对城市交通的高效管理，解决因传统交通系统带来的不便。交通大数据平台通过数据采集、数据分析、数据挖掘和数据服务[44]，将城市交通网以直观的形式呈现给大众，并在大数据技术的基础上实现智慧交通，全面推进智能化交通建设，为城市交通规划及运营提供理论支撑。交通大数据平台涉及多元化的交通信息采集方式，可以使民众掌握实时城市交通信息，从而根据当前道路交通情况合理地设计出行时间与出行方式，提升交通出行管理的效率。

面对日益多样化的城市交通需求及综合性的城市规划，城市交通在大数据技术的支持下逐步从单一化向综合性转变。智能化的交通大数据平台具有如下特性。

（1）较高的运行效率。城市一体化交通运营需要投入大量的人力、物力，而大数据的特性是能够存储大量的数据，将传统的人力转换为智能化服务。当历史静态数据须临时被调用时，大数据的高效率运行能从庞大的数据库中精确地提取数据并传输至客户端，实现智能化利用。大数据平台同时具有较好的预测能力，可降低误报和漏报的概率，对交通状况给予实时监控[45]。

（2）较高的安全水平。传统的交通系统面临着数据安全问题，结合大数据技术可提升交通系统的安全性能。交通大数据平台对交通网数据进行整合，构建出一套交通安全模型，用于检测交通网是否正常运行，并对大批数据进行统一管理，通过采集到的数据综合分析目前道路安全状况，以降低道路交通事故发生的频率。同时，在交通应急方面，大数据平台可迅速分析事故发生原因，将前方道路状态实时同步至用户移动设备，以最快的反应时间和系统的决策方案为应急事故提供数据支撑，提升道路疏散效率，减少人员伤亡及财产损失。

（3）较强的检测方式。传统的交通服务平台不能实现城市交通综合监测预警和城市交通碳排放实时监测[46]，但是交通大数据平台同时具有监测功能，可以将交通网的数据统一收集至平台中。该功能可以保障城市交通的正常运营，并对非正常状态提供即时报警，方便交通管理人员对该路段进行合理的分配与调度。

目前交通大数据平台必须考虑适应性转型并进行必要的功能调整，在信息应用的前提下实现交通大数据智能化治理。交通数据是在不断变化的，这就要求交通大数据平台具有较高的实时性，在收集数据的基础上适应该变化，并根据该变化进行预测分析。交通大数据平台的储存容量远远超出人们的想象，如百万路级的视频数据，一个月的数据量就可以达到 EP 级[47]。但随着交通的不断发展，其数据也在时刻更新，为了方便对大数据平台的管理，需要在大数据平台上设计按数据类型分别进行存储和管理的方案。大数据分析平台应以实际理论为基础，结合道路状况，以多层次、多角度、多方面的形式实现交通数据的稳定。

在当前的信息时代背景下，越发要求更高的数据分析和数据处理能力，尤其面对日益增长的交通数据量，交通大数据平台突出了其应用能力。为增强大数据平台监管力度，应充分提升平台的性能，充分挖掘交通大数据平台的可能性，实现对交通网数据的精准监测。随着人工智能、云计算及大数据技术的不断渗入，智能化交通模式逐渐成熟，融合大数据技术的交通平台得到广泛应用。随着大数据技术的不断更新与创新，数据量的不断增大，应加强对交通数据的深入挖掘，实现功能更强大、效率更高的交通大数据平台，设计更为完善的创新型交通大数据平台。

随着信息通信技术的发展，交通运输从数据贫乏的困境转向数据丰富的环境，面对众多的交通数据，如何从中获取有效数据成为关键。基于综合交通的大数据平台，不仅可以对交通拥堵、出行特征、公交客流等进行预测和分析，还可以进行非法营运车辆识别、重点区域客流识别、人员及车辆逆行识别等安全隐患分析，实现城市交通的精细化治理。搭建综合交通大数据平台，根据用户需求进行各种应用分析，为交通系统的安全、有序、高效运行提供技术支撑将是大势所趋[48]。

1.4.2 高性能

2019 年 7 月，交通部印发《数字交通发展规划纲要》，要求大力发展智慧交通，推进大数据、互联网、人工智能、区块链、超级计算等新技术与交通行业深度融合[49]。"智慧交通"须在"智能交通"基础上实现，首先实现物流环境、交通基础设施等的数字化。

智慧交通运用大数据技术提升信息分析与处理的效率，实现交通信息实时获取、分析预测及动态调度需求，极大地提升了交通运营效率、道路网通行能力和设施使用效率。交通基础化设施在使用周期中会产生各种各样的数据，包括传感器检测数据、道路监控数据、气象与环境监测数据等；在道路运输期间，车辆的出行也会产生海量的数据，包括物流数据、公交车刷卡或扫码数据、轨道或航空交通运行数据、导航数据等。但原始海量数据不能服务于某一特定的行业，大数据技术充分提取行业所需的数据特征，实现大数据技术与路网综合管理、出行信息服务、交通监管等业务的融合，实现交通实时可视化监管、流量预测、动态调度等功能。

智慧交通利用人工智能，将交通大数据动态信息与交通动态调度紧密结合。人工智能技术的发展与智慧交通深度融合，有望实现在复杂交通环境下的高精度无人驾驶系统、基于多智能体系的交通运行仿真与预测、交通语义知识图谱自动化、车路协同的智能系统、智能物流等方面的进一步突破。

智慧交通借助超级计算、云计算的超强计算能力加快共享，提升决策与管理效率[50]。"天河二号""神威·太湖之光""天河三号 E 级原型机系统"等超级计算机的部署与应用，直接带动了智能交通的变革。"天河三号 E 级原型机系统"以"天河二号" 10 倍以上的运算速度，结合云计算、云存储，为新一代国家交通控制网运行监测、动态交通信息实时计算与预测、城市综合交通协同运行管理、交通大数据深度学习、重大交通事件应急处理与预测分析等提供极快的运算速度和海量数据处理能力。未来超级计算机将朝"量子计算机"发展，以量子态为记忆单元和信息存储形式，以量子动力学演化为信息传递和加工基础的量子通信与量子计算。通过量子两态的量子力学体系替代传统计算机通过集成电路中电路的通断来实现 0、1 的区分。届时，量子计算机的算力对传统计算机，包括超级计算机，将是指数级的"碾压"，智慧交通体系也将开启新的篇章。

2020 年 8 月，交通运输部印发《关于推动交通运输领域新型基础设施建设的指导意见》，基于"新基建"为智慧交通产业注入新的动力[51]。不同于"数字交通"以促进物理和虚拟空间的交通运输活动不断融合、交互作用，带动交通的高质量发展为目的，新基建的内涵比"数字交通"更宽泛[52]。当前存在基础设施数字化、智能化及人车路网协同水平低，不同指挥交通系统之间融合程度低、协作难，智能交通产业链封闭导致盈利模式难以建立的困境，针对此问题，新基建进一步创新智慧交通体系。新基建主要包含以下 3 方面内容。

（1）信息基础设施，包括以 5G、物联网、工业互联网、卫星互联网为代表的通信网络基础设施，以人工智能、云计算、区块链为代表的新技术基础设施，以数据中心、智能计算中心为代表的算力基础设施等。

（2）融合基础设施，主要是指深度应用互联网、大数据、人工智能等技术，支撑传统基础设施转型升级，进而形成融合基础设施，如智能交通基础设施、智能能源基础设施等。

（3）创新基础设施，主要是指支撑科学研究、技术开发和产品研制等具有公益性质的基础设施。在新基建的推动下，智能交通行业成为发展重点，以数字化、网络化及智能化技术为核心的新基建与智能交通深度融合。5G、人工智能、车路协同与传统运输工具和服务系统融合发展，形成"云管端"的新型交通框架，实质是集"云、网、端"等网络支撑技术于一体的生态体系。"云"，包括新一代路网信息基础设施、大数据智能分析平台和交通行业信息资源商业化平台。采用互联网平台一体化提供公路、铁路、水路、航空等交通资源信息共享；"网"，包括以 5G 为代表的新一代无线通信网络，以北斗卫星导航为代表的高实时性、高精度位置服务网络，以及车联网；"端"，包括各种智能车载控制终端，道路、车辆监控设备，天气感知设备等。随着高精度定位系统的发展，基于高精度地图的指挥管理系统，依托道路三维高精度地图，建设实时路网监测及预警系统、服务区智慧化系统、交通大数据分析决策系统、道路应急指挥调度系统，以及公众信息发布系统，为车联网与无人驾驶提供链路保障和超强计算能力，为智慧交通应用扩展更大空间。

2021年10月，交通运输部印发《数字交通"十四五"发展规划》[53]，提出交通设施数字感知，信息网络广泛覆盖，运输服务便捷智能，行业治理在线协同，技术应用创新活跃，网络安全保障有力的目标，形成"一脑、五网、两体系"的发展格局，包括打造综合交通运输"数据大脑"，构建交通新型融合基础设施网络，部署北斗、5G等信息基础设施应用网络，建设一体衔接的数字出行网络，建设多式联运的智慧物流网络，升级现代化行业管理信息网络，培育数字交通创新发展体系、构建网络安全综合防范体系。交通规划工作者应主动拥抱数字时代，追赶数字中国、数字交通发展的步伐。大数据、人工智能等数字技术蓬勃发展，为创新交通规划理论方法、推动技术手段升级提供了有利条件。多角度、多层次、多测度的大样本以及海量、连续的数据，为交通规划数字化开发应用奠定了基础。

2022年10月，党的二十大报告指出，推进国家安全体系和能力现代化，坚决维护国家安全和社会稳定；加快建设交通强国、网络强国、数字中国。数字交通是加快建设交通强国和数字经济发展的重要领域，以数据为关键要素和核心驱动，促进物理和虚拟空间的交通运输活动不断融合、交互作用。筑牢数据安全屏障，是新时期数字交通、数字经济高速发展的重要前提。

不同于传统智能交通在发展初期主要侧重于数据的收集与分析，智慧交通重点集中于智能化的管理和服务，并发展一系列成熟的应用场景，如交通动态信息实时监测系统、商业运营车辆智能化监管系统、智慧化交通管理系统、应急指挥调度系统、网上售票系统、公交一卡通等。目前，快速发展的新基建、新技术推动了数据采集、存储、分析及服务的升级创新，同时，人工智能、工业互联网、大数据、区块链等技术应用带来了跨界的融合创新，也带来了新的模式和服务内容，如智能出行、智能物流、智能辅助驾驶、车路协同等。2025年以后，我国将进入下一代智能交通系统，这个时代的技术支撑有人工智能、区块链技术深度应用、复杂的交通网络系统、以需求和偏好为驱动的交通网络化、自动调节系统、智能移动互联系统等。未来的智慧交通发展总体趋势首先是网联化，其次是协同化，然后是智慧化[51]，主要聚焦在3个方面：①智能出行服务，细化及智能化个人出行需求，包括定制出行、共享出行、智能公交、智能驾驶等；②高效运营服务辅助智能化管控，包括综合交通一体化运营与服务、大数据分析融入交通行为调控、状态解析与智能调控，多行业、跨区域移动电子支付融入智慧物流；③车联网、车路协同与智能驾驶。

1.4.3　未雨绸缪

《Apollo智能交通白皮书》指出："基于人工智能和5G技术的交通数字化转型和智能化变革，将会让传统交通加速向数字化、网联化、自动化的'新交通'转变，交通发展将由追求速度规模向更加注重质量效益转变，由各种交通方式相对独立发展向更加注重车路行一体化融合转变，由依靠传统要素驱动向更加注重创新驱动转变。"新基建的创新应用场景，将孵化新的创新产业，如自动驾驶、新能源汽车产业、车联网、智慧物流等。这些创新产业的市场规模达万亿级,百度、阿里巴巴等都在从自动驾驶、车路协同、智慧交通等多个角度谋求市场领先地位,新兴产品不断涌现。在这种背景下,以数字化、网络化和智能化技术为核心的新基建与智能交通深度融合,重塑传统交通模式。

虽然,我国已初步实现了"城市交通大脑"的建设,实现了多个部门数据的汇集,然而,由于数据格式各异且各部门的数据标准不一致,导致数据质量难以保障。此外,公众数据开放涉及公众隐私的问题尚未得到充分考虑,存在数据安全方面的挑战。同时,不少系统停留在数据统计汇总的初步处理阶段,对数据的挖掘和分析程度不够。随着大数据技术、云计算、数据挖掘、区块链等技术的不断进步,智慧交通数据质量得到进一步提升,经过深度挖掘、分析、处理这些信息,各类交通出行数据将得到更完善的分类。现阶段,城市交通数据智能化处理针对公交车领域还停留在简单信息处理上,如公交车辆到站信息、载客量信息及数据上传、指挥调度、警情反馈、预警拦截等,而对高准确率、高要求的数据分析、判断、处理能力较弱,如实时路况信息等不能及时发布、事故预警不及时,很多信息仍然只能以传统的通知形式发布,对严重交通违法行为的精准处理机制也不够完善。

交通大数据分析方法主要包括数据采集、数据处理技术和数据可视化技术等。数据采集技术包括获取车辆信息的视频监控和图像处理技术,获取车辆位置数据的定位技术,获取交通拥堵、水路交通的航道水质、航空飞机飞行的天气状况等的各类传感器技术,以及处理上述数据的软件技术。数据处理技术主要是 Hadoop 分布式文件系统、数据库和 MapReduce 相关技术。数据处理主要流程为数据输入→过滤→混洗→降维输出。数据可视化技术可以将收集到的数据进行处理实现可视化展示。未来,为进一步推进智慧交通,数据分析将集中在自动驾驶、新能源汽车及车联网等领域。

作为智慧交通的主体,目前,汽车的智能程度不高,只停留在本车的智能化,主要依赖车载传感器来感知车辆周围信息,以高精度地图和高精度定位技术为辅助。然而,随着自动驾驶逐步向更高级的智能化发展,道路交通信息将产生海量的数据。若仍仅依赖低程度的单一车辆智能化,车载计算芯片、传感器难以支撑上述需求,毫无疑问将在车辆安全、车辆成本及车辆功耗上产生巨大的开销,因此基于车路协同技术的自动驾驶是实现智慧交通的重要方式。车路协同采用先进的无线通信和新一代互联网等技术,全方位实施车车、车路动态实时信息交互,并在全时空动态交通信息采集与融合的基础上开展车辆主动安全控制和道路协同管理,充分实现人车路的有效协同,保证交通安全,提高通行效率,形成安全、高效和环保的道路交通系统。车路协同与自动驾驶并行是实现智慧交通的重要部分。仅依靠车辆本身的传感器、摄像头及激光雷达实现的自动驾驶,智能程度必定不会高。使用高精度的已知场景地图辅助自动驾驶,甚至能清楚获悉自身车辆周边物体的详细位置信息,以及车内驾驶员状态相关信息,不再完全依赖道路交通探头、车载摄像头、雷达波的实时采集。将计算放在云端,实现数字化场景,才能满足新一代自动驾驶的需求。自动驾驶与车路协同综合运用了传感、通信、智能计算及自动控制等高新技术,属于新基建领域的典型应用场景。在新基建框架下,中国交通通信信息中心智慧交通事业部副总经理钟南指出,在智能交通基础设施建设层面,应建设面向城市公共交通及复杂交通环境的安全辅助驾驶,车路协同等技术应用的封闭测试区和开放测试区，形成新一代国家交通控制实体原型系统和应用示范基地[52]。

随着大数据、物联网和人工智能技术的快速发展，基于大数据挖掘与分析的新能源汽车产业成为我国交通节能、绿色发展的热点产业。目前，我国对新能源汽车大数据挖掘与分析仍处于探索阶段。人们可以基于大数据对中国新能源汽车未来的能源供给、应用行业分布、城乡均衡发展、节能减排贡献及车联网新能源汽车发展等方面进行分析，提前制定未来新能源汽车行业的发展策略。

车联网作为目前新兴的高新技术，是物联网在智能交通系统中的具体体现。车联网系统通过在车辆仪表台上安装车载终端设备，实现对车辆所有工作情况和静、动态信息的采集、存储并发送。该系统分为三大部分，车载终端、云计算处理平台和数据分析平台，根据不同行业对车辆不同的功能需求实现对车辆的有效监控管理。在功能实现方面，常见的无人驾驶、人机交互、智能语音识别等都属于车联网的范畴。随着5G的推广，网络限制的缺陷被大幅改善，超低的延迟与超高的带宽使得驾驶员对路况信息获取更及时，管理部门对海量车辆数据信息监管与调度更全面。与此同时，车联网产生的海量用户隐私信息，也带来了新的信息共享安全问题。因此，结合区块链技术的车联网数据共享方式成为当前的研究热点，研究者谋求在保证数据流通的公开、透明的基础上，保障数据资产权益，提升智能运行效率，释放综合交通运输的信用成本，提升车联网信息安全。

运用互联网+、车联网、云计算、大数据、区块链等信息技术，构建一个集高新技术应用为一体的智慧交通体系有利于实现高效、智能的城市化管理，极大地提升城市交通管理水平、完善应急事故处理机制、提升居民交通出行体验。面对新基建所带来的交通新形势和新发展，我们需要紧抓新机遇，借助"新基建"的力量，引导智能交通产业融合创新发展，持续推动新基建创新领域，如无人驾驶、新能源汽车、车联网等的数据挖掘研究。

1.5 本书主要内容

本书围绕交通大数据的应用和分析展开论述，涵盖多个关键主题。各章节的主要内容介绍如下。

第1章 绪论：介绍交通大数据的背景和意义，探讨交通大数据在交通领域中的应用潜力和挑战。同时，对本书的结构和内容进行概述。

第2章 交通大数据特征与分类：详细介绍交通大数据的特征和分类方法。通过探讨大数据的特征和不同的分类方法，读者可以全面了解交通大数据的多样性和复杂性。

第3章 基于结构化数据的流量预测方法：重点关注交通流量预测方法。介绍流量预测的重要性，并探讨常用的流量预测方法和技术，为交通管理和规划提供准确的流量预测结果。

第4章 基于结构化数据的拥堵预测方法：讨论拥堵预测方法，内容涵盖拥堵预测的模型、算法和实践经验，以及与拥堵预测相关的关键因素和指标，旨在帮助交通管理者预测和应对道路拥堵情况。

　　第 5 章　基于结构化数据的热点分析方法：详细阐述文本数据热点分析方法，以及相应的数据处理和实验过程，通过分析文本数据来识别和理解热点事件和话题。

　　第 6 章　基于车载监控图像的应用：围绕车载监控图像重点介绍其在交通领域中的应用，简述每种模型的构建方法及其实验结果，致力于实现图像数据为智能交通提供快捷有效的监测管理手段。

　　第 7 章　基于道路监控图像的应用：围绕道路监控图像重点介绍其在交通领域中的应用，简述每种模型的构建方法及其实验结果，致力于提高交通管理效率和安全性，提升交通管理水平，改善城市交通。

　　第 8 章　交通大数据可视化：重点关注交通大数据的可视化技术和方法。通过合理的可视化手段，可以直观地展示和分析交通大数据，从而提取有价值的信息。

　　第 9 章　交通大数据安全结合区块链技术：重点关注交通大数据的安全性和隐私保护。讨论交通大数据面临的安全风险和挑战，以此引出区块链技术在交通大数据安全方面提供的解决方案及应用措施，同时介绍区块链技术在交通大数据领域未来可能的应用场景。

　　本书目标读者群体较为广泛，任何对交通大数据及其应用感兴趣的人士都可阅读。交通领域的从业人员可以通过本书了解如何利用交通大数据进行流量预测、拥堵预测和热点分析，以及如何通过可视化技术展示和分析交通大数据；对数据分析和挖掘感兴趣的分析师和研究人员，可以通过本书学习交通大数据的特征、分类和分析方法，了解如何应用机器学习和数据挖掘技术进行交通数据处理和模型建立；相关交通大数据研究领域的学术研究人员和研究生，可以通过本书了解当前交通大数据领域的研究热点和最新进展，为相关研究提供参考和指导；对交通领域感兴趣的普通读者，可以通过本书了解交通大数据的应用和分析方法，深入了解交通领域的技术和趋势。

第 2 章　交通大数据特征与分类

2.1　引　　言

在当今数字化时代，大数据技术的迅猛发展对各个领域都产生了深远的影响，尤其是在交通领域。大数据是指那些规模庞大、复杂多样、增长迅速且难以用传统数据处理方法处理的数据集合。这些数据往往来源于各种不同的渠道，包括但不限于传感器、社交媒体、移动设备等。大数据的特征主要体现在数据量大、数据类型多样、处理速度快、价值密度低但商业价值高等方面。交通大数据的采集方式多种多样，包括交通监控摄像头、车辆传感器、GPS 定位系统等。这些设备实时收集道路状况、车辆行驶轨迹、交通流量等数据，为交通管理部门提供了丰富的数据资源。交通大数据的显著特征在于其实时性、空间性和多元性。实时性使得交通管理部门能够迅速响应交通事件，空间性则让数据能够精确反映不同地区的交通状况，多元性可使交通数据更加丰富和全面。通过对交通大数据的分类，可以将其细分为多个场景和数据类型。

大数据在交通领域的应用，使交通出行安全更加高效、便利和智能化。但与此同时，交通大数据的分类和应用也面临着一些困难和挑战。交通大数据的形式多样，包括文本、图片、视频等非结构化数据格式，以及来自不同软件厂商数据库的结构化数据。这些数据的多样性使得在分类时需要考虑多种数据格式和来源，增加了分类的复杂性。交通大数据中还包含了大量的个人隐私信息，如车辆行驶轨迹、驾驶员身份等。如何在保障数据安全的前提下，合理利用这些数据是一个需要解决的问题。尽管面临这些挑战和问题，交通大数据的分类及其应用依然具有巨大的潜力。

2.2　大数据特征

2.2.1　大数据定义

大数据是一种规模大到在获取、管理、存储、分析方面远远超出传统数据库软件工作能力范围的数据集合。大数据被定义为"大"，不仅仅是因为它的数量，更是因为它本质的多样性和复杂性。

2.2.2　大数据的 5V 特征

中国科学院计算技术研究所程学旗[54]总结出大数据的 5V 特征（图 2.1），具体如下。

（1）volume（大量）。数据体量巨大，包括采集、存储与计算的量都非常大。大数据的起始计量单位至少是 TB、PB 级。

（2）velocity（高速）。处理速度快，时效性高。

（3）veracity（真实）。大数据的数量庞大，因而其准确性和可靠性也相对更高。在大量资料面前，很多隐藏的思路和脉络会逐渐显现。

（4）value（价值）。价值密度相对较低，可以用"沙里淘金"形容。随着互联网与物联网的广泛发展，信息的搜集无处不在。利用大数据，可以在历史研究中发现价值，找到研究的突破口。

（5）variety（多样）。数据来源和种类多样化。大数据通常由结构化、非结构化、半结构化数据的组合组成。

图 2.1　大数据特征

2.2.3　大数据体系架构

大数据体系架构设计用于处理传统数据库系统难以应对的大规模或复杂数据的引入、处理和分析。大数据体系架构包括操作框架层、数据集成层、数据分析层、计算框架层、资源管理层、数据存储层及文件系统层，如图 2.2 所示。

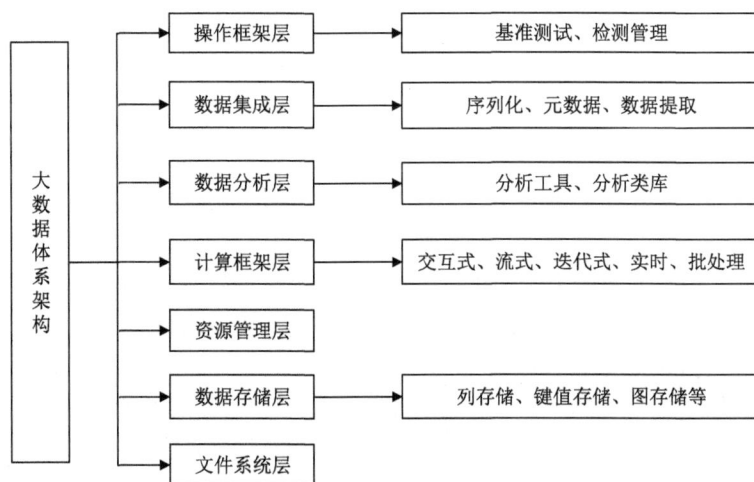

图 2.2　大数据体系架构

操作框架层：工程中需要对计算架构的性能进行评测，以确定改进部分。操作框架层用于构建衡量基准与测试基准，并且需要性能优化工具来平衡工作负载。其中包含监测管理框架与测试基准[55]。

数据集成层：这一层包括管理数据分析工作流中用到的各类工具，以及元数据管理工具。数据集成框架基于系统化的工具、方法和规则，可以协助提取与输出大数据系统之间的数据。

数据分析层：这一层包含数据分析工具与对应的数据处理函数库，这些工具与数据库一起提供描述性、预测性和统计性的数据分析功能及机器学习模块。

计算框架层：这一层有许多种专用框架，包括交互式、实时、流式和批处理等。支撑这些框架的是运行时引擎，其中使用广泛的是 Spark 和 Flink。Spark 是一个基于内存计算的开源的集群计算系统，其目的在于让数据分析更加快速，适合各种迭代算法和交互式数据分析，能够提升大数据处理的实时性和准确性，现已逐渐获得很多企业的支持，如阿里巴巴、百度、网易、英特尔等公司均是其用户。Flink 与 Spark 非常类似，但在迭代式数据处理上比 Spark 更出色。此外，还有其他一些计算框架，如 Pregel。Pregel 采用的是迭代式的计算模型，被称为 Google 后 Hadoop 时代的新"三驾马车"之一，另外两驾马车分别是"交互式"大数据分析系统 Dremel 和网络搜索引擎 Caffeine[56]。

资源管理层：这一层可以提高资源利用率以达到资源的高效利用与协调的目的。资源管理层需要完成对资源的状态、分布式协调、一致性和资源实施管理。

数据存储层：目前采集到的大数据多为半结构化与非结构化数据，因此常见的数据存储也要对应多种形式，可以选择基于键值、文档、列或图表等不同的数据库类型，数据存储层的数据库的选择是多元化的。

文件系统层：这一层负责存储管理、容错处理，具有高扩展性、高可靠性与高可用性等特性。

2.3 交通大数据

近年来，随着 5G、物联网的发展，交通运输发展呈现出智能化、数据化的趋势。交通作为我国基础设施的重要一环，交通运输部在《数字交通"十四五"发展规划》中指出，以数字化、网络化、智能化为主线，以改革创新为根本动力，以先进信息技术赋能交通运输发展，强化交通数字治理，统筹布局交通新基建，推动运输服务智能化，培育产业创新发展生态，加强网络安全保障体系和能力建设，有效提升精准感知、精确分析、精细管理、精心服务能力，促进综合交通高质量发展，为加快建设交通强国提供有力支撑[53]。《交通强国建设纲要》提出，在智慧交通创新方面，要推动人工智能、大数据、区块链等新技术与交通行业的深度融合[57]。

交通大数据是智能交通系统的重要组成部分，更是实现智慧交通的重要一环。为了充分挖掘交通大数据的特性，应先充分理解其数据的采集方式，进而构建有效的数学模型来组成智慧交通体系。

2.3.1　交通数据采集方式

随着物联网的快速进步，各类车企、运输企业及交通管理部门对交通轨迹数据的分析计算需求快速增长，并且为了满足对营运车辆及其驾驶员的监管等需要，各交通相关企业与部门均对所辖车辆安装了卫星定位系统，为交通管理部门与相关企业带来了大量的交通数据。

如图 2.3 所示，交通大数据来源于城市运输网络的交通设施、车辆、乘客出行、环境影响等数据源，其中主要包括车辆定位、道路监控等设备产生的运营数据和互联网、手机、社交媒体等渠道采集的行车轨迹数据、运营效率和意外事件等数据。这些数据对于实施交通预测、交通流量监控、经济分析、地理信息系统等应用有着重要作用。其中，交通数据的采集通常由 4 部分组成，分别是数据处理中心、运行车辆、用户及车企与营运部门的车辆管理系统。随着车联网、通用分组无线业务（general packet radio service，GPRS）的发展，远程数据采集的效率得到了较大的提升，使得车辆的全天候实时监控得以实现，为深入挖掘分析驾驶产生的交通数据提供可能。

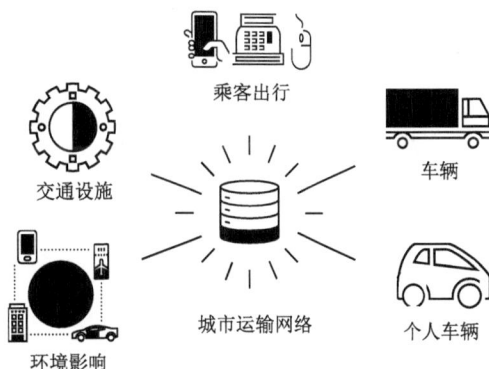

图 2.3　交通大数据来源

2.3.2　交通大数据特征

与大数据具有的 5V 特征相比，交通大数据更加复杂，它不仅具有传统大数据的 5V 特征，还具有时空特征、多源性、多用途、隐私性的特征。

如图 2.4 所示，如前文所述，时空特征是指交通数据是车辆通过车联网技术与网络信息平台等，实现车辆路线、载运等信息的搜集，并对其进行基本信息过滤后得到的多属性数据，其主要体现在时间与空间的变化上。多源性主要是指数据来源多样化，如卫星导航定位系统、行车记录仪、监控探头等。交通大数据主要来源分为 4 类：手机数据等移动定位数据；车辆定位、车辆传感器、视频监控等传感器采集数据；互联网售票、公交一卡通、物流等公众出行服务数据；客、货运班列等运营企业生产监管数据。多用途是指交通大数据是建立智慧交通系统的基石，可以用于辅助交通规划、交通管理、交通监测和相关决策

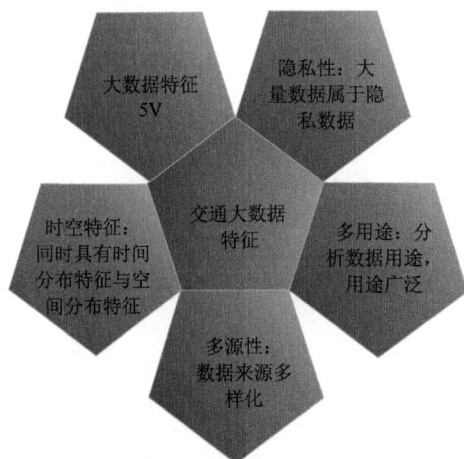

图 2.4　交通大数据特征

的制定，帮助完成新时代城市的精细化管理。隐私性是指交通大数据包含从个人到企业等各部门的出行数据。

2.4 交通大数据分类

随着社会进程的不断推进，交通领域出现越来越多的数据信息。人们的生产、生活、工作、学习、活动、运输及信息的传递等方方面面都充斥着交通的影子，交通所产生的数据也多种多样。随着信息化的发展，大数据时代的到来，大量的交通相关数据对城市交通的正常运行发挥着直接或间接的作用。交通大数据不仅包括各类交通系统存储的结构化数据，还包括文字、图像、语音、视频等非结构化数据[58]。通过数据挖掘、深度学习、机器学习、可视化等技术分析这些数据，可以做出合理的预测。充分利用好这些数据，不仅可以减少城市交通中潜在的风险，更有利于决策者们做出更为恰当的决策，从而为交通拥堵、流量预测、出行规划、交通安全等提供崭新、高效并实用的方法。

针对庞大的城市交通数据，可以采用两种方式对交通大数据分类，即按应用场景分类和按数据类型分类。如图 2.5 所示，交通大数据按应用场景可分为铁路运输、水路运输（以下简称水运）、航空运输（以下简称空运）和公路运输产生的交通数据；按数据类型可分为文本数据和视频（图像）数据。

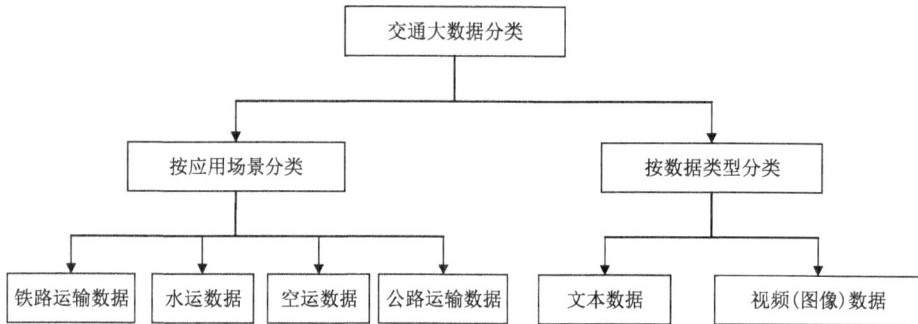

图 2.5 交通大数据分类

2.4.1 按应用场景分类

按照应用场景，可以大体将交通领域的数据来源分为 4 类：铁路运输、水运、空运和公路运输。这 4 类交通数据有着不同的功能和体量，地位也各不相同。其中，公路是现代交通业的主要途径，更是基础和根本。本节将分别从铁路运输、水运、空运、公路运输 4 个领域介绍目前主要的交通大数据。

1. 铁路运输

铁路运输担负着客流和货流运输的重任，是一种传统的陆上运输方式。依据时速的不同，铁路运输又可分为普通铁路运输、快速铁路运输和高速铁路运输。根据国铁集团最新报道,截至 2022 年年底,全国铁路营业里程达到 15.5 万公里,其中高铁 4.2 万公里。相关数据如图 2.6 所示。

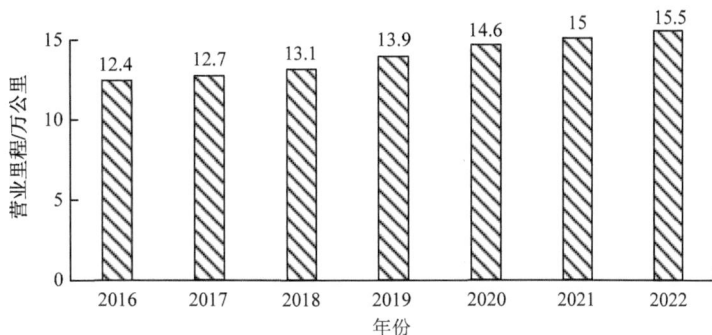

图 2.6 2016—2022 年全国铁路营业里程

铁路信息化系统建设相对较早,随着铁路运输数据化的逐步发展,与铁路运输相关的数据也在与日俱增。与铁路运输相关的结构化数据和非结构化数据,以及数据分析得到的预测数据,对于社会生产生活和科学研究越来越重要。其中,与铁路运输相关的大数据主要包括列车的运行时间、列车进站和出站时间、旅客与货运调度信息、旅客与货运周转信息、列车时刻表信息、车次延误信息、客流量和货流量信息、里程、从业人数、运输距离、设备保养维修信息和车次信息等。其中与时间、车速、方向相关的数据可以用于铁路运输系统的管理和指挥,提高服务质量与工作效率,为列车的集中调度和自动调度提供参数和依据;实际发车和到站时间可以结合列车时刻表进行分析,获得车次的准点率和延误率等信息,评判车辆运行和调度的效率;依据客流量和货运量的相关信息,可以计算空座率,实现车厢资源的最大化利用。此外,还可以依据铁轨振动的频率和次数来预测铁路运输安全问题,保证人民生命财产安全。同时铁路运输体系更多的是支撑两个或者数个城市间旅客和货物的进出,旅客和货物的进出必然会对城市自身的交通产生影响,合理安排列车到站时间可以有效避免外来人员对城市自身交通的影响,还可以根据火车站及车轨经过区域,分析火车站对周边居民区域的影响。

海量的铁路运输大数据为数据挖掘、分析和并行化处理提供了坚实的基础,得以进一步改善铁路运输在管理和服务上的不足。因此,如何处理好海量的铁路运输数据,分析其存在的潜在规律,并应用在实际中提高工作效率和加强安全保障是主要的研究方向。

2. 水运

水运分为海洋运输(以下简称海运)和内陆河流运输(以下简称河运)两种,分别是以海洋和河流作为交通线路。海运是使用集装箱船、邮轮等水运工具,经海上航道运送货物和旅客的一种运输方式,具有运量大、成本低等优点。海运更适于承担各种外贸货物的进出口运输。河运是用船舶和其他水运工具,在江、河、湖泊、水库等运送货物、旅客的一种运输方式,具有成本低、耗能少、投资省、速度较慢、连续性差等特点[59]。

水运作为重要的对外交流的窗口,在许多国家被认为是重要的运输方式之一。水运可以说是兴起最早、历史最悠久的一种运输方式,适用于大宗、低价值、笨重和各种散装货物的中长距离运输[60]。

水运作为交通领域对外开放的前沿,在改革开放的过程中,其信息化建设也在不断的发展和进步。根据国家统计局数据显示,截至 2022 年年底,全国拥有水上运输船舶12.19 万艘,净载重量达 2.98 亿吨。相关数据如图 2.7 所示。

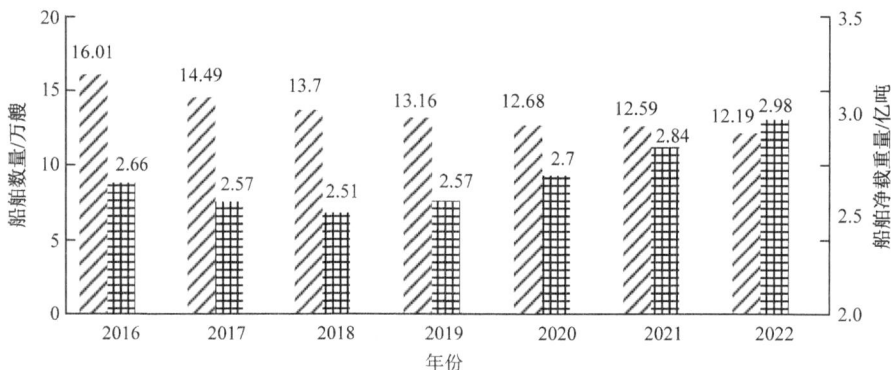

图 2.7　2016—2022 年全国水上运输船舶拥有量和净载重量数据

随着大数据技术的飞速发展,各类先进技术成为水运信息化的重要力量,并取得了令人瞩目的成绩。例如,基于网络互连的水运电子数据交换技术,实现水运物流信息化订单录入、处理、跟踪、结算等业务处理,为水运物流办公无纸化提供技术支撑[61]。水运数据主要来源于运输业务中产生的大量信息,包括货物物流、船舶航行、气象、船舶身份、港口信息等。货物物流信息主要包括货物的库存状态、装卸,订单的录入、跟踪、签收等信息,这些信息能够比较全面地反映货物的总体运输状况;船舶的航行信息主要包括航向、航速、航线、经纬度、出发地、目的地、出发时间和预计到达时间等状态信息,这些信息能够清晰地反映船舶的运行状况;气象信息主要包括温度、风向、降雨等信息,这些信息能够帮助调整航线和速度;船舶基础信息主要包含船舶的大小、吨位、船号、船型等信息;港口信息主要包括港口位置、范围、货物装卸能力、水深、航道等基本信息,这些信息能够帮助有关部门合理调度船舶提供辅助。其中船名、航次、预计到港和离港时间、中转地、航程等信息,类似铁路运输领域的"列车时刻表"。合理运用水运行业所产生的有关资料,既可以最大限度地保障交通运输过程中的安全,又可为水运的驾驶及线路规划提供重要的依据。

利用大数据挖掘技术和数据分析技术,对船舶、港口、货物进行时间和空间关联,从而对船舶的运行、物流、港口的运行情况进行实时分析,能够为船舶的安全生产、航行提供辅助依据和支撑。同时,要想在现有基础上,进一步发展利用水运数据,就必须从上到下加大创新力度,从各个方面进行协调,既要在水路上进行改革,又要与其他交通工具进行数据共享。在当前大数据快速发展的大背景下,既要做好数据安全工作,又要从制度、政策等方面给予支持,实现双赢、多赢的局面。

3. 空运

空运以其迅捷、安全和超高效率赢得了相当大的交通运输市场，对物流供应链加快资金周转及循环起到了极大的推动作用。与其他交通运输方式相比，民航的国际、城际间交通运输效率最高。改革开放以来，民航服务范围不断扩大，成为国家的重要经济部门。由于具有快速、安全、舒适和不受地形限制等一系列优点，民航在交通运输结构中占有独特的地位，促进了国内和国际贸易旅游及各种交往活动的发展[62]。

相较于铁路、水运等交通方式，空运有着速度快、直线距离优势及安全舒适等优点。在我国，空运相关数据通信基础建设均已建设完成，为飞机到地面的信息数据的交换提供了坚实的基础。相应的民航数据分析和挖掘系统也已投入实际应用，并取得了明显效果。据中国民用航空局统计，截至 2022 年年底，中国机场总数量达到 254 个，全国航线总里程达 1032.79 万公里，全行业完成运输总周转量 599.28 亿吨公里，全行业完成旅客总周转量 3913.87 亿人公里。

在航空信息系统方面，对数据的分析结果要满足管理层面、服务商及社会大众等的需求。通过分析机载快速存取记录器上的各种参数信息，可以掌握飞行过程中的每一个细节，提高飞行员的操作规划能力，预防事故的发生。通过分析历史数据，对燃油、飞行员机龄、飞行时间、直飞统计、飞机性能监控、起飞降落、飞行高度和跑道起降等数据进行统计分析，可以实现对飞机运行途中的细节管理，使飞机飞行过程中的每一步都能精准把控，从而达到提升飞行安全及保障飞机运行质量的目的[61]。航班班次、准点和延误等相关信息，为大众出行信息查询提供极大的便利，从旅客办理登机手续、行李托运、候机、安检、登机等过程，能够实时提供准确无误的信息，这样在发生紧急事件需要寻找重要信息时，可以节约大量的时间。

空管系统可以根据数据的积累和分析，为调度和指挥提供依据，支持智能化调度系统与信息化平台的建设与应用。订座、选座、安检和行李系统的应用，为乘客购票、安全出行等需求提供了坚实的保障。飞机信息、航班班次、准点、延误等数据和信息的及时采集和汇聚，为公众信息查询和服务提供了便利。信息发布和个性化服务不仅包括从飞机降落到起飞的整个流程，而且包括旅客办理登机手续、候机、登机的全过程。数据的分析挖掘和应用，已经渗透到民航管理、运营、商业和服务等各个领域，管理和业务系统、信息化平台的使用，大幅提升了民航系统的整体服务与管理水平。

我国民航数据化经过几代人的努力，已具备了一定的数据技术基础和规模。相比改革开放初期，无论是应用水平、平台功能还是服务水平，我国民航数据化都已经有了显著的提升。但是，面对近年来数据爆炸式增长的现实，大数据技术的推广还未深入，各个方面的数据还未形成更有效的合力，依旧存在很多改进空间。若能将各个层面的系统进行合理的整合，将使我国航空信息化迈出重要的、坚实的一步，为未来实现智慧航空打下良好的数据基础。

4. 公路运输

在各个城市的交通体系中，公路的地位无疑是最重要的。正所谓要想富先修路，公路是一个国家和地区经济水平的重要体现。公路不仅承担着连接城市交通的作用，也承担着城市间各类信息与资源共享的职责。据交通运输部统计，截至 2022 年年底，全国公路总里程达 535.48 万公里，公路密度 55.78 公里/百平方公里。相关数据如图 2.8 所示。

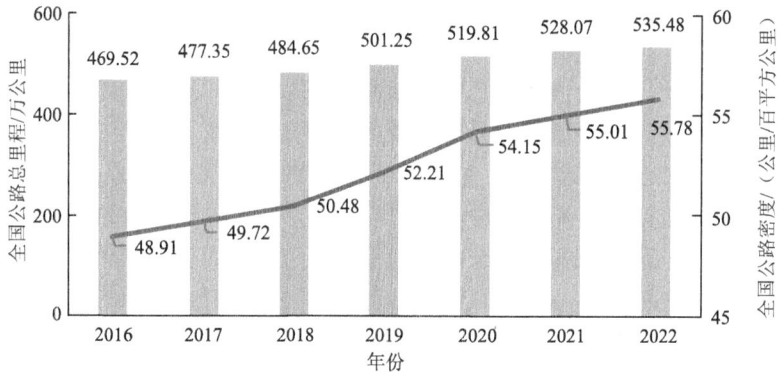

图 2.8　2016—2022 年全国公路总里程及公路密度数据

随着大数据技术的加速发展，公路运输数据信息的挖掘、分析与应用，必将在交通管理和社会服务中发挥不可替代的作用。近年来，随着公路网信息化的加快建设和技术不断更新，公路管理水平和大众服务质量显著提高。公路运输相关数据的获取相对其他场景的运输数据更为方便，常见的有驾驶员数据、车辆动态数据、车辆静态数据、视频监控数据、红绿灯信号数据、道路违规数据、路网数据、地图数据、IC 卡数据、执法数据、手机数据、网络数据等。通常会使用视频识别、超高频射频识别、地感线圈检测、地磁感应、微波检测、超声波检测、红外传感、卫星导航定位系统、车载终端、各类环境和状态传感技术及手机信号采集等[63]采集方式采集公路运输相关数据。通过分析公路设备采集的各种数据，不仅可以为道路指示信息和管理制度的制定提供参考，还可以以此开发出多种应用系统、分析平台和新技术，帮助出行人群享受更好、更便利和更舒适的服务。

通过气象检测设备、地感线圈、红外传感、卫星导航定位系统、车载终端等数据分析，可以得到道路出入口、匝道的通行状态和天气状态，帮助管理者及时调整道路信息板。驾驶员可以根据可变信息板了解实时路况和提示信息，从而弹性调整出行的时间、车速和路线。信号灯可以根据实时车流量数据进行控制和调整，以有效减少拥堵时间，提高道路整体的使用效率。

公交车的自动售票系统能够对 IC 卡的数据进行采集，如卡编号、卡余额、消费金额、消费日期和汽车编号等。通过这些信息可以挖掘不同时间的客流规律，从而帮助决策者们制定相应的时刻表，以更好地适应大众需求，节约成本，提高公共交通管理水平[64]；通过公交站牌监控可以获取上、下站时间及地点，结合公交车路线可以分析出行人的出行路径与规律，根据车上、车下监控图像及影像可以帮助公安机关抓捕犯罪嫌疑人；通过公交车的卫星导航定位系统数据获取公交车的移动轨迹、行驶速度等信息，帮助优化公交车行车路径和调度问题，提高服务效率的同时降低运营成本。结合不同数据进行汇总分析可以帮助人们挖掘公交系统的内部规律[65]。

不仅能够在高速公路收费站对车辆信息、行程信息、驾驶员信息等数据进行采集，还可以在公路上安装雷达、红外线检测器等设备，全气候、全天候地采集车辆的车辆型号、行驶速度、车辆长度、行驶方向和车流量等信息。监控设备能采集并记录车牌号、车型、车速、驾驶员信息、安全检测及路况真实情况的视频和图像信息；气象监测设备可采集路途中的温度、湿度、雨量、风向、风速、能见度、道路结冰情况等信息。隧道检测设备可采集车辆途经隧道、隧道长度、视频图像等有关信息[66]。其中采集到的各种实时数据，可以经相关系统及公路工作人员第一时间发布给社会，从而有效减少交通拥堵，避免交通事故。此外，采集的车牌号码、驾驶员、车型、车流量等信息经过汇总，可以给科研工作者、企业、政府相关部门等提供数据支撑，有利于提高管理和技术创新，使采集的数据产生实际价值。

公路运输信息数据与大数据技术的结合产生了很多便捷。通过分析高速收费站获取车辆收费时间、进站车速、进站车重、收费车数、排队车辆数、节假日等信息的关联性，可解决进出高速公路排队拥堵问题，提高收费站工作效率和服务水平；通过对车辆唯一标识、进站地点、出站地点及时间等数据进行统计分析，获取车辆的行程车速、车辆类型、路径选择等信息，可以评估车辆安全驾驶车速范围和公路网的出行效率；通过监控设备采集的视频和图像信息，可以实时监测公路网交通运行情况，及时发现交通事故、灾害、急救等突发和紧急问题，提高相应部门的应急反应速度和应急处置水平；通过对车牌号的存储与分析，不仅能为出行高峰限行管理提供依据，也可以为交通管理部门取证提供线索和证据，甚至能帮助公安机关破案，直接或间接地为人民安全、社会安全乃至国家安全提供保障和服务；通过采集并分析由不同等级公路进出城市的车辆数、车型、车牌号所属地等信息，能够预测进出城市的车辆和客流的时空分布、规模和总量等信息。

然而，目前不同部门之间的数据共享力度不够，对单一数据源进行挖掘与分析，只能在一定程度上提高服务与安全的效率和水平。未将多源数据进行关联挖掘与分析，缺少了数据间的联系，大幅降低了数据挖掘所产生的作用。因此交通数据的联合挖掘是未来的主要研究方向。例如，结合多种检测器对车流量、拥堵状况数据进行采集，通过模型计算，可以起到减少行车停顿、行车时间、提高行车舒适度的实际作用；对天气、事故、车流量等数据进行综合分析，可以找出事故多发地段、驾驶行为成因和事故对交通运行造成的影响；可变信息板或者网络发布提示信息，可以提醒车辆降速慢行，降低事故的发生率等；根据收费站产生的大量收费数据，分析车辆进出城市的高峰时段和拥堵区域，制定相应措施进行分流，避免交通拥堵；结合电子收费卡（electronic toll collection，ETC）和收费数据，评估车辆通行效率，大力推广 ETC，进而解决车辆通过收费站的积压等问题。不同的数据在实际应用中可以发挥不同的作用，交通数据的联合挖掘应是当前大数据挖掘的重点。

公路运输信息数据多种多样，可以与其他交通数据结合进行数据挖掘与关联分析，然后根据不同交通数据的特性，实现基础数据的去伪存真、优势互补，为交通信息化的发展提供强有力的支撑，为交通大数据的应用提供更为宽广的方向。

2.4.2 按数据类型分类

交通大数据按数据类型可分为文本数据及视频（图像）数据两大类。

1. 文本数据

文本数据一般存储在 MySQL 等关系型数据库中。常用的文本数据包括驾驶员基本信息大数据、车辆信息大数据、道路监测大数据、车辆位置信息大数据、运力大数据等。

（1）驾驶员基本信息大数据。驾驶员基本信息包括姓名、性别、国籍、住址、出生日期、身份证号、初次申领驾驶证日期、准驾车型、有效期限等。驾驶员基本信息大数据通常存储于公安部门与交通运输部门等专业部门的系统中，用于驾驶员身份核验、人员信息筛选等场景，因其隐私性不对外公开数据。驾驶员基本信息大数据部分字段如表 2.1 所示。

表 2.1　驾驶员基本信息大数据字段表

字段名称	样例
姓名	张三
出生日期	1995-01-01
准驾车型	C1
初次申领驾驶证日期	2020-01-01
有效期限	2026-01-01

（2）车辆信息大数据。车辆信息包括车牌号、车牌型号、车型、车身颜色、发动机编号、出厂日期、初次登记日期、最大功率、轴数、燃料种类、排量、核定载客数、强制报废期等。目前，部分车辆信息大数据已对外开放，常用于车辆核验、车辆年检、二手车交易、汽车保险、汽车金融、商用汽车、车辆维修及服务等。汽车检测部门通过车辆信息大数据对车辆进行核验；二手车交易市场通过其核查车辆信息进行二手车交易；汽车保险企业通过车辆信息大数据进行车辆保险的登记、评估、理赔及保险费浮动等；汽车金融企业通过其核查并评估车辆价值，进行汽车租赁或融资等业务；商用汽车行业，如物流快递公司、出租车公司、共享汽车公司等，通过其实现对车辆的管理与及时维护等工作。车辆信息大数据部分字段如表 2.2 所示。

表 2.2　车辆信息大数据字段表

字段名称	样例
车牌号	京 A·12345
初次登记日期	2005-01-01
发动机编号	02453976
最大功率	180kW
核定载客数量	5 人
燃料种类	汽油

（3）道路监测大数据。道路监测大数据主要来源于道路监测装置。一般监测指标包括车速、道路车流量等。道路监测大数据通常用于交通、公安、地图导航等部门和行业。相关交通运输部门基于长期的交通车流量数据，对道路建设规划提供指导依据，并根据车速数据判断车辆是否超速，进行违章判别。地图导航软件基于车速、道路车流量等因素进行道路拥堵程度判别，并对未来交通状况进行预测，为出行者提供合理的路径规划。道路监测大数据部分字段如表 2.3 所示。

表 2.3　道路监测大数据字段表

字段名称	样例
车速	40km/h
车流量	58 辆/min
监测时间	2020-01-01
监测地点	北京市丰台区西四环南路

（4）车辆位置信息大数据。车辆位置信息一般是指基于卫星导航定位系统获得的准确地理位置信息，包括经纬度、时间等信息。车辆位置信息大数据已广泛应用于车载定位导航、网约车、共享汽车、租车等行业。地图导航软件可基于卫星导航定位系统数据实现车辆的定位，进行交通拥堵状况预测并给出合理的路线规划；网约车软件根据卫星导航定位系统大数据提示用户附近车辆的位置，实时追踪并定位车辆轨迹，保障乘客的安全；共享汽车、租车等行业通过卫星导航定位系统数据定位外借车辆位置信息，便于寻回车辆等。车辆位置信息大数据部分字段如表 2.4 所示。

表 2.4　车辆位置信息大数据字段表

字段名称	样例
经纬度	3852.9276,N,11527.4283,E
地点名称	北京市丰台区西四环南路附近
当前时间	2020-01-01 12:00:00
设备 ID	GPGGA,082006

（5）运力大数据。运力一般通过一定时间内车辆的行驶时间、行驶里程等因素来衡量。运力大数据作为评判运输企业效益的指标，应用场景非常广泛，如银行等金融机构、货车融资租赁金融平台、物流企业、网络货运平台、保险行业、二手汽车行业等。银行等金融机构通过运力大数据在放贷前对一些物流企业进行用户筛选及风险评估；货车融资租赁金融平台通过运力大数据对租借企业车辆进行定期跟踪，从而获知企业的运营情况；物流企业通过运力大数据对物流情况进行整体把控，根据运力大小缩减或者增添物流车辆；二手车企业通过运力数据了解货车历史运营情况，评判车辆价值等。运力大数据部分字段如表 2.5 所示。

34

表 2.5 运力大数据字段表

字段名称	样例
所属企业名称	XXX 运输企业
车牌号	京 A·45343
行驶时间	300h
行驶里程	2000km

2. 视频（图像）数据

视频（图像）数据是指视频或者图像等媒体数据，一般存储于服务器中，包括道路监控视频数据及车载视频数据两大类。

（1）道路监控视频数据。道路监控视频数据一般是指通过路口或区间路段交通摄像头拍摄的视频图像。道路监控视频数据一般存储于交警部门使用的服务器中，基于其可实现交通违章拍照、车速检测等基础性功能。随着机器学习、深度学习等技术的出现，智慧交通系统应运而生。智慧交通系统在智能交通系统（intelligent transportation system，ITS）基础上，融入大数据、互联网、物联网等技术，通过数据挖掘与分析，提供实时的交通信息服务。智慧交通系统基于道路监控视频数据，可实现车辆检测、车牌识别、车型检测、逆向识别、安全带检测等自动化任务。道路监控视频截图如图 2.9 所示。

图 2.9 道路监控视频截图

（2）车载视频数据。车载视频是指通过车内摄像头拍摄的视频数据。目前，我国大型货车运输、物流、出租车、共享汽车、公交车等企业均已安装车载视频采集设备。基于车载视频数据，可实时获取驾驶员的行驶状态，保证驾驶员的安全。目前通过车载视频大数据，结合人工智能，可实现驾乘人员疲劳驾驶检测、注意力分散检测、打电话检测、吸烟检测、危险驾驶行为检测等功能。

2.5　本　章　小　结

　　本章主要介绍了交通大数据的特征和分类方法。首先，详细介绍了大数据特征，给出了大数据的定义，强调了大数据的大量、高速和多样等特征，同时讨论了大数据的结构。其次，介绍了交通大数据的采集方式，以及交通大数据特征。最后，介绍了交通大数据的分类方法。该部分重点强调了不同应用场景下的数据特点和应用需求，并按照数据类型介绍了交通大数据的多样性和复杂性。

　　交通大数据的规模和多样性给交通管理、交通状况分析和交通决策带来了巨大挑战和机遇。合理分类和分析交通大数据，有助于从中提取有价值的信息和知识，为交通领域的决策和优化提供支撑和指导。

第 3 章 基于结构化数据的流量预测方法

3.1 引　　言

流量预测，作为交通运输规划与管理研究的核心，自 20 世纪 30 年代起便受到广泛关注与研究。经过多年的深入实践，该领域取得了显著成果，特别是在公交客流量和车流量预测方面。交通对于城市的稳定发展至关重要，它不仅是城市经济繁荣的基石，也是民众幸福生活的保障。然而，随着城市化步伐的加快和车辆数量的急剧增加，交通拥堵问题愈发严重，成为现代城市管理的重大挑战。为了应对这一挑战，交通流量预测技术应运而生。该技术基于历史和实时交通数据，运用先进模型和算法预测未来交通状况，是智能交通系统的关键组成，也是智慧城市建设中不可或缺的一环。通过交通流量预测，可以更有效地减少拥堵、提升交通效率、优化交通规划、提高交通安全，为城市的可持续发展提供有力支持。

交通流量预测技术的应用广泛而深入，它不仅为城市交通管理者提供了重要的决策依据，也帮助驾驶员和行人更好地理解和适应道路交通状况。通过预测数据，交通管理者能够结合实际情况制定科学的交通规划，优化交通流量，从而减轻公路的流量和负载压力，有效缓解交通拥堵，提升整体交通运输效率。交通流量预测技术的发展涉及多个学科领域，包括交通工程、数据科学、机器学习和人工智能等。特别是近年来，机器学习和深度学习算法的应用使得交通流量预测更加精准和高效。通过不断的创新和进步，交通流量预测技术将继续为城市交通管理和出行提供更准确、实用的信息和解决方案，进一步改善人们的出行体验，推动交通系统的可持续发展。

3.1.1 车流量预测研究现状

近年来，随着公路实际车流量的急速提升，交通运输问题日趋复杂。交通流量预测一直是交通行业理论研究者和实践者关注的热点问题，交通流量预测理论与方法仍处于不断的发展与更新之中。

据公安部统计，截至 2023 年年底，我国机动车保有量已达 4.35 亿辆。图 3.1 所示为 2017—2023 年我国机动车保有量统计，可以明显看到当前一直呈上升趋势。车辆急剧增加的现状也给道路的通行能力带来了巨大挑战，交通流量预测对于缓解道路压力、减少道路拥堵、减少排污量、降低事故发生率等具有重大意义。根据实际得到的交通流量资料和交通发展规律，结合交通吸引和转移的分析等，可以预测某个地区、某条路线或某个路段在未来的交通流量。

2017 年，程山英[67]利用模糊神经网络实现了短时交通流量预测。方法是以历史交通流量数据作为样本，提取样本关联维数作为特征向量输入基于高斯过程建设的模型，

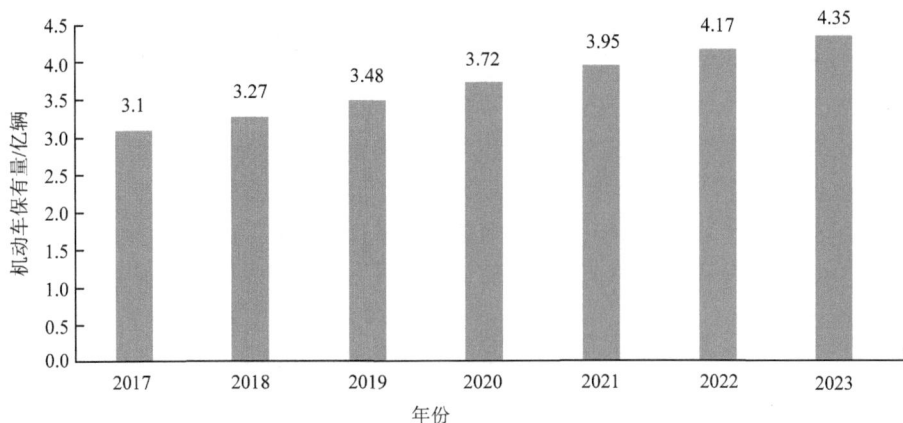

图 3.1　2017—2023 年我国机动车保有量统计

进而实现短时交通流量预测。在此之前，李松等[68]引入粒子群优化（particle swarm oprimization，PSO）算法对 BP 神经网络进行优化，构建了 PSO-BP 神经网络混合预测模型，改进了对短时交通流量预测的结果。此前一系列的研究，证明了神经网络虽然预测准确率较高，但是模型训练过程复杂。为了缩短模型预测的时间，提升其预测效率，大量学者将数据驱动模型的非参数回归预测方法引入交通流量预测领域[69]。此想法早在 1991 年就已经出现，Davis 和 Nihan[70]首次将非参数回归算法应用于交通流量预测领域，并在文中提出了 KNN 预测算法。当时的实验结果表明 KNN 算法的效率较高但准确率还有待提高。对此，Rasyidi 等[71]于 2014 年提出目标路段的速度不仅与历史数据有关，还与相邻路段的影响有关的理论研究。在交通流量预测领域，宫晓燕和汤淑明[72]提出密集度的变 K 值搜索算法和基于动态聚类与散列函数的历史数据组织方式的综合方法，用于预测交通流量。之后张晓利等[73]提出了将 KNN 算法与平衡二叉树相结合的方法，虽然算法的准确率有所提升，但是将非参数回归应用于交通流量预测领域还没有形成一套完整的体系，仍未考察时空关系对预测结果的影响。

3.1.2　公交客流量预测研究现状

随着我国城市规模的不断扩大、家庭机动车拥有量的增长，以及居民出行需求的提高，环境、空气质量和交通拥堵等问题越来越影响人们的幸福生活水平，已经成为我国持续发展战略中亟待解决的关键问题。公交相对其他出行方式，具有载客量大、排污量小、成本较低等优势。为了保障城市公交高效有序地运营，不仅需要良好的公交运营管理方案，有效的运营调度同样必不可少。改革开放以来，公共交通在城市交通规划中愈发重要，创建一个便民、亲民、服务水平、运营效果更好的公交系统是交通发展战略的头等任务。优先发展公交体系，是解决城市拥堵问题、环境污染问题、资源利用问题的必要途径。在大数据信息化发展的当下，我国在公共交通运营中产生的数据量巨大，这些数据无论是对公交管理、公交线路规划，还是对车辆运营都有着很大的研究价值。仅仅依靠传统的管理经验，盲目地进行车辆调度、路线规划、车速控制等不仅不能真正提高大众出行质量、满足大众出行需求，反而会带来浪费人力、物力资源，交通拥堵、增大开支等问题。只有获取大量信息数据，依靠更加科学、合理及先进的技术进行分析与汇总，才能为公交管理提供更科学的依据。

我国交通行业发展迅速，交通网络也日益完善，但客流量不断增加、饱和的情况仍经常发生。基于海量多源的公交数据，获取并分析公交客流信息，准确及时地预测客流量，可以为城市公交车辆的调度、路线规划提供更科学的依据，帮助管理者进行科学高效的管理和决策。也只有在精确预测客流量的前提下，才能保证运营计划的合理性，从而提升公交行业的管理水平和服务水平，提高居民的出行幸福度，并缓解交通拥堵、环境污染等问题。

目前，在公交客流量预测这一领域国内外的很多学者已取得了一定的研究成果，这些研究成果大体上可以分成两类，一类是使用数学方法建立数学规划模型或线性预测模型来实现对城市公交客流量的预测。文献[74]利用多元线性回归方法建立公交各个时间段的客流量预测模型，并通过城市一卡通数据对模型进行验证。文献[75]采用差分自回归移动平均模型（autoregressive integrated moving average model，ARIMA model）对城市轨道交通的客流量进行预测，实验结果表明该模型具有良好的适用性。另一类是通过机器学习的相关算法构建预测模型，利用训练数据对模型进行训练，从而预测客流量。文献[76]使用长短期记忆网络实现对多个公交站点客流量的预测，并分析得出多个站点的客流量数据间存在相关性的结论。文献[77]采用基于黄金分割的粒子群算法对 SVM 算法的参数进行寻优，构建了混合核 SVM 客流量预测模型。

随着对 SVM 算法研究的不断深入，基于 SVM 算法思想的一些模型和方法也被广泛应用于各个领域。其中，SVR 在客流量预测、公交到站时间预测、交通拥堵评价参数预测、交通事故预测及城市交通碳排放预测等交通领域有着相应的研究成果；SVC 在交通状态判别、交通视频车辆检测、交通标识识别、障碍物识别及交通事件检测等应用领域也有很多研究成果。

3.2　基于 SVM 算法的公交客流量预测

3.2.1　基于 SVM 算法的公交客流量预测方法

公交车作为城市公交工具中重要的成员，不仅给人们的工作、生活带来了极大的便利，同时也是一种节约能源、环保的有效途径。对城市公交客流量进行预测，对缓解公交线路客流不均衡问题、合理进行公交车运营调度、提高公交车运营效益，都有着非常重大的现实意义。由于公交客流量日间变化较大，因此其数据具有非线性、非平稳性、潮汐性等特性[78]。机器学习算法中的 SVM 算法，可以通过寻求结构风险最小化（structural risk minimization，SRM）来最小化实际风险，能够较好地解决非线性数据、小样本和维数灾难等问题。因此，本节运用 SVM 算法对城市公交客流量进行预测。本节基于 SVM 算法的公交客流量预测流程图如图 3.2 所示。

在基于 SVM 算法的公交客流量预测流程中，首先对采集到的数据进行预处理；然后对数据进行初始化，为它们分配初始参数并将数据划分为不同的子种群。在进行并行参数寻优时,鉴于传统的单一优化算法优化效率低且易陷于局部最优解,本节采用遗传算法与粒子群算法混合启发式算法辅助 SVM 算法确定最优的核函数参数;再使用 Spark 框架对各个子种群的适应度进行并行计算,以此提出基于 SPGAPSO-SVM 的公交客流量预测模型[其中单亲遗传算法(single parent genetic algorithm,SPGA)和 PSO 算法属于优化算法],获得 SVM 最优参数。基于得到的最优参数,使用训练集对 GAPSO-SVM[其中 GA 表示遗传算法(genetic algorithm)]预测模型进行训练,利用训练好的 GAPSO-SVM 预测模型进行公交客流量预测,并使用测试集对预测模型进行评估和验证。

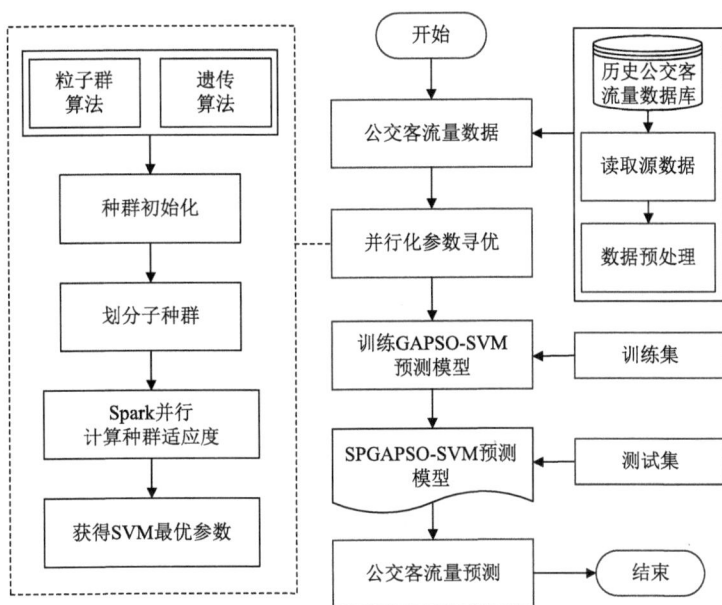

图 3.2　基于 SVM 算法的公交客流量预测流程图

3.2.2　数据采集及预处理

本节实验部分所使用的数据集采用广州市 19 路公交车 2018 年 1 月至 6 月的 IC 卡信息数据。广州市 19 路公交车的运行时间段为每天的 6 时到 22 时 30 分,因此只对这一时间段的数据进行预测。其中,原始数据包含交易时间、线路名称、卡片 ID 等 10 个字段信息。

为了提高数据挖掘的效果,使用 Spark 对数据进行预处理。首先通过 rdd:[(str,str)]=rdd1.zip(rdd2)将数据整合为 key-value 的 RDD,其中 key 为线路编号、value 为交易时间;然后通过 rdd=filter(lambda keyValue:str(keyValue[0])==Line_name)将客流量数据按照线路编号分组。由于节假日的公交客流量数据和非节假日的公交客流量数据存在差异,旅游、游玩、采购的出行显著增多,会对预测结果产生干扰。因此,需要使用 rdd=filter(lambda keyValue:lp<=keyValue[1]<=up)将节假日客流量数据去除,以提高预测的准确性。同时 SVM 算法对数据较为敏感,对数据进行归一化会使数据的训练速度加快,故对数据进行无量纲化处理[79]。

数据无量纲化处理是数据挖掘的基本工作之一，由于各种评估指数的尺度和尺度单元不尽相同，从而对数据的分析效果产生一定的负面作用。对原始数据进行无量纲化处理后得到的各项指数在一个量级上是一致的，使得数据更适合分析处理。

其中，最常用的无量纲化处理方式包括基于均值和标准差（如 z-score）的归一化和基于极值的归一化。z-score 归一化对原始数据的均值和标准差进行数据的标准化。极值归一化（min-max normalization）也称离散标准化，是对原始数据的线性变换，表示如下：

$$X_{norm} = \frac{X - X_{min}}{X_{max} - X_{min}} \qquad (3.1)$$

式中，X 为原始数据；X_{min}、X_{max} 分别为样本数据集的最小值和最大值。当数据 X 先按照最小值中心化，再按极差($X_{min} - X_{max}$)缩放时，会被收敛到[0,1]，这个过程称为 min-max 归一化，表示如下：

$$X_{norm} = \frac{X - \mu}{\sigma} \qquad (3.2)$$

式中，数据 X 先按均值 μ 中心化，再按标准差 σ 缩放，就会服从均值为 0、方差为 1 的正态分布，这个过程称为 z-score 归一化。

本节中的 SVM 算法使用支持向量机库（library for support vector machines，LIBSVM），基于 Python 语言实现。LIBSVM 是台湾大学林智仁教授研发的 SVM 分类与回归的软件包，它的高效性和易用性被人们所公认[80]。

在用 LIBSVM 作为 SVM 算法的实现工具时，需要将输入数据格式转变为 LIBSVM 所能接受的输入格式，将预处理后的数据转变为符合以下输入格式的数据：Label index1:value index2:value index3:value。

对于公交客流量预测而言，Label 为目标值，index 为以 1 开始的整数，value 为训练数据。

3.2.3 相关算法

1. SVM 算法

基于数据的机器学习是人工智能技术的一个研究方向，其本质上是对某一问题真实模型的逼近，研究如何基于样本数据对未知样本数据进行预测。Vapnik[81]在 20 世纪中期开始研究有限样本下的机器学习问题。随着理论研究的逐步成熟，他们提出统计学习理论（statistics learning theory，SLT）。20 世纪 90 年代，Vapnik 及其团队基于该理论提出了一种新的机器学习算法——SVM 算法，巧妙地解决了统计学习中的结构风险最小化原理和 VC 理论[由弗拉基米尔·万普尼克（Vladimir Naumovich Vapnik）及亚历克塞·泽范兰杰斯（Alexey Yakovlevich Chervonenkis）建立的一套机器学习理论]的具体实现问题，并且在未知样本上展现出良好的泛化能力。SVM 算法针对样本数据有限的情况，能够降低经验风险并寻求最优置信区间，充分地避免了局部极小值，具有不错的分类精确性。因此，SVM 算法一经提出就引起了广泛的关注。SVM 算法作为机器学习中获得关注最多的算法，也是最接近深度学习的机器学习算法。由于 SVM 算法理论基础坚实，在大多数情况下泛化能力明显优于其他方法，近年来在模式识别、回归分析和特征提取等方面得到了越来越广泛的应用[82]，成为机器学习领域和人工智能领域的一个研究热点。

　　超平面是一个空间的子空间，即维度比所在空间小一维的空间，是数学几何中的一个重要概念。例如，样本空间是三维的，那么其超平面便是二维的，也就是平面。如果样本空间本身是二维的，则其超平面就是一维的，也就是直线。在二分类问题中，如果一个超平面能够将样本数据划分为两个不同的集合，其中每个集合各包含一个类别，就说这个超平面是样本数据的"决策边界"，SVM 算法的核心思想就是寻找一个最优超平面。其中，SVM 算法根据用途可分为支持向量分类（support vector classification，SVC）和支持向量回归（SVR）两种。SVC 寻找的超平面，是使数据集中属于不同分类的点正好位于超平面的不同侧面，并且使这些样本距离该超平面尽可能远。SVR 同样是寻求一个最优超平面，使得该超平面在保证准确率的同时到超平面最近的样本的距离最小。SVC 和 SVR 分别如图 3.3 和图 3.4 所示。

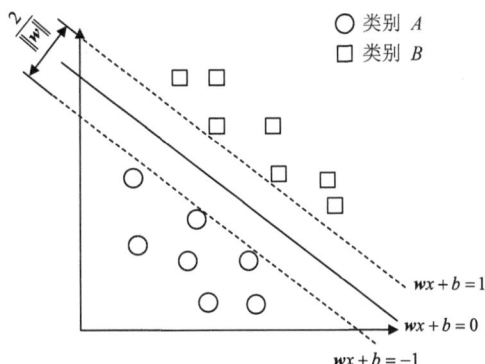

图 3.3　支持向量分类

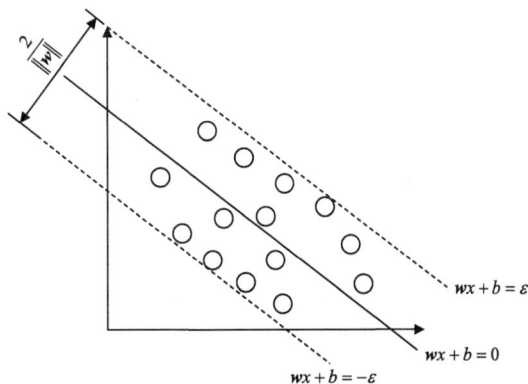

图 3.4　支持向量回归

　　以二分类问题为例，设样本数据集为

$$\{(x_i, y_i) | i = 1, 2, \cdots, n\}, x_i \in R^n, y \in \{\pm 1\} \tag{3.3}$$

式中，x_i 为输入数据；y_i 为输出数据。这时的"决策边界"超平面为

$$\boldsymbol{w} \cdot \boldsymbol{x}_i + b = 0 \tag{3.4}$$

式中，$\boldsymbol{w}$ 表示权重向量，权重向量对应了决策边界的法向量；b 表示偏置，也称位移项，表示决策边界距坐标原点的距离。完全分类所有样本时，则应满足以下约束条件：

$$y_i(\boldsymbol{w} \cdot \boldsymbol{x}_i + b) \geqslant 1 \tag{3.5}$$

因为支持平面和决策边界是相互平行的，支持平面到决策边界的距离为 $1/\|\boldsymbol{w}\|$，相互平行的两个平面的距离为这个距离的 2 倍，可计算出分类间隔为 $2/\|\boldsymbol{w}\|$，我们的任务就是改变权重向量和偏差，以最大化这个间隔，从而找到更好的决策边界。在回归任务中，同样也是间隔最大，但不同于分类任务，它使距离超平面最远的样本点之间的间隔最大。对所有的样本点，回归模型 $f(x)$ 与 y 的偏差必须 $\leqslant \varepsilon$，将偏差范围称为 ε 管道。

因此该超平面问题就转换为

$$\min f(\boldsymbol{w}) = \frac{1}{2}\|\boldsymbol{w}\| = \frac{1}{2}(\boldsymbol{w}' \cdot \boldsymbol{w}) \tag{3.6}$$

引入拉格朗日（Lagrange）函数解决该最优化问题，则式（3.6）可转换为

$$L(\boldsymbol{w}, a, b) = \frac{1}{2}\|\boldsymbol{w}\| - a \cdot [y(\boldsymbol{w} \cdot \boldsymbol{x} + b) - 1] \tag{3.7}$$

令 Lagrange 函数对 $\boldsymbol{w}, b$ 的偏导数为 0，则可将上述问题转换为对偶问题，并解得最优解，其中 T 代表矩阵转置操作：

$$(\boldsymbol{a}^*, \boldsymbol{w}^*, b^*) = \begin{cases} \boldsymbol{a}^* = \left(a_1^*, a_2^*, \cdots, a_n^*\right)^{\mathrm{T}} \\ \boldsymbol{w}^* = \sum_{i=1}^{n} a_j^* y_j x_j, \ j \in \left\{j \big| a_j^* > 0\right\} \\ b^* = y_i - \sum_{i=1}^{n} y_j a_j^* \left(x_j \cdot x_i\right), \ j \in \left\{j \big| a_j^* > 0\right\} \end{cases} \tag{3.8}$$

最终最优分类函数为

$$f(x) = \mathrm{sgn}\left\{\left[\sum_{i=1}^{n} a_j^* y_j \left(x_j \cdot x_i\right)\right] + b^*\right\}, \ x \in R^n \tag{3.9}$$

样本数据通常是不可分、非线性的，因此还需引入惩罚因子 C 和松弛因子 ξ，从而得到非线性 SVM，表示如下：

$$\min f(\boldsymbol{w}) = \frac{1}{2}\|\boldsymbol{w}\|^2 + C\sum_{i=1}^{n}\xi_i \tag{3.10}$$

对于误差的调整同样可以通过惩罚因子 C 解决，C 的取值能够决定模型因为离群点带来的损失。针对式（3.10）样本数据非线性问题，可以通过引入核方法（kernel method）解决。径向基函数（radial basis function，RBF）是 SVM 中常用的核函数，其对应的映射函数可以将样本空间映射至高维空间，RBF 的解析式表示如下：

$$k(x, x_i) = \exp\left(-\frac{\|x - x_i\|^2}{2\sigma^2}\right) \tag{3.11}$$

核函数半径 g 是 RBF 中的一个重要参数。数据映射至新特征空间后的分布由 g 决

定，g 越大，则支持向量越少。支持向量的个数又影响 SVM 模型的训练与预测效率。g 和式（3.11）中 σ^2 的关系表示如下：

$$g = \frac{1}{2\sigma^2} \tag{3.12}$$

SVM 算法中的惩罚因子 C 和核函数半径 g 的大小影响着 SVM 算法的泛化能力。为了增加 SVM 算法的性能，提高回归预测的准确率，本节采用遗传算法和粒子群算法混合优化算法，对 SVM 模型参数进行寻优操作，找出最优的 C 与 g。

SVM 算法开源工具主要有 3 种，分别是 MATLAB 自带的 SVM 工具箱、基于 Python 语言开发的机器学习工具库 Scikit-Learn 和林智仁教授研发的 LIBSVM 软件包，如表 3.1 所示。

表 3.1　支持向量机开源工具比较

工具	SVM 工具箱	Scikit-Learn 机器学习工具库	LIBSVM 软件包
开发语言	MATLAB	Python	C、Python、MATLAB 等语言
工具优点	衍生版本工具箱数量多、可视化效果良好	使用方便、与其他数据处理技术结合简单	多语言实现、功能丰富、默认参数合理
工具缺点	无法应用于计算量大、数据量大的情况	默认参数不合理、算法优化比 LIBSVM 难	使用较为复杂、数据格式要求高

2. 遗传算法

遗传算法（GA）是约翰·霍兰德（John Holland）等从达尔文生物进化理论出发，仿照自然界适者生存的进化规律得到的一种随机化搜索方法，通过有限的代价来解决搜索和优化问题。由于其随机性和非线性的特点被广泛地应用于优化问题[83]。

GA 从种群开始，对于数学规划模型则是从可行解集合开始，根据遗传规律，需要对初代种群进行确定，在种群迭代中再按照个体的适应度函数及交叉、变异算子的运算选出局部最优个体[84]，并进入下一次的演化，从而逐代产生一个最优种群。在逐代寻优的过程中，种群的适应能力会变得越来越强，最后对末代种群中最优个体进行解码，就可以得到数学规划模型的近似最优解。

GA 操作简便，适用于模型优化、轨迹规划等优化问题。但 GA 中的群体没有记忆力，具有盲目性，因此在参数寻优过程中收敛速度较慢。

在 SVM 算法的参数优化中，最常见的是二进制编码。二进制编码和解码操作较为容易，交叉和变异操作易于实施。该方法利用自适应函数对各参量的适应性进行评估，从而指导迭代的进程。在进行适应值的运算后，再利用结合的交叉、变异等运算生成新的解集合群体。

3. 粒子群算法

粒子群优化（PSO）算法是埃伯哈特（Eberhart）和肯尼迪（Kennedy）在 20 世纪 90 年代末提出的一种元启发式算法。PSO 算法与 GA 相似，同样是根据自然界中的种群行为而提出的一种优化算法，但是 PSO 算法没有 GA 使用的交叉和变异操作，粒子在解空间根据最优粒子的位置进行寻优[85]。PSO 算法源自鸟类的觅食，模拟昆虫、动物、鸟类和鱼类的种群觅食行为。利用种群个体在觅食过程中的信息交流与共享，以此来不断改变个体的位置和种群的位置，最终在不断变化搜索方向的过程中找到最佳觅食目标（最优解）。相比其他智能优化算法，PSO 算法参数选取简单，收敛速度快，但 PSO 算法较低的准确率和容易陷入局部最优解等问题也不可忽视。

PSO 算法进行寻优操作时首先需要对参数进行初始化。例如，目标函数初始化、迭代次数的设置、粒子位置和速度初始化，以及位置和速度的限制等。由于 PSO 算法同样是利用适应度函数来评估粒子群寻优，然后利用适合度函数来找到每个粒子的个体最优值和全局最优值的，因此按照式（3.13）和式（3.14），对粒子群的速度和位置进行更新修正。

$$v = v_i + c_1 r_1 (p_{best} - x_i) + c_2 r_2 (G_{best} - x_i) \tag{3.13}$$

$$x = x_i - v_i \tag{3.14}$$

式中，v 为更新后的粒子速度；x 为更新后的粒子位置；v_i 为粒子当前速度；x_i 为粒子当前位置；c_1 和 c_2 均为学习因子；r_1 和 r_2 为（0,1）的随机数；p_{best} 为个体极值；G_{best} 为全局极值。在式（3.13）中，3 个项的相加反映粒子之间的信息共享，通过个体的经验和种群的经验，来确定下一阶段向哪一个方向行动，当满足终止条件时，停止寻优。

3.2.4 模型设计

SVM 算法是一种强大的机器学习算法，在解决非线性数据、小样本、维度灾害等方面表现较好，在流量预测方面有着很好的应用前景。但它也存在一定的局限：①SVM 算法的理论和公式比较难掌握，难以上手；②SVM 算法的参数选取直接影响 SVM 的性能，如何根据实际问题确定合适的核函数和惩罚因子缺乏理论依据，传统的手工调参方式不具备说服力和科学性；③训练时对速度和样本大小的要求，以及如何加快 SVM 算法训练速度，如何实现在很大数据集合上的训练效率问题也需解决。因此，SVM 算法的优化问题一直是一个有意义的研究方向。

近年来，国内外已有许多学者围绕着机器学习的参数优化展开了研究。首先，传统的手工调整参数方法存在着很大的不确定性和耗时较长的问题，因此网格搜索（grid search，GS）和贝叶斯优化（Bayesian optimization，BO）算法应运而生。然而，这种优化算法的性能并不理想，如在网格搜索中，它的参数寻优准确率和耗时都与步长相关，而步长越短，计算时间也就越长。因此，目前国内外学者多使用群启发式算法进行参数优化。下面介绍如何使用群启发式算法解决 SVM 参数优化问题。

1. 混合算法并行优化

由于使用单一的群启发式算法对 SVM 进行参数优化，在求解复杂问题时存在不足。因此，采用多个优化算法互相融合、优势互补的混合式优化算法成为近年来的主流研究方向。智能优化算法的混合大体上可分为 3 类，分别是并行式、串行式和嵌入式。根据文献[86]，在表 3.2 中，概括了 PSO 算法和 GA 的混合方式、优势和应用。

表 3.2　PSO 算法和 GA 的混合方式、优势和应用

混合方式	并行式	串行式	嵌入式
优点	搜索范围大、寻优稳定性好	优化有层次、寻优速度快	搜索范围扩大、局部搜索能力高
缺点	算法之间交流少	算法之间的切换点难找、时间复杂度大	算法改进有限、准确率有很大提升空间
适用场景	聚类、作业调度、参数优化等问题	多目标排序、多峰值函数优化等问题	装配顺序规划、半方差投资等问题

从表 3.2 中可以得出，对智能优化算法采用并行式混合方式是最适合解决参数优化问题的一种策略。GA 与 PSO 算法都是根据自然界中的种群行为而提出的优化算法，存在很多共性。两者都是智能和随机的元启发式算法，都具有迭代、种群、适应度函数、更新等操作思想，搜索都是从群体出发，能够共享种群，具有并行性的可能。GA 拥有种群多样性，寻优过程具备随机性的特点，因此有着较好的全局寻优能力，且具有扩展性强、与其他优化算法融合方便等优点。PSO 算法实现简单，没有较多的参数需要调整，具有较快的收敛效果等优点。虽然 GA 和 PSO 算法各有各的不足，但是两者可以进行优势互补，从而在一定程度上弥补各自的不足，达到相辅相成的效果。因此，人们将 GA 和 PSO 算法结合形成 GAPSO-SVM 算法。

2. GAPSO-SVM 算法设计

SVM 参数优化的核心问题在于找到最优的 C 与 g，所以 SVM 参数寻优问题的数学模型可以表示为

$$P = \{g_{\text{best}}, C_{\text{best}}\} \tag{3.15}$$

GAPSO-SVM 算法将种群分为 GA 运算和 PSO 运算，在迭代过程中比较两者中的较优值，将较优值作为本次迭代的结果保留到下次迭代中，表示如下：

$$g_{\text{best}} = \begin{cases} g_{\text{gabest}}, & \text{fitness}_{\text{gabest}} \geq \text{fitness}_{\text{psobest}} \\ g_{\text{psobest}}, & \text{fitness}_{\text{gabest}} \leq \text{fitness}_{\text{psobest}} \end{cases} \tag{3.16}$$

$$C_{\text{best}} = \begin{cases} C_{\text{gabest}}, & \text{fitness}_{\text{gabest}} \geq \text{fitness}_{\text{psobest}} \\ C_{\text{psobest}}, & \text{fitness}_{\text{gabest}} \leq \text{fitness}_{\text{psobest}} \end{cases} \tag{3.17}$$

式中，fitness 代表适应度函数。

根据 GA 和 PSO 算法迭代寻优的相同之处，将 PSO 算法和 GA 混合，共用一个最优的个体。在种群迭代过程中有效利用 GA 的搜索范围大和随机性，以及 PSO 算法收敛速度快的优点。将寻优后得到的 SVM 参数 C 和 g 作为模型实际参数，通过训练得到 SVM 预测模型。得出 SVM 预测模型的准确率（accuracy），将准确率作为 SVM 参数寻优问题的目标函数。可以将 GAPSO-SVM 算法参数寻优问题概括如下：

$$\max \text{ accuracy} = F(P)$$

$$\text{s.t.} \begin{cases} P = \{g_{\text{best}}, C_{\text{best}}\} \\ 2^{g_{\min}} \leq g_{\text{best}} \leq 2^{g_{\max}} \\ 2^{C_{\min}} \leq C_{\text{best}} \leq 2^{C_{\max}} \end{cases} \tag{3.18}$$

式中，g_{min} 和 g_{max} 代表 RBF 核参数 g 的取值约束；C_{min} 和 C_{max} 代表惩罚参数的 C 取值约束。判断结果是否符合结束条件，若满足结束条件，则停止 GAPSO-SVM 算法的迭代运算。结束条件表示如下：

$$\min\{\text{fitness}_{gabest}, \text{fitness}_{psobest}\} \leq \text{fitness}_{min} \tag{3.19}$$
$$\text{或者 } T \leq T_{max}$$

式中，fitness_{min} 为最小适应度函数，即最小误差；T 为迭代次数；T_{max} 为最大迭代数。

在进行 GAPSO-SVM 模型训练预测时，将样本数据划分为两部分：一部分是训练集，用于对模型进行训练；另一部分是测试集，用于进行预测。对初始种群分别进行 GA 操作和 PSO 操作，如果在迭代过程中 GA 适应度优于 PSO 适应度，则将 GA 的较优个体保留到下次迭代中。当 PSO 算法和 GA 寻优值优于设定的适应度或迭代次数超过最大限制时，迭代结束，并返回种群寻找到的最优 C 和最优 g 作为 SVM 的运行参数。

3. 参数优化算法耗时分析

设计的参数优化算法中的 GA 和 PSO 可分为种群启动、种群更新和适应度计算 3 部分。参数优化算法结构如图 3.5 所示。

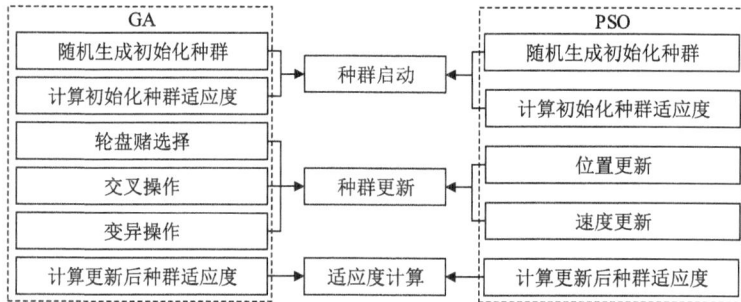

图 3.5　参数优化算法结构

由图 3.5 可知，种群启动包括两部分——随机生成初始化种群和计算初始化种群适应度。种群更新包括轮盘赌选择、交叉操作、变异操作、位置更新和速度更新 5 部分。适应度计算负责计算更新后种群适应度。

将参数优化算法运行 20 次，收集算法中各部分消耗的时间。其中，最大迭代次数设置为 30 次，种群规模设置为 30，对各个部分的消耗时间进行统计。耗时运行结果如图 3.6 所示。

由图 3.6 可知，群体中全部个体的适应度计算时间约占总运行时间的 91.4%，其中，计算逻辑复杂的种群更新部分耗时约占总体运行时间的 5.72%，种群启动仅占总体运行时间的 3.4%。由于每个个体都需要进行一次交叉验证以计算样本的均方误差（mean square error，MSE），导致适应度计算耗时过久，GAPSO-SVM 算法总体运行时间过长。当最大迭代次数设置为 30 次，种群规模设置为 30，交叉验证次数设置为 10 次时，须进行 9000 次的交叉验证。针对适应度计算耗时过长的问题，引入并行化操作，对 GAPSO-SVM 算法采用并行化处理来加快运算速度，减少适应度计算的运行时间。

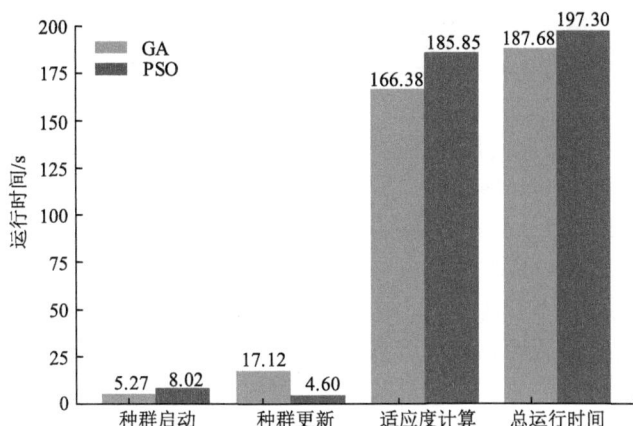

图 3.6　参数优化算法各部分耗时

4. 参数并行和数据并行

由图 3.6 可以看出，GA 和 PSO 算法进行 SVM 参数优化过程中，大量的时间花费在种群适应度计算上，因此，只有降低该部分的耗时，提高模型运行速度，才能使 SVM 的参数优化工作更加高效。目前，解决该问题常用的方法是并行化，本节提出两种基于 Spark 平台的并行化方法，即数据并行和参数并行，其并行化设计流程图如图 3.7 所示。

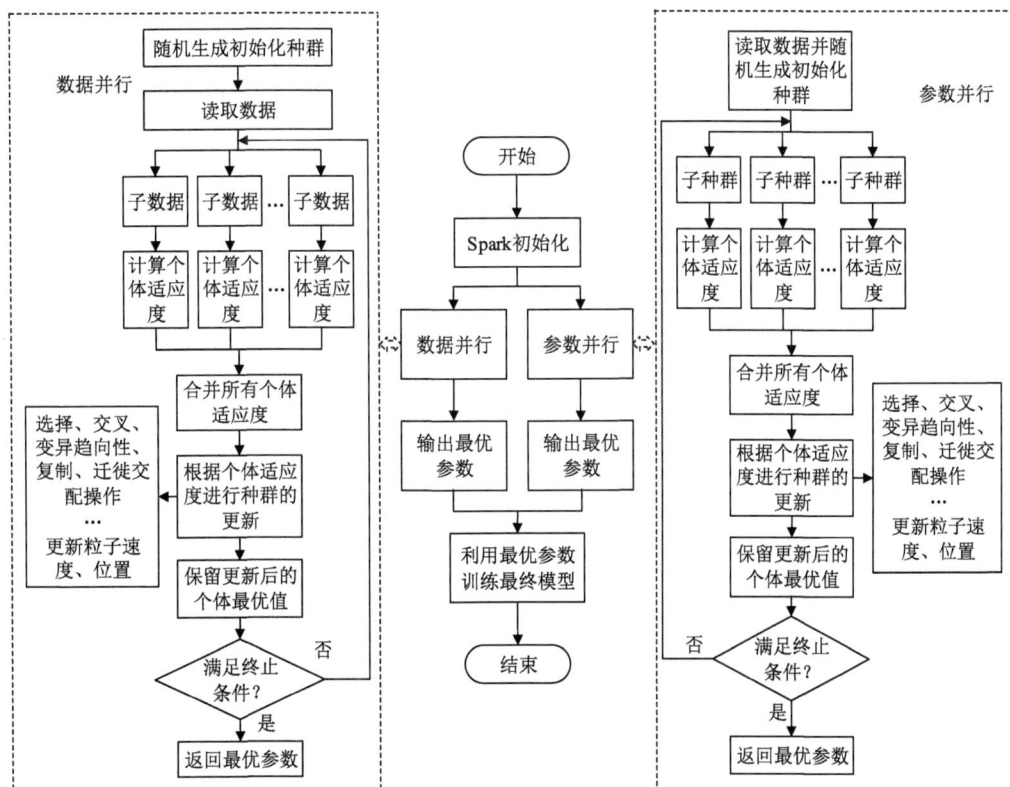

图 3.7　数据并行和参数并行的并行化设计流程图

由图 3.7 可知，左侧显示的是数据并行的流程图，右侧显示的是参数并行的流程图。在基于 Spark 平台进行并行化计算时，首先需要进行 Spark 参数的初始化操作，初始化包含节点个数、并行度和节点内存的设置等，用于 Spark 集群应用的提交；然后将进行并行处理的部分处理为 Spark 所支持的弹性分布式数据集（resilient distributed datasets，RDD）。其中，RDD 支持两种操作：转换操作和行动操作。转换操作返回一个新的 RDD，只封装了逻辑，并不会真的进行计算。行动操作是向驱动器程序返回结果或者将结果写入外部系统的操作，从而进行真正的计算。

在种群启动之后，将包含编码、适应度等信息的群体个体存储到一起，构成一个包含所有个体信息的种群列表。将种群个体携带的参数作为机器学习算法模型的超参数，把模型的准确率作为种群个体的适应度。

从图 3.7 中可以看出，左侧图的数据并行是先将种群进行初始化，再进行数据的读取，将数据转换为一个个子数据 RDD，然后采用数据并行的方式来计算种群个体的适应度。右侧图的参数并行首先将生成初始化种群和读取数据同步进行，再将数据和种群存储到一起，放至一个列表中，最后将列表转换为 RDD。根据转换操作的描述当数据和种群转换为 RDD 时，并不会真的开始计算。当进行行动操作 collect() 合并计算所有个体适应度时，才会进行计算。然后在计算完所有种群的个体适应度之后，按照适应度进行种群的更新。不同种群的更新规则也不尽相同。最后完成种群更新后，将个体最优值进行保存。若符合式（3.18）中的结束条件，则返回模型的最优超参数，否则，将继续按照参数并行步骤寻找模型最优超参数。

为了验证参数并行相比数据并行的效率问题，选用 RF 算法作为机器学习算法的代表，选用模拟退火（simulated annealing，SA）算法作为群启发式算法，通过实验将这两种算法进行对比。在同一实验环境下，采用 Python 语言实现基于数据并行机制和参数并行机制的并行化随机森林算法，并记录算法在不同数据量下所用的运行时间。在本实验中，最大迭代次数设为 50 次，种群规模分别设为 20 和 100。为验证数据量对并行效率的影响，本节在 2 万条、4 万条、8 万条、16 万条、32 万条、64 万条数据量下进行实验。种群规模分别为 20 和 100 时的实验结果如图 3.8 和图 3.9 所示。

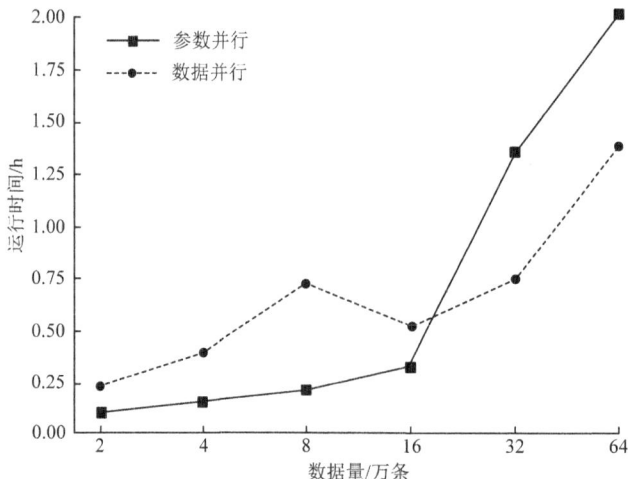

图 3.8　种群规模为 20 时的两种并行机制的运行时间

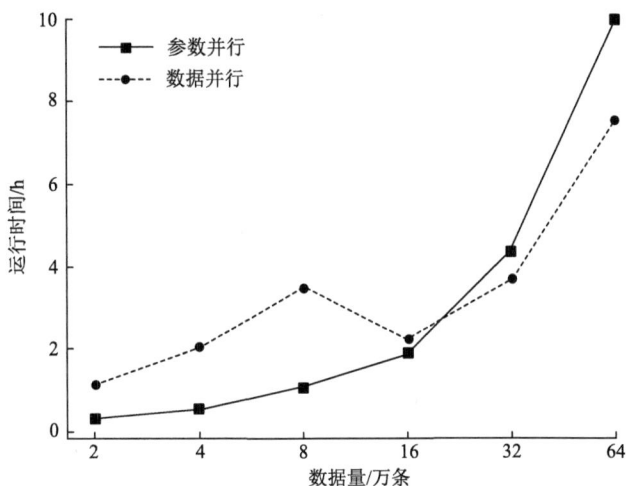

图 3.9　种群规模为 100 时的两种并行机制的运行时间

由图可知，在 20 万条左右数据量的情况下，这两种并行方式的运行时间会发生交叉。在数据量不超过 20 万条的情况下，采用参数并行在运行效率上会有较大的优势，参数并行算法性能较数据并行算法要优异得多。在超过 20 万条数据量的情况下，参数并行算法的运行时间明显增加，数据并行算法运行效率优于参数并行算法。由于在处理较少的数据量时，参数并行算法的每一个任务的数据量要多于数据并行算法，每一个任务计算量大，因此效率更高。在数据量不超过 20 万条的情况下，参数并行算法要比数据并行算法更加高效。随着数据量的增大，每一个任务对应的计算量越来越大，导致运行时间变长。因为参数并行算法每一个任务对应的数据量约为数据并行算法每一个任务对应的数据的 20 倍，所以在数据量大于 20 万条时，参数并行算法运行效率要低于数据并行算法。

其中，在数据量为 2 万条左右的情况下，从图中可以看出两者处理数据的时间几乎没有差别。因为在 Spark 集群模式下，各个节点之间需要进行任务调度、任务划分、资源分配及节点之间的通信等，这些都属于准备阶段耗时。在数据数量较少的情况下，Spark 之间的资源调度等操作会消耗很大一部分时间，因此参数并行和数据并行算法在极小数据量上运行效率没有太大差别。

此外，从图 3.8 和图 3.9 还能看出，训练数据量 8 万条是数据并行算法运行效率的一个转折点。当数据量大于 8 万条时，运行时间出现了降低，表明此时数据并行模型逐渐适合处理这种数据量。在数据量较少时，数据并行算法各个任务对应的计算量小，每个任务划分更细，反而效率更低。

综上所述，在小数据量下，采用参数并行的机器学习并行化训练方法能够有效地提高性能。从图 3.8 和图 3.9 还可以看出，在数据量为 8 万条时，使用参数并行机制可节省更多的训练时间。

5. SPGAPSO-SVM 算法提出

随着大数据时代的来临，各种机器学习算法都得到了极大的发展，但数据量的增长同样给模型的运行效率带来了极大的考验。SVM 作为机器学习领域重要的算法之一，在交通领域有着广泛的研究，但是以较低的准确率为代价换取运行效率的并行化 SVM 在交通领域的研究和应用却是凤毛麟角。

针对 GAPSO-SVM 算法进行 SVM 参数寻优适应度计算阶段耗时过长的问题，根据参数并行和数据并行的实验结果，以及本节实验的数据量，本节选择使用参数并行机制来提高 SVM 参数寻优的效率。

SPGAPSO-SVM 算法主要是基于 Spark 所独有的弹性分布式数据集（RDD）实现种群的构建、切分和并行化处理。为了解决 GAPSO-SVM 适应度计算耗时过久的问题，将种群划分为若干个子种群，采用并行的方式计算子种群内个体的适应度。本节适应度函数采用均方误差（MSE），适应度函数的计算式表示如下：

$$\text{fitness} = \sum_{i=1}^{m} \frac{(n_i - 1)s_i^2}{N} - m \tag{3.20}$$

式中，N 表示种群规模；m 表示种群划分数量；s_i^2 表示第 i 组的样本方差值。在对所有个体的适应度进行运算后，对结果进行合并计算，然后进行 SPGA 和 SPPSO 操作来对种群进行更新。进行种群的优劣对比后，保留最优值，并判断是否符合结束条件，若不符合，则继续进行上述更新操作。SPGAPSO-SVM 并行化整体流程图如图 3.10 所示。

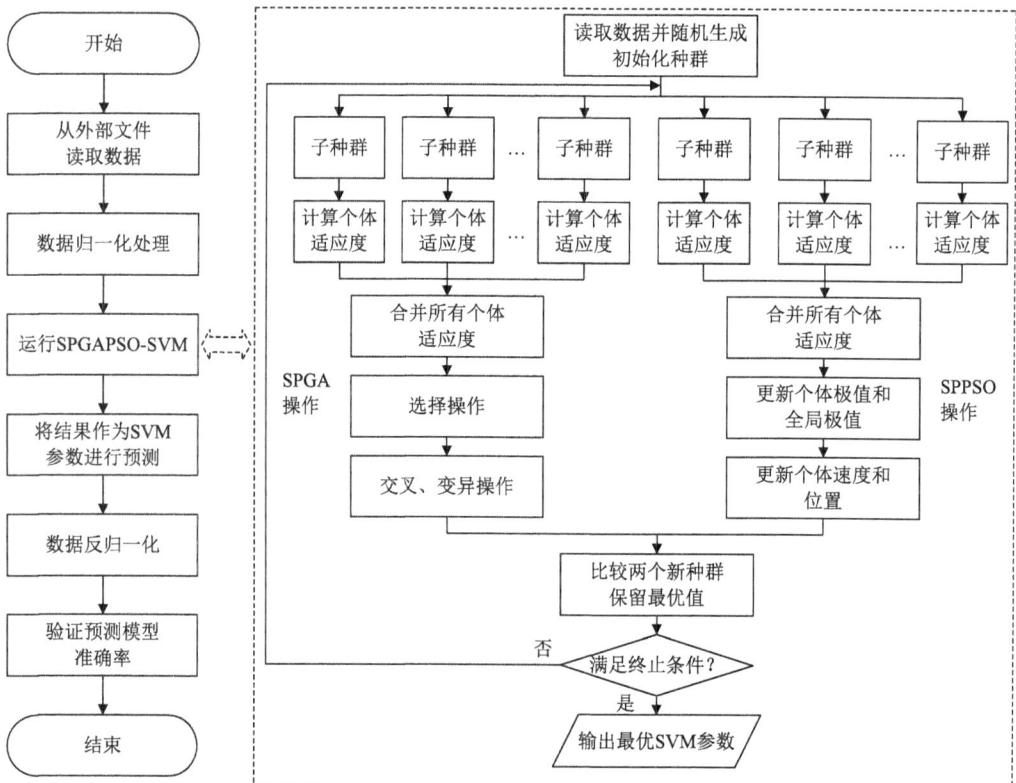

图 3.10　SPGAPSO-SVM 并行化整体流程图

SPGA 和 SPPSO 操作步骤如下。

（1）SPGA 操作。在进行 SPGA 操作前，需要对 SparkConf 参数进行设置，用于 Spark 集群应用提交。在随机生成初始化种群时使用二进制编码将变量编码成染色体。将种群转换为 RDD 后，通过 map(getFitness( ))并行计算种群内个体的适应度。对所有个体的适应度进行 collect( )合并计算所有个体适应度，然后选出最优适应度。使用 GA 中的轮盘赌方法对种群进行选择、交叉和变异操作，进而产生新的种群，每个个体进入下一代的概率表示如下：

$$P(x_i) = \frac{\text{fitness}(x_i)}{\sum_{j=1}^{N} \text{fitness}(x_j)} \quad\quad (3.21)$$

重复上述操作，直至满足终止条件。算法 SPGA 的伪代码如下。

算法 SPGA 的伪代码

输入：conf：Spark 初始化参数
lenchrom：染色体长度
bound：染色体取值范围
sizepop：种群规模
k：数据分区个数
pcross：交叉概率
pmutation：变异概率
输出：newChrom：迭代后种群
bestFitness：最优个体适应度

```
1: Procedure SPGA (conf, lenchrom, bound, sizepop, k, pcross, pmutation）
2: sc ← sparkConf(conf)
3: for i in sizepop do
4:     chrom[i] ← Code(lenchrom,bound)
5: end for
6: populationRdd ← sc.parallelize(chrom,k)
7: times ← 0
8: while (minFitness ≥ bestFitness or times ≥ maxTimes) do
9:     FitnessRdd ← populationRdd.map(getFitness( ), k)
10:    fitness ← FitnessRdd.collect( )
11:    bestFitness ← min(fitness)
12:    newChrom ← SelectCrossMutation(chrom, fitness, sizepop, pcross, pmutation)
13:    chrom.clear( )
14:    times ← times + 1
15: end while
16: end procedure
```

（2）SPPSO 操作。由于 GA 和 PSO 算法存在很多相同点，且都由 Spark 操作，因此 SPPSO 的过程和 SPGA 类似。首先对 Spark Conf 参数进行设置，对粒子个体的位置和速度进行随机初始化，并将种群转换为 RDD，再通过 map(getFitness( ))并行计算种群内个体的适应度。SPPSO 中的适应度函数与 SPGA 相同，对比这两种算法产生的解集种群十分方便。对所有个体的适应度进行 collect( )合并，按照式（3.13）、式（3.14）更新当前种群个体的位置和速度，最后比较出个体最优适应度和全局最优适应度。重复上述操作，直至符合结束条件。算法 SPPSO 的伪代码如下。

算法 SPPSO 的伪代码

Input: conf：Spark 初始化参数

popmax：粒子位置上界

popmin：粒子位置下界

sizepop：种群规模

k：数据分区个数

Vmax：粒子最大速度

Vmin：粒子最小速度

c：学习因子

Output: newPop：迭代后种群

bestFitness：最优个体适应度

1: **Procedure** SPPSO (conf, popmax, popmin, sizepop, k, Vmax, Vmin, c)

2: sc ← sparkConf(conf)

3: **for** i **in** sizepop **do**

4:     pop[i] ← np.random.rand(2) * (popmax - popmin) + popmin

5:     V[i] ← np.random.rand(2) * (Vmax − Vmin) + Vmin

6: **end for**

7: populationRdd ← sc.parallelize(pop, k)

8: times ← 0

9: **while** (minFitness ⩾ bestFitness **or** times ⩾ maxTimes) **do**

10:     FitnessRdd ← populationRdd.map(getFitness( ), k)

11:     fitness ← FitnessRdd.collect( )

12:     bestFitness, bestFitnessForPop ← min(fitness)

13:     newPop, V ← PopVelocityUpdate(pop, V, c)

14:     Pop.clear( )

15:     times ← times + 1

16: **end while**

17: **end procedure**

3.2.5 实验分析

1. 实验环境

通过虚拟机搭建的 8 个节点的 Spark 集群来验证 SPGAPSO-SVM 性能，每个节点 CPU 数量为 1，节点内存为 1GB。SPGAPSO-SVM 参数设置如表 3.3 所示。

表 3.3　SPGAPSO-SVM 参数设置

参数	取值或取值范围
种群规模	100
最大迭代次数	50
最小适应度	0.0001
交叉概率	0.6
变异概率	0.2
粒子群算法学习因子	1.5
交叉验证参数	5
粒子速度范围	[−0.2，0.2]
粒子位置范围	[−8，8]

2. 实验结果分析

（1）算法准确率实验。算法准确率采用平均绝对百分误差（mean absolute percentage error，MAPE）和均方根误差（root mean square error，RMSE）进行评价，其表示分别如下：

$$\text{MAPE} = \frac{100\%}{n} \sum_{i=1}^{n} \left| \frac{y_i - f(x_i)}{y_i} \right| \tag{3.22}$$

$$\text{RMSE} = \sqrt{\frac{1}{n} \sum_{i=1}^{n} (y_i - f(x_i))^2} \tag{3.23}$$

式中，n 为样本数量；y_i 为第 i 个样本的真实值；$f(x_i)$ 为第 i 个样本的预测值。MAPE 是通过计算预测值与真实值之间的百分比误差来评估模型准确性的指标。RMSE 是通过计算预测值与真实值之间的平方差来评估模型准确性的指标，然后取平方根得到均方根误差。

利用 Python 编程语言，对 SVM、PSO-SVM、GA-SVM 和 SPGAPSO-SVM 等算法在上述实验环境下进行实现，比较这 4 种算法的运行效果，从而检验 SPGAPSO-SVM 算法的准确率和效率。使用经过预处理的数据，对各个算法分别运行 20 次，对 4 种算法的 MAPE 的最优值、最差值和平均值进行统计。算法准确率对比结果如表 3.4 所示。

表 3.4　算法准确率对比

算法名称	最差值/%	最优值/%	平均值/%
SVM	21	21	21
PSO-SVM	20.35	16.79	18.03
GA-SVM	15	14.1	14.35
SPGAPSO-SVM	14.11	13.29	13.85

从表 3.4 能够看出，针对公交客流量预测问题，传统的 SVM 算法 MAPE 的最差值和最优值无显著变化，说明传统的 SVM 算法稳定性强；PSO-SVM 算法 MAPE 的最差值与最优值相差约 4%，说明 PSO-SVM 算法不稳定且易陷入局部最优解；从 GA-SVM 算法 MAPE 的平均值可以看出该算法优于 PSO-SVM 算法，最优值和最差值相差 0.9%，相比 PSO-SVM 算法更稳定；SPGAPSO-SVM 算法与 PSO-SVM 算法、GA-SVM 算法相比，其 MAPE 值更低，因此预测的准确率更高，并且最优值与最差值相差更小，证明了其模型稳定性。实验结果表明，SPGAPSO-SVM 算法在客流量预测的准确率上优于其他 3 种算法。

在 GA 和 PSO 算法中，群体规模直接影响全局优化的运算能力。从图 3.11 可知，SPGAPSO-SVM 算法在计算量较低时，运行时间最长。这是因为进行并行操作时，资源申请、作业启动、任务划分等准备阶段耗时大于各节点任务的计算耗时。随着计算量的增加，3 种方法在运算时间上均呈线性增长的趋势，通过对比可以发现在计算量较大时，SPGAPSO-SVM 算法运行时间明显少于 GA-SVM 算法和 PSO-SVM 算法的运行时间，证明了并行计算的优势。实验结果表明，SPGAPSO-SVM 算法与 PSO-SVM 算法、

GA-SVM 算法相比，具有较短的运行时间，效率更高。

利用 Python 编程语言，将典型的机器学习算法 RBF 神经网络和 LSTM 网络与本节提出的 SPGAPSO-SVM 算法进行对比。其中，LSTM 的学习率为 0.01、时间步长（timestep）为 32、样本批次大小（batch-size）为 5，RBF 神经网络的参数通过网格搜索确定，对比结果如表 3.5 所示。

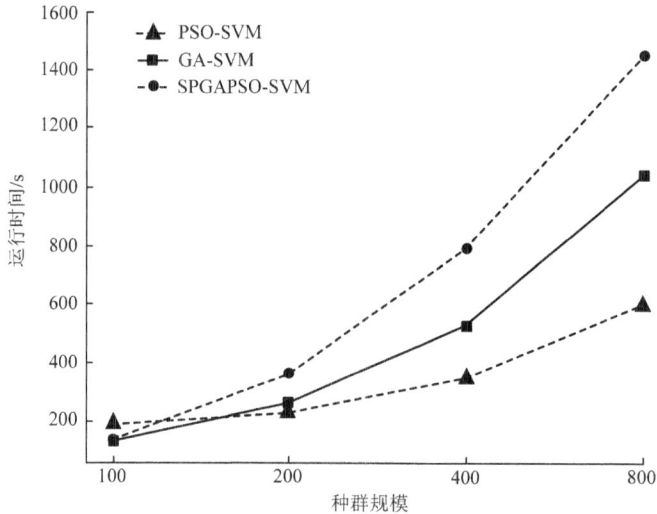

图 3.11　算法的运行时间对比

表 3.5　SPGAPSO-SVM 算法与典型机器学习算法对比

算法名称	RMSE	MAPE/%
RBF 神经网络	223.8	20.36
LSTM	205.01	18.65
SPGAPSO-SVM	147.1	13.29

通过表 3.5 可以看出，SPGAPSO-SVM 算法的预测效果优于 RBF 神经网络和 LSTM 算法。

（2）收敛曲线对比实验。采用均方误差（MSE）进行收敛性对比实验，观察 SPGAPSO-SVM 算法在每次迭代中 SPGA 操作和 SPPSO 操作的误差变化和参数寻优的整体收敛速度，验证混合算法是否跳出了局部最优。在 8 个节点的集群中运行 SPGAPSO-SVM 算法，其中种群规模为 100，最大迭代次数为 50 次，统计每次迭代的 MSE。实验结果如图 3.12 所示。

由图 3.12 可知，模型在迭代次数小于 20 次时，收敛速度较快，超过 20 次后，收敛速度开始降低。在迭代前期，SPGA 操作可以有效避免算法陷入局部最优。在第 5 次迭代时，SPGA 操作陷入了局部最优，此时的 SPPSO 操作可以帮助算法跳出局部最优；在第 42 次迭代时，SPPSO 操作又一次使算法脱离了局部最优；至此参数寻优算法在最大迭代次数的限制下收敛至全局最优解。实验结果表明，SPGAPSO-SVM 算法相比 GA-SVM、PSO-SVM 等传统的单一优化算法具有两个优点：SPGAPSO-SVM 算法能较好地解决 GA-SVM、PSO-SVM 等单一算法在优化过程中易陷入局部最优解的问题，从而提高 SVM 的预测准确率；同时在最小适应度相同时，SPGAPSO-SVM 算法比 GA-SVM、PSO-SVM 等单一算法优化 SVM 所需的迭代次数更少。

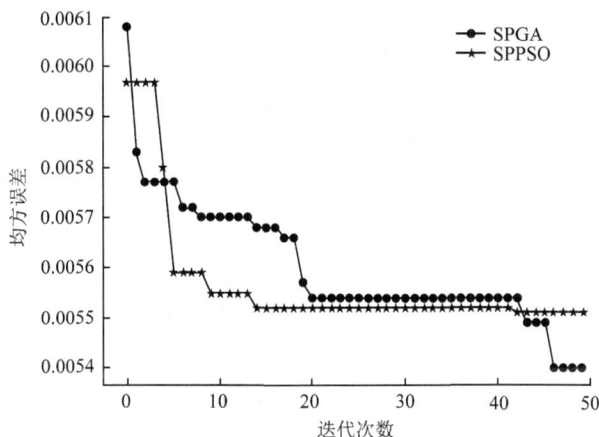

图 3.12　收敛曲线对比实验结果

（3）算法可扩展性实验。该实验主要用于验证在计算过程中，能否通过添加节点来加快算法运行效率。本节使用加速比来衡量算法的可扩展性。加速比表示如下：

$$S = \frac{T_S}{T_P} \qquad (3.24)$$

式中，T_S 为单个节点下进行预测耗费的时间；T_P 为在 P 个性能相同的节点并行计算的情况下耗费的时间。在实验中加速比表示同一个任务在单机情况下和并行处理器系统情况下运行耗费的时间的比率，常用于衡量并行系统或程序并行化的性能和效果。加速比越大表示并行处理器系统情况下的运行时间较单机情况下的运行时间越短，计算性能和效率也越高。

实验基于单节点、双节点、4 节点和 8 节点，采用经过预处理的实验数据，将 SPGAPSO-SVM 算法运行 20 次，对平均值和加速比进行了统计和分析。

如图 3.13 所示，随着计算量越来越大，算法的运行时间也呈线性增长。在种群规模为 100 时，单节点、双节点、4 节点和 8 节点差异并不显著。这是因为多个节点集群执行程序时，需要进行资源申请、作业启动、任务划分和资源分配等操作，这需要耗费一部分时间。但是随着计算量的不断加大，计算能力就会逐步展现出来，8 节点的运行时间远远低于 4 节点、双节点和单节点的运行时间。这是因为节点数量越多，每一个节点承担的计算量就会越少，速度也就越快。

加速比是同一个任务串行计算时间和并行计算时间的比率，是衡量可扩展性的一个重要指标。由图 3.14 可知，计算量小时，加速效果没有显著的变化，这是因为集群的基础耗时较多，集群并未发挥到理想的作用。在计算量不断增大的情况下，加速比呈增长趋势。上述实验结果表明 SPGAPSO-SVM 具有较好的可扩展性和加速比。

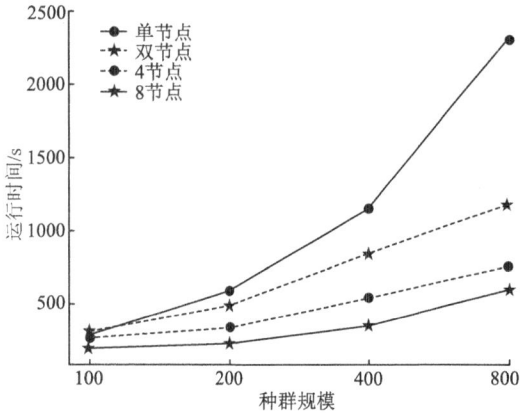

图 3.13 SPGAPSO-SVM 可扩展性实验

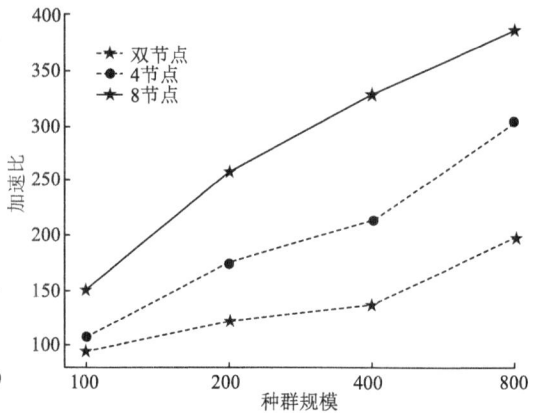

图 3.14 SPGAPSO-SVM 加速比实验

（4）公交客流量预测结果。使用经过预处理的数据作为实验数据，利用 SPGAPSO-SVM 对数据集最后 14 天（2018-06-17—2018-06-30）6 时至 22 时的公交客流量进行预测。将每小时的预测结果按时间顺序进行拼接，客流量预测值与真实值的对比如图 3.15 所示。

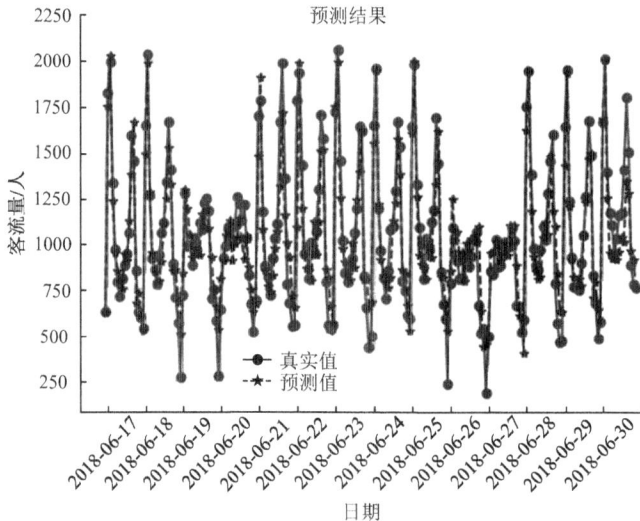

图 3.15 客流量预测值与真实值的对比

由图 3.15 可知，SPGAPSO-SVM 对高峰期客流量预测准确率很高，但是对低谷期客流量预测却有一些差值。当次整体预测准确率为 86.71%，当次参数寻优后最优 C 为 0.68，最优 g 为 15.4873。

由实验结果可知，SPGAPSO-SVM 算法的预测准确率较高、运行速度快、可扩充性强，预测效果明显优于 RBF 神经网络和 LSTM 等传统机器学习算法，解决了 GAPSO-SVM 算法复杂度较高和运行速度过慢的问题。综上可知，SPGAPSO-SVM 算法可以为公交客流量预测研究提供有效帮助。

3.3　基于 KNN 算法的高速公路流量预测

3.3.1　基于 KNN 算法的高速公路流量预测方法

在充分调研其他研究的基础上,由于 KNN 算法具备易于理解并且容易实现的优点,以及适用于样本容量比较大的类域自动分类的特性,本节选用 KNN 非参数回归模型对交通流量进行预测。该模型不需要建立复杂的数学模型,能够适应复杂多变的交通流量状况。针对在交通流量预测领域 KNN 算法模型预测准确率不高的问题,采用交叉验证方法对模型的 K 值进行调优,从而选取最优 K 值;并采用距离加权的方式优化 KNN 算法。考虑道路上时空关系对交通流量预测模型的影响,基于时空特征关系对数据进行建模,构建特征向量,从而进一步提高模型的预测准确率。针对模型在数据量较大时寻找近邻时间过长、计算效率低下等问题,基于 Spark 平台对改进的 KNN 算法进行并行化设计。

本节基于 KNN 算法的高速公路流量预测流程图如图 3.16 所示。

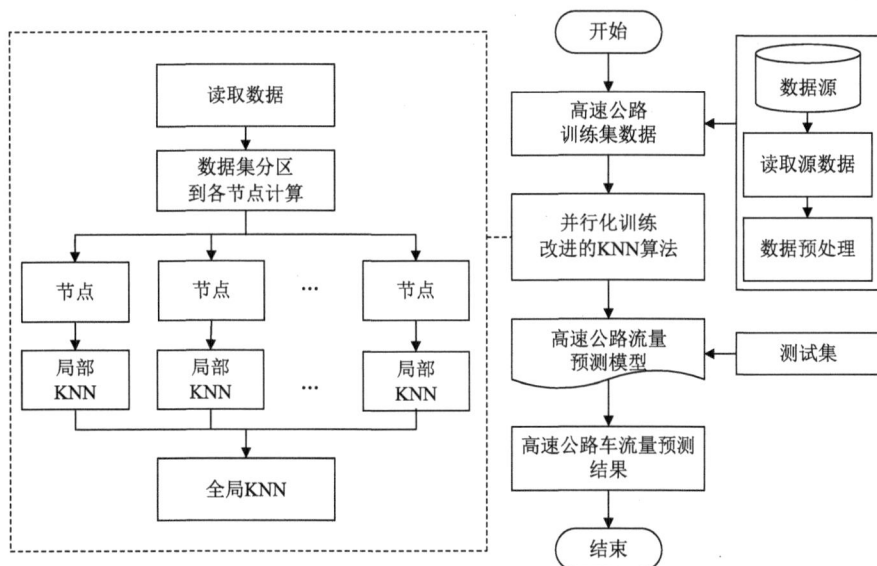

图 3.16　基于 KNN 算法的高速公路流量预测流程图

在基于 KNN 算法的高速公路流量预测流程中,首先需要进行数据的获取和预处理,然后读取数据,将数据集分区到每个节点进行计算,各个节点只考虑找到一定范围内的 K 个点,接着基于以上结果对数据进行全局 KNN 并将更准确的预测结果用于对 KNN 算法的并行化训练。最后,提出基于 KNN 算法的高速公路流量预测模型。

3.3.2　数据采集及预处理

高速公路流量预测实验中选择的输入数据为加拿大 Whitemud Drive 高速公路数据

（Whitemud Drive 是一条横穿加拿大阿尔伯塔省埃德蒙顿市的市内高速公路，作为试验道路在主干道和闸道上装有地感线圈用于观测车流量、车速及车辆密度）。该数据符合实验基于时空关系对数据进行建模的要求。该数据的数据类型如表 3.6 所示。

表 3.6 Whitemud Drive 高速公路数据的数据类型

类型	时间/天	车流量/（辆/h）	车速度/（km/h）	车辆密度/（辆/h）
说明	时间为标准类型，可以转换为"年月日时分秒"	时间间隔内通过的车流量	时间间隔内通过车流量的平均车速	实际测量方式为流量／速度

该数据包括 Whitemud Drive 高速公路上 27 个地感线圈采集的从 2015 年 8 月 5 日到 2015 年 8 月 28 日的数据。实验选用 Whitemud Drive 高速公路向东方向与 1037 相邻的 3 个监测点的 24 天的交通流量数据作为历史数据。

3.3.3 相关算法

KNN 算法，是一个理论上比较成熟的方法，也是最简单的机器学习算法之一，应用场景非常广泛。所谓 KNN，意思就是 K 个最近的邻居，意味着每个样本都可以用其最接近的 K 个邻近值来代表。KNN 算法是一种将数据集中的每一条数据记录都进行分类的方法。其核心思想为如果一个样本在特征空间中的 K 个最邻近的样本中大部分属于某一类别，则该样本也属于这个类别，并具有这个类别上样本都拥有的特性。KNN 算法在确定分类的决策上仅依据最邻近的一个或者几个样本的类别来决定待分类样本所属的类别。也就是说，其在定类决策时，只与极少量的相邻样本有关，而不依据判别类域的方法来确定样本所属类别。因此，当遇到类域交叉或重叠较多的待分样本集时，KNN 算法较其他方法更为合适。KNN 算法步骤如下。

KNN 算法步骤

输入：训练数据集（数据集内容：多个样本及其所属类别）
输出：待分类样本的所属类别

步骤：
1：选取 K 值。确定需要的邻居个数
2：计算待分类样本与所有样本之间的距离。可选用多种方式计算，如欧氏距离、曼哈顿距离、切比雪夫距离、闵氏距离等
3：选取 K 个最小距离值所对应的邻居
4：通过分类决策决定待分类样本所属类别。传统分类决策为投票原则，少数服从多数；改进方法为加权投票法，通过加权后的结果确定决策结果

KNN 是一种非参的、惰性的算法模型。这里的"非参的"并不意味这个算法不需要参数，而是说这个算法模型不会对数据做出任何假设。与之相对的是线性回归算法，因为在线性回归中总会假设线性回归是一条直线。也就是说，KNN 算法根据数据来建立模型结构，这也比较符合现实的情况，毕竟现实情况往往与理论假设并不完全相符。与同样属于分类算法的逻辑回归算法不同，KNN 算法不需要经过大量的训练，也没有明确的训练阶段，训练过程简单快速。因此，它被称为惰性算法模型。

由于 KNN 模型易于理解并且容易实现，因此成为广泛使用的机器学习算法之一。

KNN 算法适用于样本容量比较大的类域的自动分类，用于样本容量较小的类域的自动分类则比较容易产生误分的情况。

　　KNN 算法的不足之处在于计算量较大，因为该算法对每一个待分类的样本都需要计算它到全体已知样本的距离，才能最终求得它的 K 个最邻近点。当前常用的解决方法是事先对已知样本点进行过滤，去除那些对分类作用不大的样本。另外还有一种 Reverse KNN 算法，它能降低 KNN 算法的计算复杂度，从而提高分类的效率。

3.3.4　模型设计

1. 基于 KNN 算法的改进

　　在传统 KNN 算法步骤基础上，为满足高速公路流量预测的实际需求，本节将实验步骤分为如下 5 个部分。

　　（1）建立历史流量数据库。KNN 模型需要从数据中提取完备的历史数据样本库。收集分布在高速公路主干道和匝道上的地感线圈采集的数据，并对数据进行预处理，本节实验将数据以 5min 作为时间间隔，构建所需的历史数据样本库。

　　（2）构建特征向量。考虑目标路段的交通状态与其所在上下游路段的交通状态紧密相关的实际情况，特征向量的构建必须满足公路上交通流量的时空特性。本节实验选取目标路段当前监测点、目标路段相邻的一个上游线圈监测点和一个下游线圈监测点的前 5 个时刻的交通流量来构建交通流量的时空特征向量。交通流量时空特征示意图如图 3.17 所示。

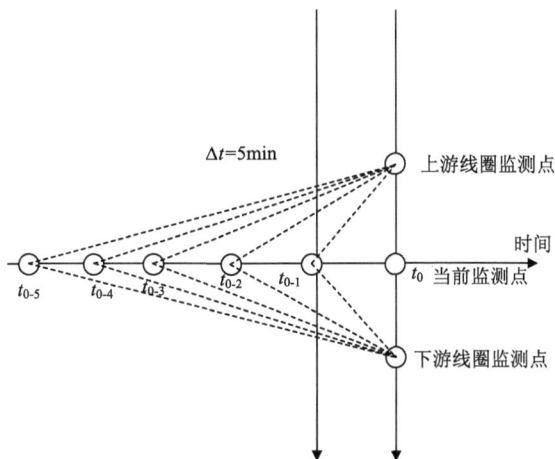

图 3.17　交通流量时空特征示意图

　　（3）寻找最优 K 值。本节实验采用交叉验证方法选取最优 K 值。将历史样本数据平均分为 5 份，其中 4 份作为训练集，1 份作为测试集。首先，将 K 值初始化为一个较小的数值，然后不断调整 K 值的大小，直到预测准确率达到最优，取预测准确率最优时的 K 值为最优 K 值。交叉验证主要用于建模应用。简单的理解就是在给定的原始建模数据中将数据进行划分,拿出大部分数据进行建模,留下小部分数据用刚建立的模型进行测试,并求这小部分数据在所建模型下的测试误差,将每个样本的预测误差进行记录,通常将它们的平方误差加和,构成模型的整体评估。即在实验中划分训练集和测试集,并用训练集构建模型,用测试集测试模型,从而验证结果的方式。

（4）距离度量。衡量样本个体在空间上的距离,距离越小,则两个样本间相似度越高。欧氏距离是被广泛使用的距离度量算法之一,是指 m 维空间中两个点之间的真实距离,或者向量的自然长度（即该点到原点的距离）。在二维和三维空间中,欧氏距离就是两点之间的实际距离,表示如下：

$$\text{dist}(\boldsymbol{X}_i, \boldsymbol{X}_j) = \sqrt{\sum_{n=0}^{m} |x_{in} - x_{jn}|^2} \tag{3.25}$$

式中, m 为空间的维数; x_{in} 和 x_{jn} 为特征向量 $\boldsymbol{X}_i$ 和 $\boldsymbol{X}_j$ 的第 n 维坐标。

（5）预测算法。计算公式如下：

$$V(t) = \frac{\sum_{i=1}^{K} V_i(t)}{K} \tag{3.26}$$

式中, $V(t)$ 为 t 时间段的预测值; $V_i(t)$ 为 t 时间段的近邻历史值; K 为搜索到的近邻个数。

在上述 5 个步骤基础上,还需要在 KNN 算法的基础上进一步进行距离加权优化。这是因为 KNN 算法的自身特点导致其在样本分布不平衡时,因其少数服从多数的投票原则,预测结果会存在偏差。例如,在样本的 K 个近邻数据中,距离比较相近的样本数量显著少于其他数量时,KNN 算法中少数服从多数的原则就会导致预测结果出现偏差,因此需要使用距离加权来更改衡量原则,从而使预测的结果更优。通过距离加权改进 KNN 算法的核心是将距离乘以一个函数作为权重,然后对 K 个邻居样本值的距离权重再求和,将权重之和最大的值作为待预测样本的最终预测值。

在加权算法中,反函数加权是一种直接且简单的距离加权方式,其加权值是距离的倒数。反函数曲线图如图 3.18 所示。

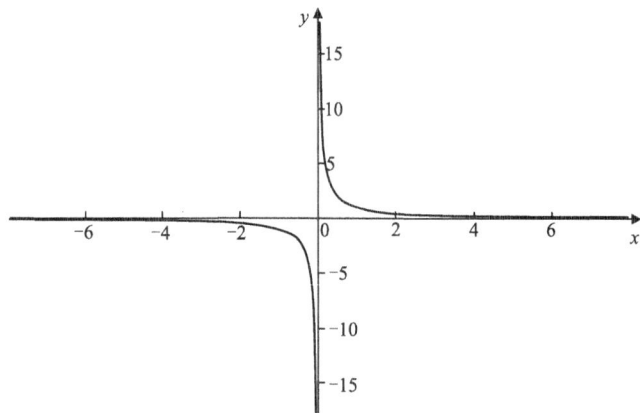

图 3.18 反函数曲线图

当待预测样本与测试样本二者之间距离较近并无限趋近于 0 时，采用反函数加权，其权重值将趋近于无穷大，从而使距离较近的样本决定了待测样本值。如果最近邻的某个样本为异常值，则会导致最终样本分类结果不准确。因此，在利用反函数加权改进 KNN 算法的距离度量值时，通常会在距离值的基础上增加一个常量，再利用反函数求权重，以保证预测效果不受近距离异常样本的影响。在距离基础上增加常量的反函数距离加权公式，表示如下：

$$\text{weight} = \frac{1}{\text{dist} + \text{const}} \tag{3.27}$$

式中，dist 为距离值；const 为一个统一的常量值；weight 为反函数距离加权最终得到的权重。

虽然 KNN 算法本身拥有方法简单且预测准确率高的优点，但是由于 KNN 算法在通过计算样本相似度寻找 K 个近邻的过程中，每一个待预测的样本都需要计算一遍它到所有历史样本间的距离值，以计算出待测样本的 K 个最近邻点[87]，在面对大量的交通流量数据时，样本相似度计算过程的计算量过大，导致模型预测效率降低[88]。因此，本节在 Spark 平台上对改进的 KNN 算法进行并行化设计，以解决 KNN 算法在面对大量数据时效率过低的问题。

2. 并行化设计

KNN 算法寻找 K 个最近邻的过程是算法中最耗时、最复杂的部分，所以通过大量样本相似度计算寻找 K 个最近邻的部分是 Spark-时空加权 KNN 算法的核心。本节实验计算待测样本和每一个历史样本的距离，具体工作将分布到 Spark 平台上不同的工作节点上进行，从而达到减少计算时间、提高预测效率的目的。这就是基于 Spark 平台实现的对加权 KNN 算法的并行化。KNN 算法并行化过程如图 3.19 所示。

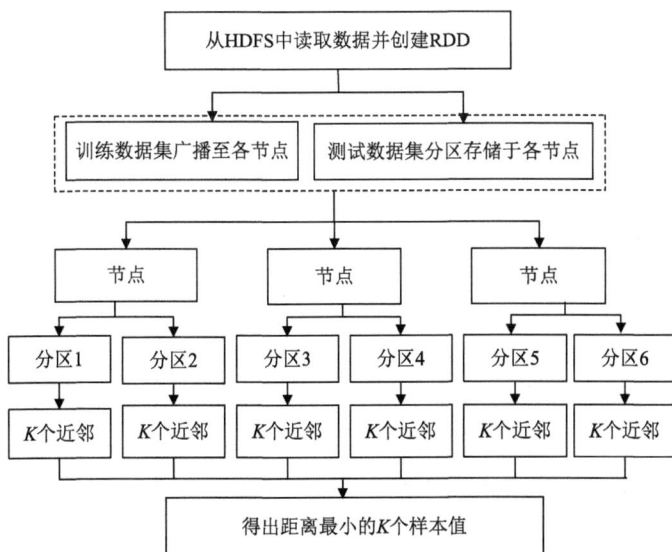

图 3.19　KNN 算法并行化过程

由图 3.19 可知，KNN 算法并行化过程可分为以下几个步骤。

步骤 1：将数据分为训练数据集和测试数据集，将训练数据集广播发送到各个节点上，测试数据集存储到各个节点上。

步骤 2：各个节点分别计算分区后的训练集和测试集中每个点与样本之间的距离，计算距离使用上文描述的策略，即先通过欧氏距离计算样本与点之间的距离，然后对距离加权。

步骤 3：选择 K 个最邻近的点。

步骤 4：计算这 K 个点加权值后的平均值，作为最终预测值。

Spark-时空加权 KNN 算法的伪代码如下。

Spark-时空加权 KNN 算法的伪代码

Input: Trainset,Testset,K

Output: Testpredict

1： SparkConf( )初始化，读入 Trainset,Testset,K

2： Sprark.broadcast(Trainset,K)

3： Testset.map(i ∈ {1,2,3,···, Testset.count})

4： Trainset.foreach(j ∈ 1,2,3,···, Trainset.count)

5： $dist = \sqrt{\sum_{n=0}^{m}|x_{in} - x_{jn}|^2}$

6： $w_{i,j} = \{1/(dist + const)\} * dist$

7： **end for**

8： distSet.desc

9： knnList ⟵ distSet.take(K)

10： $V(t) = \dfrac{\sum_{i=1}^{K}V_i(t)}{K}$

11： Testpredict(label,prediction)

12： **end for**

3.3.5 实验分析

1. 实验环境

本节通过虚拟机搭建 Spark 集群，使用 Scala 编程语言，集群由 6 台虚拟机组成，包括 1 个主（master）节点和 5 个从属（slave）节点。

2. 实验结果分析

（1）算法准确率实验。实验中采用平均绝对百分比误差 MAPE 对模型性能进行评价。

实验中近邻个数 K 值的选取对 KNN 算法的预测准确率有着较大的影响。本节实验利用交叉验证方法选取最合适的 K 值。交叉验证下不同 K 值时，模型的预测准确率如图 3.20 所示。

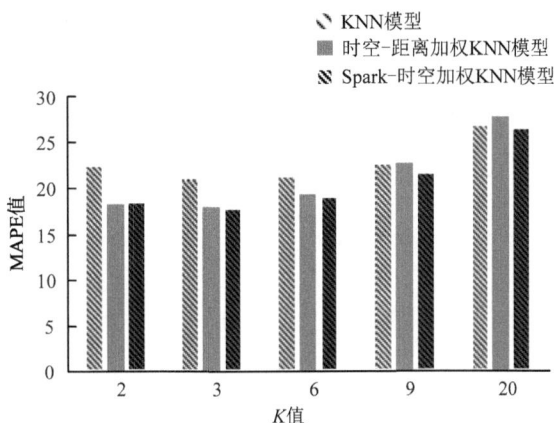

图 3.20　不同 K 值下的预测性能评价

图 3.20 显示了选取不同 K 值时预测性能的变化。当 K 值取 3 时，MAPE 值最小，此时模型预测效果最佳。取 $K=3$，实现本节提出的基于 Spark 平台对改进的 KNN 模型进行并行化设计的策略对交通流量进行预测，其预测值与真实值的对比如图 3.21 所示。

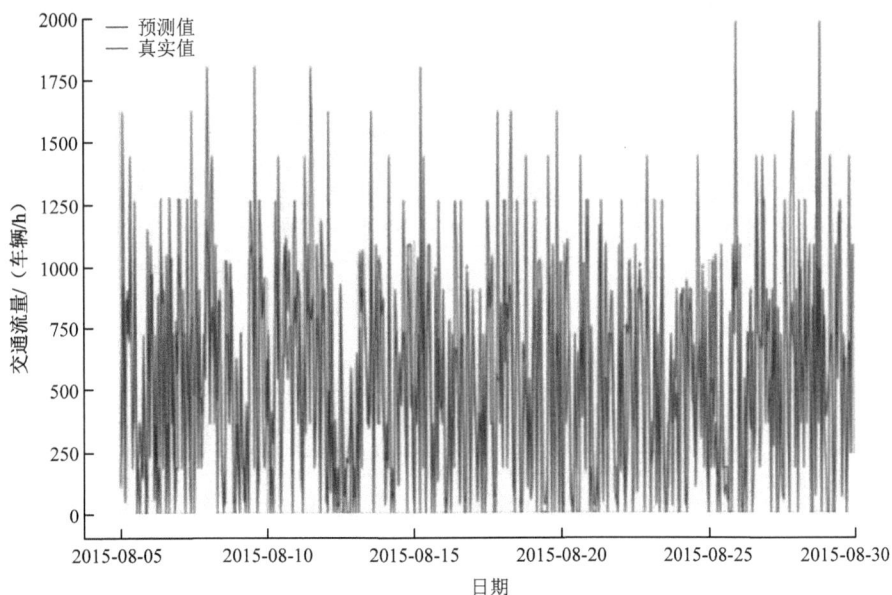

图 3.21　预测值与真实值对比

图 3.21 中的预测结果表明，数据流量相对低时，预测值的真实值曲线较吻合，此时的准确率较高，整体预测准确率可达 82.49%。因此，运用 Spark-时空加权 KNN 模型预测高速交通流量是可行的。

为了进一步验证实验模型的性能，实验中选取 SVM 和 BP 神经网络作为对比。使用这两种模型对加拿大 Whitemud Drive 高速公路 1037 号监测点 2015 年 8 月 16 日的交通流量数据进行测试，并与本节实验模型进行对比，验证本节实验所使用模型性能的优劣情况。

从表 3.7 结果可以看出，BP 模型的 MAPE 值居中，但是运行时间最长，性能较低；SVM 模型的 MAPE 值较大，运行时间中等，不是最优选择；而 Spark-时空加权 KNN 模型预测结果较佳，所用时间也最短，可以较好地满足交通流量数据预测的需求。

表 3.7　不同模型结果对比

模型	MAPE/%	运行时间/s
BP	19.97	1986
SVM	22.68	579
KNN	22.32	312
时空-距离加权 KNN	17.89	406
Spark-时空加权 KNN	17.51	58

（2）算法效率对比实验。在前面的实验中，已经验证了 Spark-时空加权 KNN 模型具有预测准确率较高的特性，本节实验的最终目的是在保证预测准确率的前提下，提升模型的运算效率，即缩短模型对交通流量数据的运行时间。因此，为实现此目的，实验中将输入数据分为多份规模不同的数据，对比在不同数据规模下，单机下传统 KNN 模型的运行时间与在 Spark-时空加权 KNN 模型的运行时间，两种情形下运行时间的对比如图 3.22 所示。

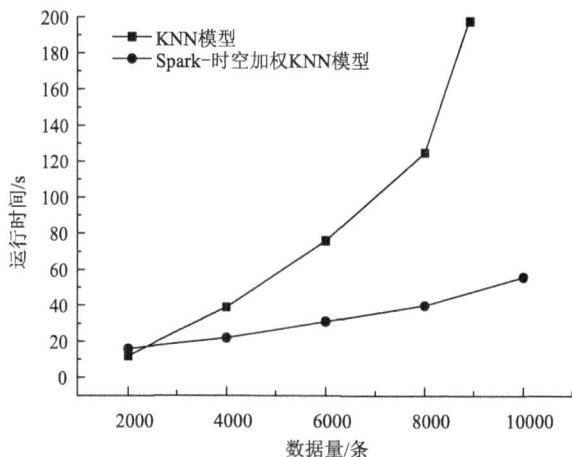

图 3.22　不同模型运行时间对比

由图 3.22 可知，当输入数据量较少时，在 Spark-时空加权 KNN 模型的运行时间几乎与单机下传统 KNN 模型的运行时间相等。出现这种情况的原因是集群启动资源之间的调度需要一定的时间开销。但是随着数据量的不断增大，Spark-时空加权 KNN 模型表现出良好的计算能力，相比传统的 KNN 模型，其计算效率得到了显著提升。

（3）算法可扩展性实验。本节实验将数据划分为 3 份，数据量分别为 1000 条、3000条、9000 条，对比在不同集群节点个数的情况下，集群处理大小不同的数据量时所用的时间。集群可扩展性结果如图 3.23 所示。

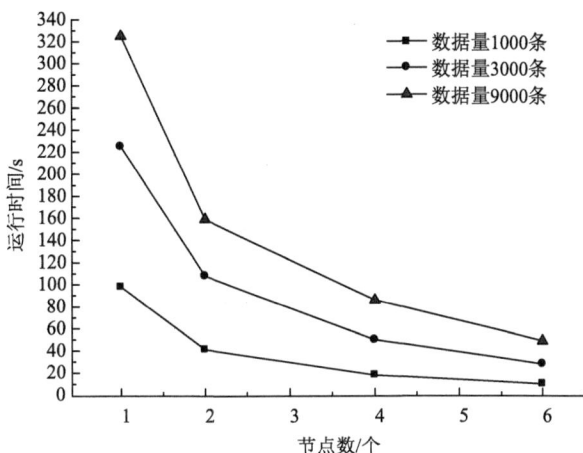

图 3.23　集群可扩展性结果

由图 3.23 可知，随着 Spark 集群上工作节点个数的增加，实验中数据的计算时间显著下降，这也代表着模型的计算效率明显提升。实际应用面对大量数据时，可以通过增加 Spark 分布式集群的工作节点个数来提升集群的计算性能。

通过加速比实验可以得出算法并行化后的计算性能和效率，实验结果如图 3.24 所示。

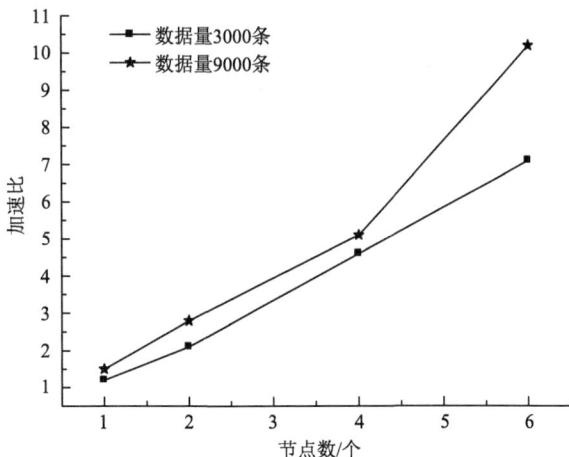

图 3.24　加速比实验结果

以上实验结果说明，Spark-时空加权 KNN 模型依靠集群强大的分布式并行计算能力，能够很好地应对大规模数据的存储和处理需求，在交通流量数据预测方面可以很好地满足其需求。Spark-时空加权 KNN 模型具有较高的预测准确率、较快的运行速度和良好的可扩展性，因此该方法可以为今后高速公路的规划与管理提供可靠的支撑。

3.4 基于 XGBoost 算法的高速公路流量预测

3.4.1 基于 XGBoost 算法的高速公路流量预测方法

在高速公路交通流量预测领域，XGBoost 算法被广泛应用，它不仅能够合理地避免其他预测模型中存在的预测效率低、训练时间长、只适用于少量样本的问题，还可以实现并行化运算，有效平衡运算速度与预测准确率，同时具备良好的鲁棒性。图 3.25 所示为基于 XGBoost 算法高速公路流量预测流程图。

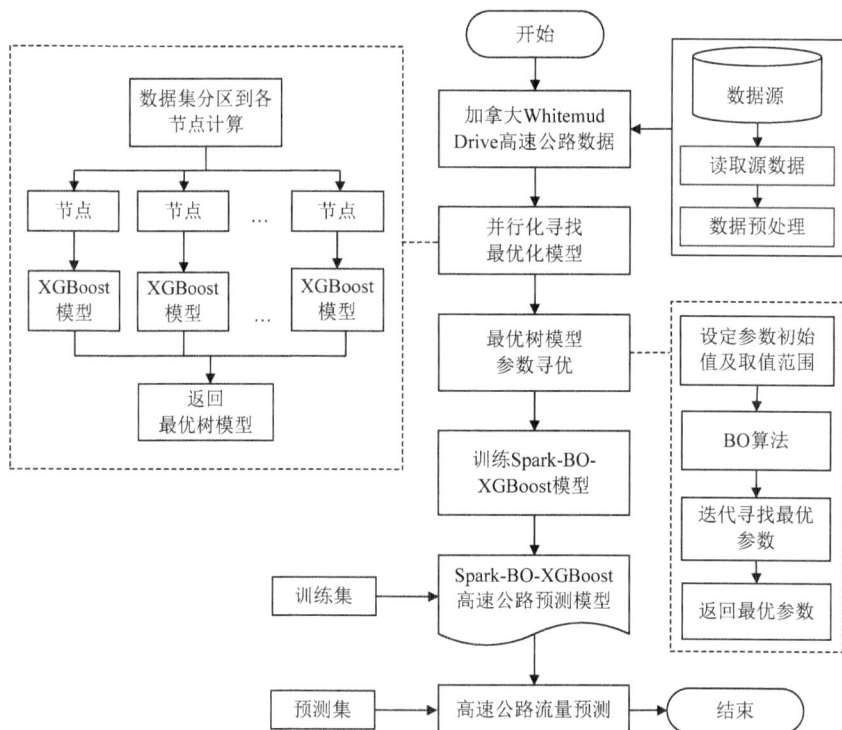

图 3.25 基于 XGBoost 算法高速公路流量预测流程图

针对 XGBoost 预测算法面对交通大数据训练和测试效率低的问题，将 XGBoost 算法基于 Spark 并行化；考虑构建特征向量时必须满足交通流量的时空特性，提取交通流量数据内在的时空关联，对数据基于时空关系构建特征向量，以提高模型的预测准确率；利用贝叶斯优化（BO）算法对模型重要参数值进行调优，提出了 Spark-BO-XGBoost 模型。

3.4.2 数据采集及预处理

本节所用数据为加拿大 Whitemud Drive 高速公路数据。选择自西向东和自东向西的两条路，根据两条路的地感线圈分布特点，构建如（1031、1033、1034）这样具有上下游关系的 8 组时空特征数据。将交通流量数据依照 9∶1 的比例划分训练集与测试集，对 Spark-BO-XGBoost 算法的准确率和效率进行验证。

3.4.3　相关算法

XGBoost 是一种结合线性模型和集成树模型的优化模型[89]，是通过对决策树算法进行集合的算法。集成学习[90-91]通过结合多个算法来达到更好的预测效果。XGBoost 模型通过集成多棵树的预测结果得到最终预测值，从而达到提高模型准确率的目的。该算法的思想是先构建一个目标函数，然后逐步加入新的目标函数，以此不断提升模型的预测效果，表示如下：

$$\begin{cases} \hat{y}_i^{(0)} = 0 \\ \hat{y}_i^{(1)} = f_1(x_i) = \hat{y}_i^{(0)} + f_1(x_i) \\ \hat{y}_i^{(2)} = f_1(x_i) + f_2(x_i) = \hat{y}_i^{(1)} + f_2(x_i) \\ \qquad\vdots \\ \hat{y}_i^{(t)} = \sum_{k=1}^{t} f_k(x_i) = \hat{y}_i^{(t-1)} + f_t(x_i) \end{cases} \tag{3.28}$$

式中，$\hat{y}_i^{(t)}$ 为第 t 轮交通流量预测值，其等于 $t-1$ 轮预测值加上目标函数 $f_t(x_i)$ 的值。最终预测值需要通过指定阈值来控制树的高度及叶子节点个数，阈值表达式如下：

$$\varOmega(f_t) = \gamma T + \frac{1}{2}\lambda \sum_{j=1}^{T} \boldsymbol{\omega}_j^2 \tag{3.29}$$

式中，γ 为惩罚力度；λ 为权重参数；ω 为各叶子节点权重向量；T 为叶子节点个数，叶子节点越多，惩罚力度越大。目标函数值表示如下：

$$\text{Obj}^{(t)} = \sum_{i=1}^{n} l\left(y_i, \hat{y}_i^{(t)}\right) + \sum_{i=1}^{t} \varOmega(f_i) = \sum_{i=1}^{n} l\left[y_i, \hat{y}_i^{(t-1)} + f_t(x_i)\right] + \varOmega(f_t) + \text{常数} \tag{3.30}$$

用二阶泰勒公式化解，目标函数转换为

$$\text{Obj}^{(t)} \cong \sum_{i=1}^{n} \left[l\left(y_i, \hat{y}_i^{(t-1)}\right) + g_i f_t(x_i) + \frac{1}{2} h_i f_t^2(x_i) \right] + \varOmega(f_t) + \text{常数} \tag{3.31}$$

式中，g_i 对应泰勒展开式中的一阶导数；h_i 对应泰勒展开式中的二阶导数。最终获得的目标函数表示如下：

$$\text{Obj}^{(t)} \cong \sum_{i=1}^{n} \left[g_i f_t(x_i) + \frac{1}{2} h_i f_t^2(x_i) \right] + \varOmega(f_t) \tag{3.32}$$

式（3.32）可用于评价树的结构，目标函数值越小，表示树结构越好，预测值越趋近于真实值。

3.4.4　模型设计

1. 构建时空特征向量

交通流量参数众多，交通流量预测时多选用交通流量、速度及占有率作为预测参数。本节选取目标路段的交通流量作为预测参数，考虑目标路段与其所在上下游的交通状态紧密相关[92]。因此构建特征向量时必须满足交通流量的时空特性。本节构建时空特征向量时，分别选取与待测路段相邻的一个上游地感线圈点和一个下游地感线圈点，每个地感线圈点分别选取前 5 个时刻的交通流量数据构建特征向量。

2. 参数寻优

BO 算法是一种高效的优化算法，已经证明在一系列具有挑战性的优化问题上优于其他先进的优化算法[93]。在数学上，可以统一将此问题描述为求解未知目标函数的全局最优解。BO 算法步骤如下。

BO 算法步骤

1：For　$t = 1, 2, \cdots$

2：利用采集函数得到 t 时刻的采样点 χ_t，其中 $\chi_t = \arg\max \mu\left(x \mid D_{1:t-1}\right)$

3：求得在采样点处的函数值 $y_t = f\left(x_t\right)$

4：更新样本集合 $D_{1:t} = \left\{D_{1:t}, \left(x_t, y_t\right)\right\}$，利用高斯分布更新函数 f 的后验概率分布

5：End

BO 算法的核心步骤有两个，分别为概率代理模型（probabilistic surrogate model）和采集函数（acquisition function，AC）[94-95]。BO 算法运行流程图如图 3.26 所示。

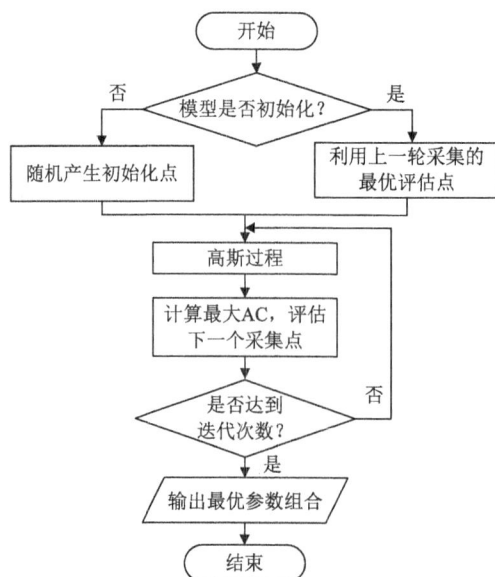

图 3.26　BO 算法运行流程图

贝叶斯优化过程通过设置模型初始化点，得到目标函数的初始分布和初始样本集 D。然后主动选择下一个评估点 x_t，该点能使采集函数最大化，通过模型得到新的目标函数值 f_t。将新的样本值 (x_t, f_t) 添加到上一轮产生的历史样本集 D_{t-1} 中。更新高斯模型，生成更加接近目标函数分布的高斯模型。当达到迭代次数时，输出最优采样点和目标函数最优值。

XGBoost 算法中主要包含 3 类参数：常规参数、提升器参数和任务参数。表 3.8 为此次设定的参数取值范围，其他参数保持默认设定值。

表 3.8　XGBoost 参数设定范围及含义

通用参数	参数含义	范围
Subsample	随机抽取的样本比例	(0,1]
Eta	特征权重缩减系数	(0,1)
max_depth	树的最大深度	(1,∞)
min_child_weight	最小叶子节点权重和	(0,∞)
gamma	复杂度的惩罚项	(0,∞)
lambda	L2 正则项参数	(0,15)
max_delta_step	一次迭代中所允许的最大迭代值	[0,∞]

根据多次试验及工程实践应用，发现 Eta、gamma 和 max_depth 3 个参数对模型的预测准确率影响最大，因此这里对这 3 个参数进行调优。XGBoost 模型进行参数优化时先确定目标函数，设置初始值。对 XGBoost 模型预设的每种参数组合进行交叉验证。以每次交叉验证的评价指标作为目标函数 f，模型不同参数组合为自变量 x，进行 BO 算法优化迭代。BO 算法优化 XGBoost 参数流程图如图 3.27 所示。

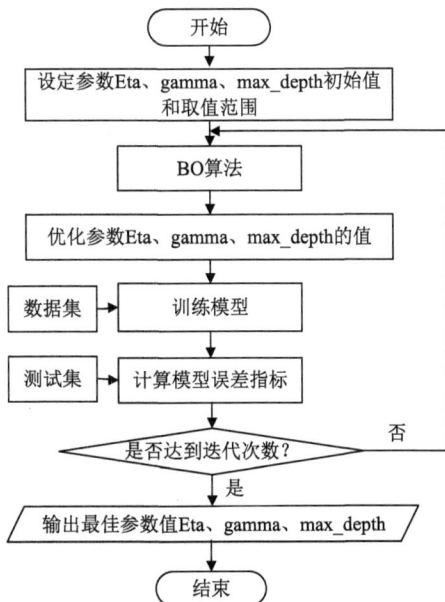

图 3.27　BO 算法优化 XGBoost 参数流程图

BO 算法优化 XGBoost 模型参数的步骤如下。

步骤 1：设置 Eta、gamma、max_depth 参数的初始值和取值范围。

步骤 2：利用 BO 算法优化各参数值。

步骤 3：训练模型并利用测试数据计算模型预测评价指标。

步骤 4：以评价指标为依据判断参数值是否为当前最优值，若为最优值，则替换先前参数值，否则保留前面的最优值。

步骤 5：判断是否达到迭代次数，若达到迭代次数则输出保留的最佳参数值 Eta、gamma、max_depth；否则继续执行步骤 2 中的 BO 算法优化参数值，直到符合终止条件为止。

3. 并行化设计

XGBoost 是一种可以实现并行的算法，运算速度快、鲁棒性好、预测准确率高，能合理地避免上述模型中存在的预测效率低、训练时间长、只适用于少量样本的问题。本实验采用 XGBoost 算法对高速公路交通流量进行预测。结合高速公路交通流量的时间性和空间性，建立基于时空序列的预测模型，同时采用 BO 算法调优模型参数提升模型预测准确率。针对模型计算特征增益值，寻找最优树过程耗时的问题，对模型基于 Spark 平台进行并行化设计，提出 Spark-BO-XGBoost 算法。该方法在保证预测准确率的前提下，提升了 XGBoost 算法的计算效率。

Spark-BO-XGBoost 算法的并行化思想是通过 Spark 集群读取数据并分发至集群各节点，然后由 Map 函数完成树模型的学习过程，根据 XGBoost 算法在选取叶子节点进行分裂时，并行计算各个节点的特征增益值，选取值最大的节点进行分裂完成树的构建，其中每棵树的节点分裂选取都通过并行化实现。当达到树的最大深度或增益值小于设定阈值时停止分裂，从而达到一次运算生成多棵树模型。最后由 Reduce 函数构建树模型，并将迭代结果输入下次迭代进行 BO 算法优化模型参数得到最优树模型。并行化流程图如图 3.28 所示。

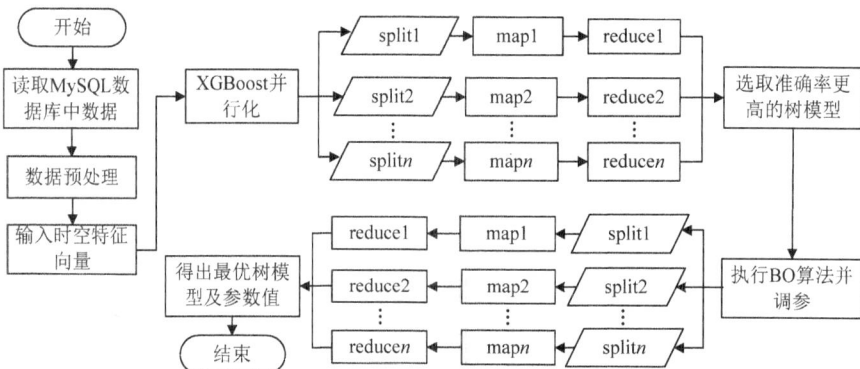

图 3.28　并行化流程图

Spark-BO-XGBoost 算法高速公路交通流量预测模型并行化过程如下。

步骤 1：从 MySQL 数据库中读取交通流量数据对象集生成初始 DataFrame。

步骤 2：对数据进行预处理。

步骤 3：基于时空关系构建特征向量。

步骤 4：对数据进行切分，分发到集群中各个并行节点。

步骤 5：执行 Map 操作计算各特征的增益，选取增益最大的特征进行树的构建，从而实现多个树模型的生成。

步骤 6：执行 Reduce 操作，比较并构建准确率更高的树模型。

步骤 7：将树模型送入 BO，判断是否满足迭代退出条件，若满足则输出结果，否则重复步骤 4 和步骤 5。

步骤 8：对数据进行切分，分发到集群中各并行节点，进行 Map 操作执行 BO 算法并调参。

步骤 9：执行 Reduce 操作，更新参数值。

步骤 10：判断是否满足迭代退出条件，若满足，则输出最优树模型及参数值；否则重复步骤 8 和步骤 9。

3.4.5　实验分析

1. 实验环境

为了验证 BO-XGBoost 算法在单机环境和集群环境下的性能，通过虚拟机搭建 Spark 集群，集群由 6 台机器、1 个 master 节点和 5 个 slave 节点组成。

2. 实验结果分析

（1）算法准确率实验。采用回归预测中经常使用的评价指标平均绝对误差（mean absolute error，MAE）、均方误差（MSE）及 R^2 来评价模型的误差比例。其中，R^2 表示为

$$R^2 = 1 - \frac{\sum_{i=1}^{N}(\hat{y}_i - y_i)^2}{\sum_{i=1}^{N}(\overline{y}_i - y)^2} \tag{3.33}$$

式中，$\hat{y}_i$ 为实际值；y_i 为预测值；N 为样本总数。MAE 和 MSE 的值越小误差越小，R^2 的值越接近 1，模型拟合程度越高。

由于高速公路的交通流量呈现一定的时空特性，因此预测对比时空关系的特征向量与传统时间关系的特征向量的交通流量，可以验证时空特征向量对预测准确率的影响。

此实验中，基于时间特征的向量为

$$V_A^t = \left(V_A^{t-1}, V_A^{t-2}, V_A^{t-3}, V_A^{t-4}, V_A^{t-5}\right) \tag{3.34}$$

式中，V_A^t 为当前路段 t 时刻的流量值与该路段前 5 个时刻的交通流量值共同构造的基于时间关系的特征向量。

XGBoost 模型在两种特征向量下的预测性能指标如表 3.9 所示，两种特征向量下交通流量的预测对比如图 3.29 所示。

表 3.9　XGBoost 模型在两种特征向量下的预测性能指标

模型	MAE	MSE	R^2
时间特征–XGBoost	8.93	7.02	0.898
时空特征–XGBoost	9.68	7.31	0.926

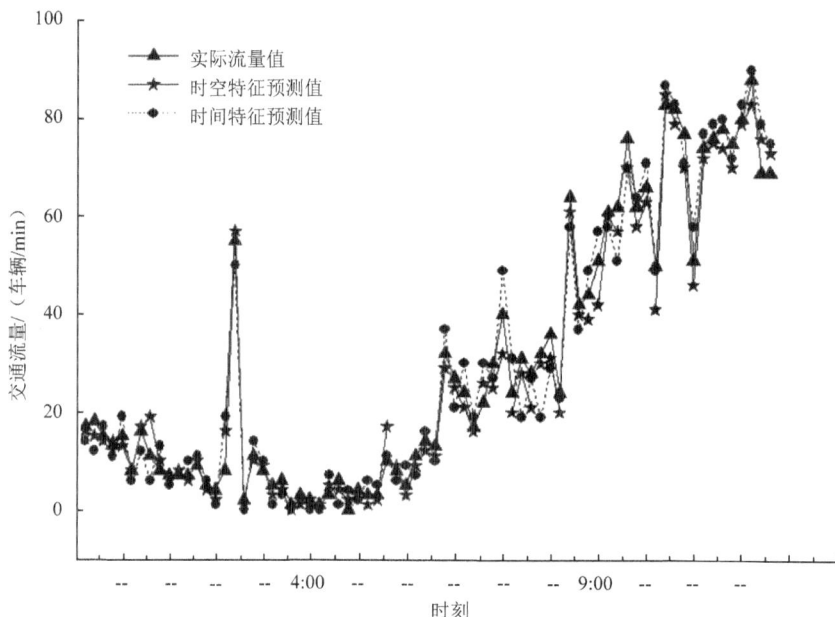

图 3.29　两种特征向量下交通流量的预测对比

从表 3.9 和图 3.29 可以看出，考虑时空特征的预测模型的各项预测评价指标均小于只考虑时间特征的预测模型。说明考虑时空特征的预测模型的预测准确率更高，预测效果更好。

本节用 Scala 语言实现 BO-XGBoost 模型参数。不同模型优化前后预测评价结果如表 3.10 所示。为了进一步验证本节所使用模型的性能及优化算法的效果，选取 SVM、KNN 非参数模型[96]，以及网格搜索（GS）[97]优化后的 XGBoost 模型作为对比。不同算法结果对比如表 3.10 所示。

表 3.10　不同算法结果对比

算法	MAE	MSE	R^2
KNN	17.61	15.73	0.869
SVM	13.29	10.42	0.893
XGBoost	9.68	5.31	0.926
BO-XGBoost	6.39	4.57	0.942
GS-XGBoost	6.41	4.98	0.938

由表 3.10 可知，在参数优化前后，模型预测的 MAE、MSE 及 R^2 值都有所提升。以上预测结果可以证明 BO 算法优化参数的有效性，通过优化参数确实提升了模型的预

测性能。选用 XGBoost 算法预测路段流量值所得到的 MAE、MSE 及 R^2 值均优于 KNN 非参数回归模型、SVM 模型及 GS-XGBoost 模型。

　　在前面的实验中，已经验证了本节提出的模型具有较高的预测准确率，此次改进的目的是在保证预测准确率的前提下，提升模型的训练测试效率。将数据分为规模不同的多份，对比在不同数据规模下，高速公路流量预测模型在单机和 Spark 集群下的预测效率。不同数据量下两种模型的运行时间对比如图 3.30 所示。

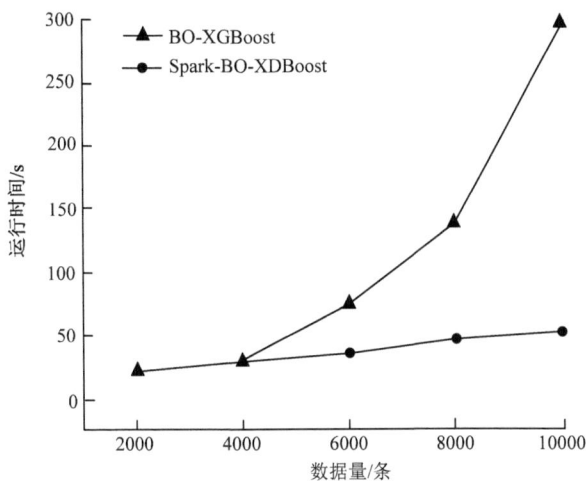

图 3.30　不同数据量下两种模型的运行时间对比

　　由图 3.30 可知，随着数据量不断增大，Spark 集群表现出良好的计算能力，相比传统的单机 XGBoost 模型，Spark-BO-XDBoost 的计算效率有明显提升。

　　（2）算法可扩展性实验。本节将交通流量数据划分为 3 份，数据量分别为 3000 条、6000 条、10000 条，对比集群在不同节点个数的情况下，处理不同规模数据时的运行时间，实验结果如图 3.31 所示。

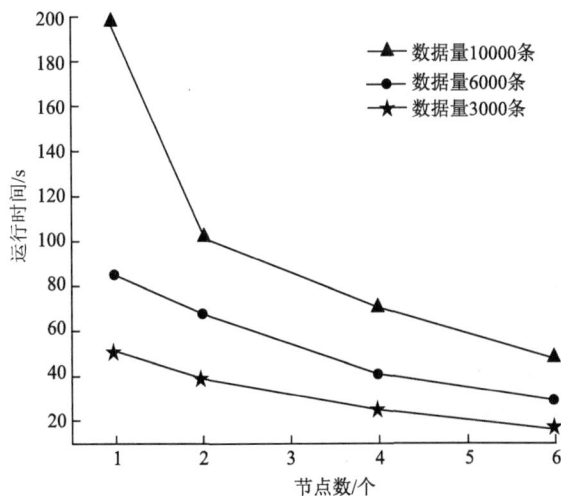

图 3.31　集群扩展性

　　由图 3.31 可知，随着 Spark 集群工作节点个数的增加，计算所用时间明显下降，模型计算效率明显提升，由此可知 Spark 集群具有很强的可扩展性。面对大量数据时，可以通过增加 Spark 分布式集群的工作节点个数来提升集群的计算能力，达到降低模型计算时间的目的。

　　加速比实验可以直观地反映并行化算法的性能和效果，实验结果如图 3.32 所示。

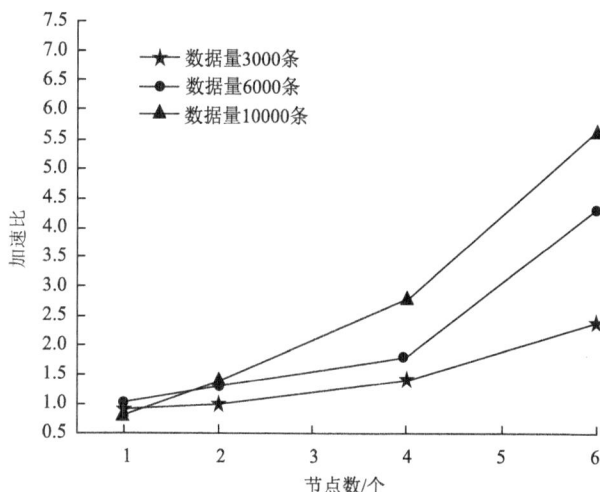

图 3.32　集群加速比

　　由图 3.32 可知，在数据量较少时，由于启动集群需要耗费一定时间，集群计算性能不能明显体现。但是随着数据量增加，计算量增大，Spark 集群的计算性能明显增强，加速比明显上升。

　　以上实验结果说明，Spark-BO-XGBoost 模型依靠集群强大的分布式计算性能，能够很好地应对大规模数据的存储和处理需求。另外，Spark-BO-XGBoost 模型还具有较高的预测准确率、较快的运行速度和良好的可扩展性，因此可在实际中应用。

3.5　基于 RVM 算法的车流量预测

3.5.1　基于 RVM 算法的车流量预测方法

　　机器学习和深度学习为解决复杂的时间序列预测问题提供了重要的解决方案。目前，许多机器学习和深度学习算法已经被用来预测交通流量，但算法的准确性和效率还有待提高。相关向量机（relevance vector machine，RVM）具有极快的测试速度和优异的泛化能力[98]。由于交通流量的周期性、潮汐性和非线性及对实时预测的需求，RVM 算法被广泛应用于交通流量预测。

　　基于 RVM 算法的车流量预测流程图如图 3.33 所示。

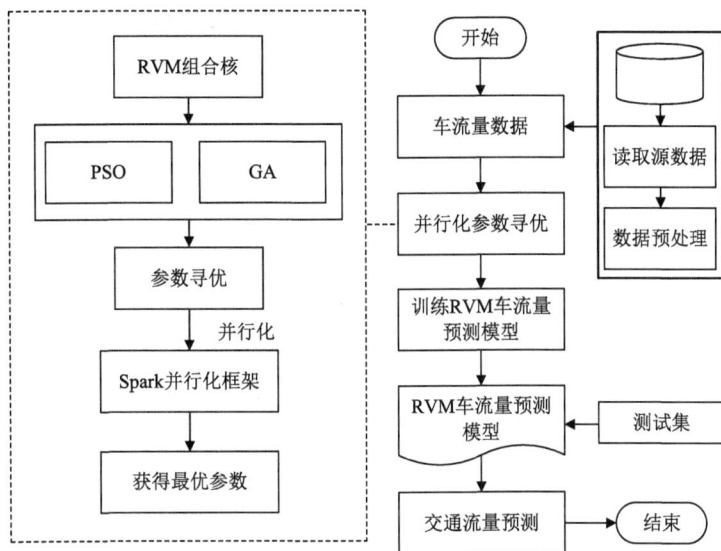

图 3.33　基于 RVM 算法的车流量预测流程图

在基于 RVM 算法的车流量预测流程中，首先需要对数据进行采集和预处理；然后在进行并行化参数寻优的步骤中，采用 PSO 算法和 GA 进行参数寻优，再通过 Spark 并行化框架进行并行化处理获得最优参数；接着对 RVM 车流量预测模型进行训练和测试，用训练好的 RVM 车流量预测模型对交通流量进行预测；最终，提出基于 SPAGPSO-CKRVM 算法的交通流预测模型。

3.5.2　数据采集及预处理

本节实验中使用的交通流量数据由阿尔伯塔大学智能交通研究中心收集，该中心使用地感线圈从加拿大 Whitemud Drive 高速公路收集数据。数据的收集频率为 20s。获取 2015 年 8 月 6 日至 2015 年 8 月 27 日的交通流量数据，构建训练集以训练 SPGAPSO-CKRVM 模型，并预测 2015 年 8 月 28 日 0:00 时至 24:00 时的交通流量。实验分为三部分，分别如下。

第 1 部分：Whitemud Drive 东行车道，车站 ID1027。

第 2 部分：Whitemud Drive 西行车道，车站 ID1036。

第 3 部分：Whitemud Drive 西行车道的坡道，车站 ID1042。

首先对收集的数据进行预处理。数据预处理使用指数平滑法修复设备故障遗漏的数据[99]，下面给出数据平滑法的相关介绍。

时间序列的变化趋势具有规律性，因此时间序列可找到某种规律进行顺势推演。数据平滑法中，常用的平滑算法包括全期平均法、移动平均法与指数平滑法。全期平均法对时间序列的数据全部加权求值，考虑所有数据的影响。实际上，远期的数据对当前数据影响太小，应减小较远数据的权重。移动平均法则不考虑远期的数据，但给予了近期数据更大的权值。指数平滑法由罗伯特·布朗（Robert Brown）提出，他认为，最近的态势某种程度上会持续到未来一段时间，且权重随时间的推移会逐渐减小。其加权的特点是赋予离预测期较近的历史数据较大的权重,赋予离预测期较远的历史数据较小的权重,权重由近到远按指数规律递减,兼容了全期平均法与移动平均法的所长。指数平滑法的基本公式表示如下:

$$S_t = \alpha \cdot y_t + (1-\alpha)S_{t-1} \tag{3.35}$$

式中,S_t 为时间 t 的平滑值;y_t 为时间 t 的实际值;S_{t-1} 为时间 $t-1$ 的平滑值;α 为平滑系数,取值[0,1]。

通过指数平滑法处理后的部分实验数据如图 3.34 所示。

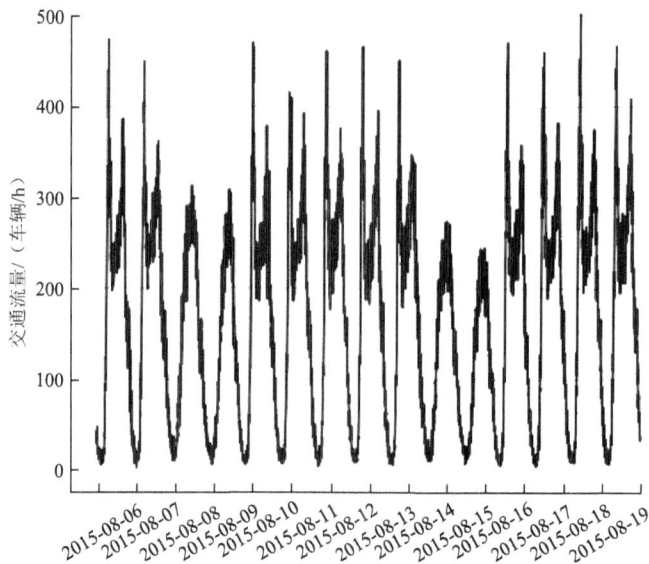

(a) 8 月 6 日至 8 月 19 日,ID1027 的数据

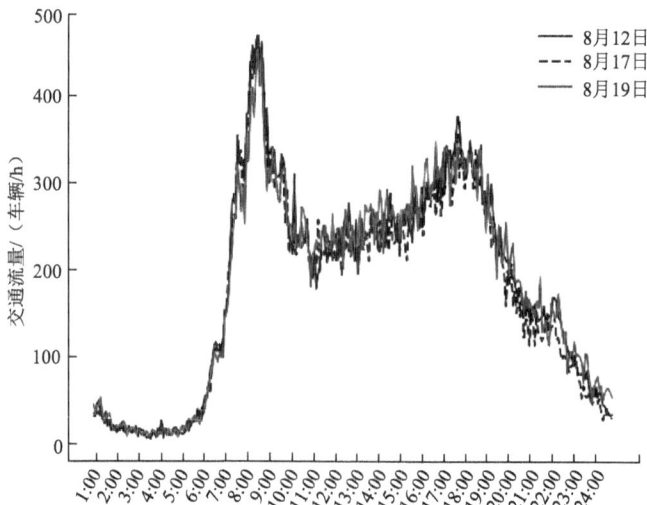

(b) 近 3 天 ID1027 的数据

图 3.34　通过指数平滑法处理后的部分实验数据

3.5.3　相关算法

本节对 RVM 算法相关概念进行介绍，并列举 RVM 算法常用的一些核函数公式。

1. RVM 算法相关概念

RVM 是一种监督学习算法，于 2000 年提出。RVM 算法具有 SVM 算法的优点，但克服了 SVM 算法支持向量太多、计算速度慢、测试时间长、核函数必须满足 Mercer 定理等缺点。Micnacl E.Tipping 将 RVM 实现为一个稀疏模型，具有自动相关性确定（automatic relevance determination，ARD），以反映数据的中心特征，并减少测试步骤中的计算。RVM 的基本数学模型可表示如下：

$$y(x,\boldsymbol{\omega}) = \sum_{i=1}^{N} \boldsymbol{\omega}_i K(\boldsymbol{X}, \boldsymbol{X}_i) + \varepsilon_n \tag{3.36}$$

式中，$\boldsymbol{\omega}_i$ 为样本的权重向量，当 $\boldsymbol{X}_i$ 属于相关向量时，$\boldsymbol{\omega}_i$ 不为零；$K(\boldsymbol{X}, \boldsymbol{X}_i)$ 为 RVM 的核函数；N 为样本总数；ε_n 为遵循高斯分布 $(0, \sigma^2)$ 的高斯噪声。对于 $t_n = y(x,\omega) + \varepsilon_n$，由于 t_n 是独立分布的，因此训练集的似然函数表示如下：

$$\begin{cases} p(t \mid \boldsymbol{\omega}, \sigma^2) = (2\pi\sigma^2) \sim N(0, \sigma^2) \\ p(t \mid \boldsymbol{\omega}, \sigma^2) = (2\pi\sigma^2)^{-\frac{N}{2}} \exp\left(-\frac{1}{2\sigma^2} \| -\boldsymbol{\phi}\boldsymbol{\omega} \|^2\right) \end{cases} \tag{3.37}$$

式中，ϕ 作为输入数据的函数，将数据转换到新的特性空间，然后再与权重向量进行点积，用于计算样本点的预测值。

引入参数向量 $\boldsymbol{\omega}$ 上的先验分布，考虑零均值的高斯先验。RVM 为每个权重参数 ω_i 都引入一个单独的超参数 α_i，而不是一个共享超参数，权值先验形式如下：

$$P(\boldsymbol{\omega} \mid \alpha) = \prod_{i=0}^{N} N(w_i \mid 0, \alpha_i^{-1}) \prod_{i=0}^{N} \sqrt{\frac{\alpha_i}{2\pi}} \exp\left(-\frac{\alpha_i}{2} w_i^2\right) \tag{3.38}$$

式中，$\alpha = [\alpha_0, \alpha_1, \cdots, \alpha_N]^{\mathrm{T}}$ 为确定 ω_i 的先验分布的超参数。ω_i 的后验分布可以通过贝叶斯公式计算如下：

$$P(\boldsymbol{\omega} \mid t, \alpha, \sigma^2) = \frac{P(t \mid \boldsymbol{\omega}, \sigma^2) P(\boldsymbol{\omega} \mid \alpha)}{P(t \mid \alpha, \sigma^2)} \tag{3.39}$$

式中，$P(\boldsymbol{\omega} \mid t, \alpha, \sigma^2)$ 服从高斯分布。它的均值和协方差可以表示如下：

$$\mu = \sigma^{-2} \rho \boldsymbol{\phi}^{\mathrm{T}} t \tag{3.40}$$

$$\rho = (\sigma^{-2} \boldsymbol{\phi}^{\mathrm{T}} \boldsymbol{\phi} + A)^{-1}, \quad A = \mathrm{diag}(\alpha_0, \alpha_1, \cdots, \alpha_n) \tag{3.41}$$

为了估计模型的权重，首先应该估计超参数的最优值。假设 α 服从伽马分布（gamma distribution），超参数的似然分布可表示如下：

$$P(t \mid \alpha, \sigma^2) = \int P(t \mid \boldsymbol{\omega}, \sigma^2) P(\boldsymbol{\omega} \mid \alpha) \mathrm{d}\boldsymbol{\omega} \tag{3.42}$$

可以通过最大化 $P(t \mid \alpha, \sigma^2)$ 来计算近似解 (α_M, σ_M^2)。然后重复式（3.42）同时

更新 μ 和 ρ，直到满足收敛条件：

$$\alpha_i^{\text{new}} = \frac{y_i}{u_i^2}, \ (\sigma^2)^{\text{new}} = \frac{\|t = \rho\mu\|^2}{N - \rho_i \gamma_i} \tag{3.43}$$

在 RVM 算法中，通过对相关性系数 α_i 进行阈值处理，将对应的权重系数 ω_i 稀疏化，即将对模型影响较小的权重设为零。这个过程使模型只保留对预测具有显著影响的权重，提高了模型的泛化能力和效率。在迭代过程中，大部分 α_i 趋于无穷大，对应于 α_i 的 ω_i 趋于零。这就是 RVM 是稀疏概率模型的原因。其中，通过非零 ω_i 学习的样本称为相关向量。在收敛过程之后，找到使边缘似然函数最大化的超参数，对于一个新的测试数据 x_p，可以计算 t 上的预测分布，表示如下：

$$P(t_p \mid t, \alpha^2, \alpha_M^2) = N(t_p \mid y_p, \sigma_p^2) \tag{3.44}$$

$$y_p = \mu^{\text{T}}\phi(x_p), \sigma_p^2 = \sigma_M^2 \ y_p = \mu^{\text{T}}\phi(x_p), \sigma_p^2 = \sigma_M^2 + \phi(x_p)^{\text{T}}\rho\phi(x_p) \tag{3.45}$$

RVM 算法具有与 SVM 算法相同的功能形式，并通过核技巧（kernel trick）处理非线性问题。但 RVM 算法的测试时间比 SVM 算法短，因为它是一个稀疏概率模型，准确率与 SVM 算法相似。所以 RVM 算法更适合预测交通流量。

2. RVM 算法常见核函数及组合方式

RVM 算法中常见的核函数包括线性核函数、多项式核函数、径向基核函数、Sigmoid 核函数 4 种。

（1）线性核函数表示如下：

$$K(x, y) = (x \cdot y) \tag{3.46}$$

线性核函数是一种比较特殊的核函数，利用该函数可以找到原始空间中向量回归的最优泛化，其主要特点是参数小、运行速度快。

（2）多项式核函数表示如下：

$$K(x, y) = (x \cdot y + 1)^d, \ d > 0 \tag{3.47}$$

式中，d 为多项式核函数中的可调节参数，d 值越大，计算量也就越大，映射的维度也相应变大。多项式核函数在单维数据和低维数据中使用效果更好。

（3）径向基核函数表示如下：

$$K(x, y) = \exp\left(-\frac{\|x - y\|^2}{2\sigma^2}\right), \ \sigma > 0 \tag{3.48}$$

式中，σ 是径向基核函数的参数，随着该参数的增大，径向基核函数的局部性会减弱。与一般的核函数相比，径向基核函数只有一个参数需要确定，核函数模型构造简单，在高维数据和分类问题中被广泛应用。

（4）Sigmoid 核函数表示如下：

$$K(x, y) = \tanh[a(x \cdot y) + b] \tag{3.49}$$

Sigmoid 核函数拥有两个参数，a 为标量，b 为位移参数。Sigmoid 核函数在高维数据和分类问题中也被广泛应用。

核函数可分为全局核函数和局部核函数。全局核函数具有全局特性，能够提取样本的全局特征，外推能力较强；局部核函数则相反，其具有局部特性，能够提取样本的局部特征，内推能力较强。多项式核函数和 Sigmoid 核函数均属于全局核函数，其作用范围广、泛化能力强；径向基核函数是典型的局部核函数，相较于全局核函数，其学习能力较强。

当样本数据具有异构特征、样本规模大或数据在高维空间中分布不均匀时，单一核函数具有较大的局限性，同时，在对单一核函数进行改进或对其参数进行优化时，往往 RVM 的性能达不到最优。因此，将多个单一核函数进行组合的方式受到了众多学者的关注。

将不同的单一核函数进行组合，可以构造一个更合适的组合核函数。一个由 M 个单一核函数组成的组合核函数可表示如下：

$$K_{mk}(x,y) = \sum_{s=1}^{M} p_s \cdot K_s(x,y) \tag{3.50}$$

式中，$K_s(x,y)$ 是第 s 个单一核函数；p_s 则是单一核函数对应的加权系数，M 个加权系数之和为 1。将满足 Mercer 定理的单个或多个局部核函数与全局核函数进行组合后的核函数仍会满足 Mercer 定理，但 RVM 克服了核函数必须满足 Mercer 定理的限制，即 RVM 的核函数不一定是半正定的函数。

针对单一核函数限制较多等问题，将属于全局核函数的多项式核函数及属于局部核函数的径向基核函数相结合，组成组合核函数。提出的组合核函数不仅具有径向基核函数的局部学习能力，还具有多项式核函数的全局泛化能力。

3.5.4　模型设计

1. 模型输入

在目前的研究中，短期交通流量预测的时间跨度不小于 10min。时间跨度越短，模型越有价值。因此，一般将交通流量数据处理为 5min 的时间跨度。预测模型的输入表示如下：

$$\boldsymbol{X} = \begin{pmatrix} \boldsymbol{x}_1 \\ \boldsymbol{x}_2 \\ \vdots \\ \boldsymbol{x}_N \end{pmatrix} = \begin{pmatrix} x_1^{i-7n,j} & x_1^{i-7n+7,j} & \cdots & x_1^{i-7,j} & x_1^{i,j-m} & \cdots & x_1^{i,j-1} & x_1^{i,j} \\ x_2^{i-7n,j} & x_2^{i-7n+7,j} & \cdots & x_2^{i-7,j} & x_2^{i,j-m} & \cdots & x_2^{i,j-1} & x_2^{i,j} \\ \vdots & \vdots & & \vdots & \vdots & & \vdots & \vdots \\ x_N^{i-7n,j} & x_N^{i-7n+7,j} & \cdots & x_N^{i-7,j} & x_N^{i,j-m} & \cdots & x_N^{i,j-1} & x_N^{i,j} \end{pmatrix} \tag{3.51}$$

式中，$(x_1^{i,j}, x_2^{i,j}, \cdots, x_N^{i,j})^{\mathrm{T}}$ 为待预测的车流量，i 为天数，j 为时段，N 为样本总数；$(x^{i,i-m}, x^{i,j-m-1}, \cdots, x^{i,j-1})$ 为第 i 天第 j 时段的前 m 个时段的车流量；$(x^{i-7n,j}, x^{i-7n+7,j}, \cdots, x^{i-7,j})$ 为前 n 周内第 i 天的第 j 时段的车流量。因为某个时间的流量往往受到前 n 周同一时间的流量的影响，m 通常被称为"训练步骤"或"时间窗口"。m 和 n 是正整数。根据使用的实验数据，设置 m=10，n=3。

2. RVM 组合核设计

在目前的研究中，大多数 RVM 使用线性核、多项式核、高斯核、Sigmoid 核、拉普拉斯核等单一核函数来完成特征空间中的映射过程。其中，线性核和多项式核在单维和低维问题上具有更好的能力。高斯核和 Sigmoid 核广泛用于高维问题和分类问题。当样本很大并且在高维空间中分布不均匀时，单一核函数的能力很差。所以，结合单一核函数来构造一个组合核函数，表示如下：

$$f\left(x,x_i\right)=\exp\left(-\frac{\|x-x_i\|^2}{2\sigma^2}\right)\lambda+(1-\lambda)\left[\gamma\left(xx_i+1\right)^d+c\right] \tag{3.52}$$

$$f\left(x,x_i\right)=\exp\left(-\frac{\|x-x_i\|}{2\sigma^2}\right)\lambda+(1-\lambda)\left[\gamma\left(xx_i+1\right)^d+c\right] \tag{3.53}$$

式中，σ 为核函数的宽度；γ 决定了数据在高维空间中的分布；d 用于制定多项式核函数的次数，决定了高维空间的复杂性并影响模型的泛化能力；λ 为权重系数，$0 \leqslant \lambda \leqslant 1$。

无须证明方程式中所示的组合核函数的可用性。因为 RVM 的核函数不需要满足 Mercer 定理。组合核函数使 RVM 获得高斯核和拉普拉斯核的局部学习能力和多项式核的泛化能力。

3. 基于组合核的 RVM 参数优化算法

基于组合核的 RVM 参数优化问题不同于一般的 RVM 参数优化问题。λ 在组合核函数中也是需要优化的超参数。参数优化算法的数学模型表示如下：

$$P=\left\{\sigma_{\text{best}},\lambda_{\text{best}},d_{\text{best}}\right\} \tag{3.54}$$

设计带有 GA 和 PSO 算法的 RVM 参数优化算法。首先，随机初始化两个种群，并根据这两个种群分别运行 GA 和 PSO 算法生成下一代种群。然后，在每次迭代中通过计算个体适应度来比较两者中的较优值，并将其作为本次迭代的结果进入下次迭代。其中，σ_{best} 的更新公式表示如下：

$$\sigma_{\text{best}}=\begin{cases}\sigma_{\text{gabest}}, & \text{fitness}_{\text{ga}} \geqslant \text{fitness}_{\text{pso}}\\ \sigma_{\text{psobest}}, & \text{fitness}_{\text{ga}} \leqslant \text{fitness}_{\text{pso}}\end{cases} \tag{3.55}$$

γ_{best} 和 λ_{best} 的更新公式与式（3.55）类似。由于 GA 和 PSO 算法都通过迭代优化参数，设计的参数优化算法同时利用了 GA 和 PSO 算法的优点。输入通过更新 σ_{best}、γ_{best} 和 λ_{best} 得到的 $\{\sigma_{\text{best}},\lambda_{\text{best}},\gamma_{\text{best}}\}$ 作为 RVM 的参数，计算预测模型的准确率 p_{accuracy}，将 p_{accuracy} 定义为参数优化问题的目标函数，得到：

$$\max \text{accuracy} = \text{RVM}(P)$$

$$\text{s.t.} \begin{cases}P=\left\{\sigma_{\text{best}},\lambda_{\text{best}},d_{\text{best}}\right\}\\ 2^{\sigma_{\min}} \leqslant \sigma_{\text{best}} \leqslant 2^{\sigma_{\max}}\\ d_{\min} \leqslant d_{\text{best}} \leqslant d_{\max}\\ 0 \leqslant \lambda_{\text{best}} \leqslant 1\end{cases} \tag{3.56}$$

式中，$2^{\sigma_{\min}}$ 和 $2^{\sigma_{\max}}$ 为 σ_{best} 的平均变化范围。一般情况下，$2^{\sigma_{\min}}=-8$，$2^{\sigma_{\max}}=8$。$d_{\min}$ 和 $d_{\max}$ 为 d 的变化范围，一般取 0 和 ∞。$\gamma_{\min}$ 和 $\gamma_{\max}$ 平均 λ 的变化范围。通常，$\gamma_{\min}=0$，$\gamma_{\max}=+\infty$。终止参数优化算法的迭代，直到满足终止条件。终止条件如下：

$$\min\left\{\text{fitness}_{\text{ga}}, \text{fitness}_{\text{pso}}\right\} \leqslant \text{fitness}_{\min} \text{ 或者 } T \leqslant T_{\max} \tag{3.57}$$

4. 并行化设计

在本节提出的 SPGAPSO-CKRVM 中，Spark 并行化相关框架采取 3.2.4 节提出的 Spark 并行化框架，读者可在 3.2.4 节进行了解，本节不再赘述。

3.5.5　实验分析

1. 核函数性能实验

由于交通拥堵、出行延误和道路事故多发生在交通流量的日高峰，预测日高峰的交通流量比预测其他时间的交通流量更有意义。在交通流量预测中，应选择一个具有最佳性能的核函数，以确保能够准确预测日高峰交通流量。首先，使用准确率来验证核函数性能。此外，定义高峰小时准确率（peak hour accuracy，PHA）来验证核函数的性能（即预测从 7:00 到 9:00 和从 16:00 到 19:00 的交通流量的准确率）。核函数性能实验结果如表 3.11 所示。

表 3.11　核函数性能实验结果

序号	核函数	第一部分		第二部分		第三部分	
		accuracy	PHA	accuracy	PHA	accuracy	PHA
1	$\exp\left(-\dfrac{\|x-x_i\|}{2\sigma^2}\right)$	0.8084	0.8717	0.7964	0.8576	0.7131	0.8187
2	$\exp\left(-\dfrac{\|x-x_i\|^2}{2\sigma^2}\right)$	0.8520	0.9292	0.8355	0.9057	0.7452	0.8515
3	$x^{\mathrm{T}}x_i$	0.8529	0.9282	0.8310	0.9011	0.7472	0.8508
4	$\gamma\left(xx_i+1\right)^d+c$	0.8514	0.9272	0.8367	0.9056	0.7544	0.8502
5	$\exp\left(-\dfrac{\|x-x_i\|}{2\sigma^2}\right)\lambda+(1-\lambda)\left[\gamma\left(xx_i+1\right)^d+c\right]$	0.8529	0.9301	0.8368	0.9059	0.7554	0.8521
6	$\exp\left(-\dfrac{\|x-x_i\|^2}{2\sigma^2}\right)\lambda+(1-\lambda)\left[\gamma\left(xx_i+1\right)^d+c\right]$	**0.8535**	**0.9333**	**0.8387**	**0.9061**	**0.7555**	**0.8538**

由于匝道的交通数据比一般道路的交通数据更随机且更难预测，因此第一部分和第二部分的所有核函数的准确率均大于第三部分。组合核函数（即 5 号和 6 号核函数）的性能通常优于单一核函数（即 1 号到 4 号核函数）的性能。6 号核函数的准确率始终高于 5 号核函数。在所有的部分中，6 号核函数的 PHA 总是大于 5 号核函数。因此，使用 6 号核函数（表中字体加粗）作为 RVM 的核函数进行后续实验。

2. 算法准确率实验

本实验应用基于机器学习和深度学习的不同预测模型，即提出的 SPGAPSO-CKRVM、GA-CKRVM、PSO-SVR、LSTM、CNN-LSTM、CNN-GRU、CNN-Bi-LSTM 等算法。其中，SPGAPSO-SVM 表示采用与 SPGAPSO-CKRVM 相同的参数优化算法优化的 SVM。GA-CKRVM 表示基于 GA 优化的组合核函数的 RVM。PSO-SVR 表示基于 PSO 算法优化的 SVM 模型。CNN-GRU 表示基于卷积神经网络（CNN）和门控循环单元（gated recurrent unit，GRU）的深度模型。表 3.12 列出了不同算法的 RMSE、MSE 和 MAPE 值。

表 3.12　算法准确率实验结果

算法名称	数据集 1			数据集 2			数据集 3		
	MSE	RMSE	MAPE	MSE	RMSE	MAPE	MSE	RMSE	MAPE
PSO-SVM	564.06	23.75	0.1624	251.54	15.86	0.1724	48.86	6.99	0.2701
LSTM	493.13	22.21	0.1435	234.37	15.31	0.1689	82.88	9.10	0.2702
CNN-LSTM	483.18	21.92	0.1438	235.89	15.36	0.1663	82.43	9.08	0.2659
CNN-GRU	487.46	22.07	0.1429	229.62	15.15	0.1648	82.44	9.08	0.2640
GA-CKRVM	433.53	20.82	0.1412	161.56	12.71	0.1616	62.24	7.76	0.2347
CNN-Bi-LSTM	477.35	21.84	0.1396	227.11	15.07	0.1622	81.79	9.04	0.2578
SPGAPSO-CKRVM	392.43	19.81	0.1383	161.1	12.69	0.1589	41.09	6.41	0.2232

由表 3.12 可知，PSO-SVR 的性能最差。LSTM、CNN-LSTM、CNN-GRU 和 CNN-Bi-LSTM 等基于 RNN 的深度学习模型明显优于基于 SVM 的模型。SPGAPSO-SVM 和 GA-CKRVM 在某些部分略优于上述模型。在所有部分中，SPGAPSO-CKRVM 始终优于其他比较模型。

3. 算法可扩展性实验

分别基于单节点、双节点、4 节点和 8 节点运行 SPGAPSO-CKRVM 算法 10 次，记录实验结果并计算 SPGAPSO-CKRVM 算法的加速比。实验结果如图 3.35 所示。

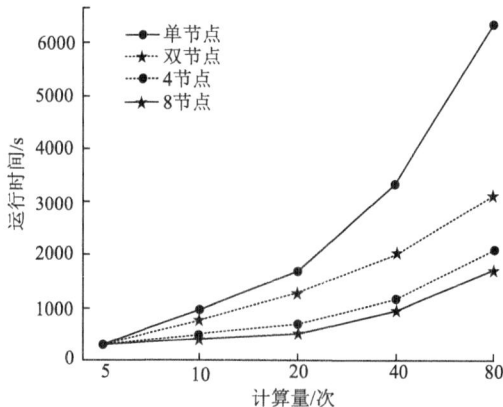

（a）SPGAPSO-CKRVM 的训练时间

图 3.35　算法可扩展性实验结果

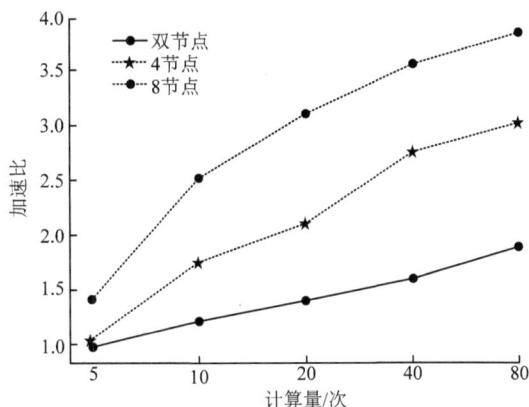

（b）不同节点数下的 SPGAPSO-CKRVM 加速比

图 3.35（续）

SPGAPSO-CKRVM 算法的训练时间随着计算量的逐渐增加而线性增加。基于不同节点数的 SPGAPSO-CKRVM 算法在计算量较小时训练时间差距较小。随着计算量的增加，基于 8 节点的 SPGAPSO-CKRVM 算法的训练时间远低于基于 4 节点、双节点和单节点的 SPGAPSO-CKRVM 的训练时间。

如图 3.35（b）所示，随着计算量的增加，并行计算的优势也越来越明显，加速比增加并逐渐接近理想值。实验结果验证了提出的 SPGAPSO-CKRVM 算法具有良好的可扩展性。

为了构建交通流量预测模型，采用基于组合核函数和启发式算法的 RVM。RVM 的参数优化算法由 Spark 并行化。本节提出 SPGAPSO-CKRVM 算法，并利用加拿大 Whitemud Drive 公路的真实数据对预测模型进行了验证。实验结果表明，在 SPGAPSO-CKRVM 算法上调用的模型在准确率上优于其他方法。此外，SPGAPSO-CKRVM 算法的参数优化耗时比其他模型少。进一步的研究包括如下内容。

（1）考虑更多影响交通流量的因素，如平均车速、车道占用率和相邻道路的交通流量。

（2）对于 RVM 的参数优化，大多数启发式算法都存在迭代初期收敛速度过快的问题，导致后期迭代的种群多样性降低。在进一步的研究中，尝试将 RVM 与复杂的启发式算法相结合，如自适应遗传算法（adaptive genetic algorithm，AGA）和量子粒子群优化（quantum particle swarm optimization，QPSO）算法。

（3）虽然 RVM 的测试速度非常快，但是训练速度并不理想。也可通过并行化技术来减少 RVM 的训练时间。

（4）研究 RVM 和深度学习算法的结合。利用深度置信网络（deep belief network，DBN）、CNN 等深度学习算法提取交通数据特征，利用 RVM 预测交通流量，构建深度预测模型。

3.6　本章小结

本章对车流量预测、公交客流量预测等常见的流量预测进行探讨，并基于常见的流量预测方法,如 SVM、KNN、XGBoost、RVM 等算法进行实验与对比分析,给出并行化设计思路,以提高模型运行效率。预测过程分为数据收集、数据清洗和整理、特征提取、模型选择和训练、模型评估和验证、预测和应用 6 个阶段。预测中各个步骤的具体实施取决于具体的预测需求和数据情况。不同的预测方法和模型也可能需要进行特定的处理和调整。因此,在进行交通流量预测时,需要综合考虑问题的复杂性和实际情况,选择合适的方法和技术进行处理。通过综合应用以上数据和技术,交通管理部门可以预测未来的交通流量,并根据预测结果制定相应的交通规划。对于驾驶员和行人来说,交通流量预测可以提供实时的交通信息,帮助他们选择最佳路线以避开拥堵区域,从而提高出行效率和安全性。

通过学习本章内容,读者可以了解交通流量预测的基本概念、方法和技术,以及如何在实践中应用这些技术来解决实际问题。同时,也可以了解不同预测方法的优势和局限性,为未来的研究和实践提供有价值的参考。

第4章 基于结构化数据的拥堵预测方法

4.1 引　言

目前，交通拥堵问题仍然是城市交通中亟待解决的关键问题之一。根据 2022 年 3 月百度地图发布的《2021 年度中国城市交通报告》，由图 4.1 可知，一线城市通勤时间过高，在一定程度上制约了城市的发展。近年来，国内外学者对城市道路拥堵问题的研究已取得了许多成果，根据研究方法的不同，可大致分为基于模型的方法和基于机器学习的方法。在基于统计模型的交通拥堵预测方面，Dong 等[100]提出了一种考虑交通流量参数相关性的卡尔曼滤波（Kalman filtering）模型，北京高速网案例验证了其性能；Xu 等[101]提出了一种基于差分自回归移动平均（ARIMA）模型和卡尔曼滤波的道路交通状态实时预测方法，实验验证了其可行性。传统的模型统计方法已被广泛地应用于交通拥堵预测领域，但这类传统统计方法在处理复杂数据时需要多次平滑，可能影响预测性能。在基于机器学习算法的交通拥堵预测方面，Elleuch 等[102]提出基于人工神经网络（artificial neural network，ANN）和数据融合的智能拥堵预测模型，使用大型 GPS 数据集对模型进行评估，验证了模型效果；韦清波等[103]分析了城市道路拥堵指数的总体变化趋势，并在此基础上将天气、节假日和重大活动等纳入影响交通状态的重要因素，提出基于 KNN 算法的交通拥堵指数预测模型，实验证明其工程效果良好。传统的机器学习技术在交通拥堵预测中面临输入数据量大、训练速度慢、模型复杂和易陷入局部最优等挑战，其作用依旧有限。为提升短期交通拥堵预测准确率，学者们将传统模型与机器学习方法相结合。Song 等[104]提出一种基于改进 PSO 优化 KNN 算法的交通路况预测模型，该模型引入变异操作的同时结合 Sigmoid 函数对特征子集进行优化，预测车流量等参数完成路况评价。刘志强等[105]运用主成分分析（principal component analysis，PCA）对交通数据进行降维处理，利用 GA 优化 SVC 参数构建多分类事件检测模型，显著降低误警率。晏雨婵等[106]通过 PSO 优化 SVM 来预测交通流量和平均车速，计算拥堵评价指标，利用综合评价方法计算未来道路拥堵程度。

交通拥堵预测技术的广泛应用，为城市交通管理者提供了科学的决策支持，帮助他们更好地规划和管理交通流量，制定有效的缓解拥堵的措施。准确的拥堵预测可以帮助驾驶员和行人提前了解道路状况，选择最佳的出行路线和时间，提升出行体验和效率。拥堵预测还可以减少因交通堵塞导致的燃油浪费和尾气排放，有助于降低环境污染，推动城市的可持续发展。未来，通过不断提升预测技术的准确性和实用性，交通管理者能够更有效地应对日益复杂的交通问题，实现城市交通系统的智能化和现代化。

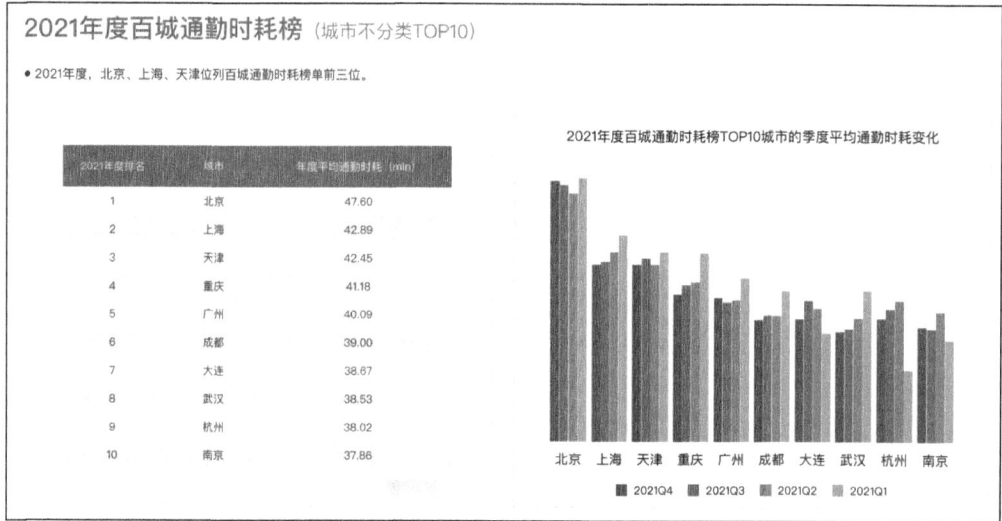

图 4.1　2021 年百城通勤时耗前十排行

4.2　基于 GBDT 算法的拥堵预测

4.2.1　基于 GBDT 算法的拥堵预测方法

梯度提升迭代决策树（gradient boosting decision tree，GBDT）算法能够灵活处理各种类型的数据，且预测准确率较高，本节提出将 GBDT 算法应用于交通拥堵预测领域。基于 GBDT 算法的拥堵预测流程图如图 4.2 所示。

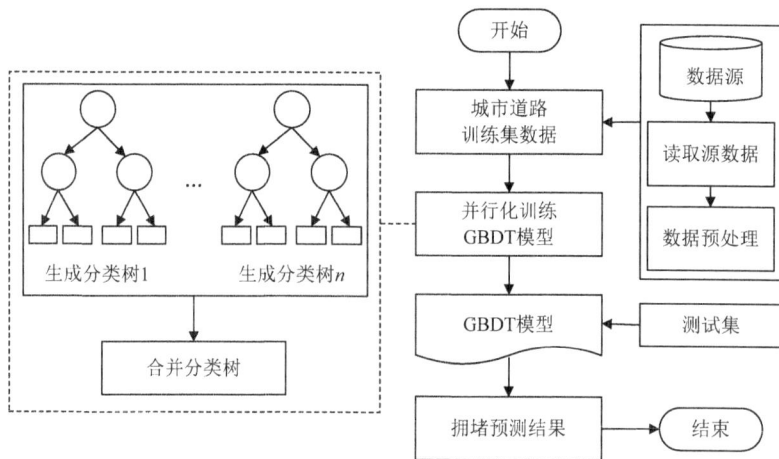

图 4.2　基于 GDBT 算法的拥堵预测流程图

GBDT 是一种集成学习方法，通过组合多个决策树来构建预测模型。具体通过迭代训练基于残差的决策树，然后将决策树的预测结果加权求和，得到最终预测结果。由于

GBDT 算法在数据量较大的情况下训练模型及预测耗时过长，而拥堵预测在某种程度上来说要求实时性，针对此问题，在模型设计中结合 Spark 平台对 GBDT 进行并行化处理，使其可以在保证模型预测准确率的前提下提高模型训练及预测的效率。同时，使用该模型对城市道路拥堵情况进行预测，并通过准确率和可扩展性实验，在 Spark 集群中验证算法的有效性以及在不同节点数下的性能表现。

4.2.2　数据采集及预处理

本节实验采用美国旧金山地区加州大学旧金山分校锡安山医疗中心至旧金山总医院之间路段的数据，该数据包含时间、星期、天气、温度、交通状况等数据项。采用 2017 年 1 月 1 日至 2017 年 12 月 31 日之间共 52390 条数据作为模型的训练集数据，将 2018 年 6 月 1 日至 2018 年 6 月 10 日之间共 1440 条数据作为模型的测试集数据。以 10min 为一个时间段，将一天的数据划分为 144 个时间段，并采用移动平均法和历史趋势法进行问题数据的处理工作。不同情况下的具体处理方法如下。

（1）某个单独的点数据出现故障时，使用移动平均法进行数据修复。移动平均法的原理是，用一组最近的实际数据来估计某一项数据，根据时间序列逐项推移，依次计算包含一定项数的平均值。移动平均法表示如下：

$$y(t) = \frac{[y(t+n) + y(t+n-1) + \cdots + y(t-n)]}{n} \tag{4.1}$$

式中，$y(t)$ 为移动平均法所参考的一段时间内，每一段数据的值；n 为移动平均法参考的一段时间内，所有段数据的总数。

（2）当日存在部分数据故障，改为历史趋势法进行数据修复。历史趋势法表示如下：

$$H_M^N(x_t) = H_{M-1}^N(x_t) \tag{4.2}$$

即当第 M 周第 N 天的数据存在缺失或异常情况时，取第 $(M-1)$ 周第 N 天对应的数据项作为问题数据的值进行修复。

4.2.3　相关算法

GBDT 算法是由 Friedman[107]提出的一种集成学习算法。集成学习算法是通过建立多个模型来解决单一预测问题。它的工作原理就是生成多个模型或者分类器，各自独立学习和预测，最后将多个预测结果组合为组合预测。因此 GBDT 算法是通过将各个分类效果较弱的弱分类器组合形成一个具有较强分类效果的强分类器的机器学习算法。GBDT 作为一种迭代的决策树算法，通过构建多棵树，并将所有树的结论之和作为最终的模型[108]。其具体思想是每轮迭代都遵循前一个模型损失函数的梯度下降方向，每棵树计算样本损失函数在当前模型的残差近似值，以此作为新一轮学习目标，最终将每轮训练的弱分类器组合得到强分类器。

GBDT 主要包含两个概念：决策树（decision tree）和自适应提升（Boosting）。若想了解 GBDT，首先需要理解这两个概念的含义。

1. 决策树

决策树是一种基本的分类与回归方法，当决策树用于分类时称为分类树，用于回归时称为回归树。它由根节点、内部节点和叶子节点组成。其中，内部节点表示一个特征或属性，叶子节点表示一个类。如图 4.3 所示，圆和方框分别表示内部节点和叶子节点。叶子节点对应决策的结果，其他每个节点对应一个属性测试。每个节点包含的样本集根据属性测试的节点被划分到子节点，根节点包含样本全集，从根节点到每个叶子节点的路径对应一个判断测试序列。

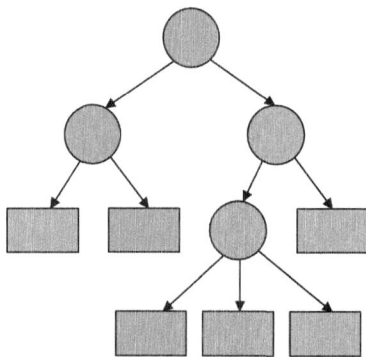

图 4.3　决策树示例

决策数本质上是选择一个能带来最大信息增益的特征值进行树的分割，直到达到结束条件或者叶子节点纯度达到一定阈值。当构造决策树时，一般采用自上而下的方式，根据样本数据产生分类维度。其中每一个决策皆可能引发两种或多种不同情况，由决策点分裂，最终导致不同的结果即叶子节点。从根节点至叶子节点对应的路径类似树干的形状，最终产生相应的决策树。

决策树中的分类树其实就是一种描述对实例进行分类的属性结构。分类树学习的目标就是根据训练数据集训练一个模型，该模型被称为决策树模型，然后使该模型能够对实例进行正确的分类。当使用分类树对实例进行分类时，一般是从决策树的根节点开始，对实例的某一个特征进行测试，得出测试结果后，根据结构将该实例分配到所对应的子节点中。此时，每一个子节点对应所选特征的一个取值。随后根据上述步骤对所有实例进行测试并分配结果，直到达到叶子节点，最后将实例分到叶子节点的类中。决策树学习的主要目的就是构建一棵泛化能力强，即处理未见示例能力强的决策树，其基本流程遵循简单而直观的"分而治之"策略。分类树生成流程伪代码如下。

分类树生成流程伪代码

输入：训练集 $D = \{(x_1, y_1), (x_2, y_2), \cdots, (x_m, y_m)\}$

属性集 $A = \{a_1, a_2, \cdots, a_d\}$

输出：以 node 为根节点的一棵决策树

过程：函数 TreeGenerate(D , A)

1：生成节点 node;
2：**if** D 中样本全属于同一类别 C **then**
3：　　　将 node 标记为 C 类叶子节点; **return**
4：**end if**
5：**if** $A = \varnothing$ **OR** D 中样本在 A 上取值相同 **then**
6：　　　将 node 标记为叶子节点，其类别标记为 D 中样本个数最多的类; **return**
7：**end if**
8：从 A 中选择最优划分属性 a_* ;
9：**for** a_* 的每一个值 a_*^v **do**
10：　　　为 node 生成一个分支; 令 D_v 表示 D 中在 a_* 上取值为 a_*^v 的样本子集;
11：　　　**if** D_v 为空 **then**
12：　　　　　将分支节点标记为叶子节点，其类别标记为 D 中样本最多的类; **return**
13：　　　**else**
14：　　　　　以 TreeGenerate(D , $A \backslash \{a_*\}$) 为分支节点
15：　　　**end if**
16：**end for**

训练集 $D = \{(x_1, y_1), (x_2, y_2), \cdots, (x_m, y_m)\}$ 中，$\boldsymbol{x}_i = (x_i^{(1)}, x_i^{(2)}, \cdots, x_i^{(n)})^{\mathrm{T}}$ 为输入实例，即特征向量，n 为特征个数，$i = 1, 2, \cdots, N$，N 为样本个数，$y_i \in \{1, 2, \cdots, K\}$ 为类标。决策树是一个递归过程，在决策树基本算法中，有 3 种情形会导致递归返回：①当前属性为空，或者所有样本在属性上的取值相同，无法划分；②当前节点包含的样本集合为空，不能划分；③包含的样本属于同一类别，无须划分。

在选择最优划分属性（特征）时，往往选取的是对训练数据具有分类能力的特征，这样可以在很大程度上提高决策树的学习效率。没有分类能力的特征是指利用该特征进行分类的结果与随机分类的结果差别不大。一般而言，去除这样的特征对决策树模型准确率的影响是很微弱的。例如，当构建一棵通过不同人的属性来预测这个人是男是女的决策树时，属性"有无喉结"可能要比属性"衣服的颜色"所包含的信息更多。因为一般来说，男生普遍有喉结，所以人们希望"有无喉结"这个属性是出于决策树的上部。随着划分过程的不断进行，人们希望决策树的分支节点所包含的样本尽可能属于同一类别，即节点的"纯度"越来越高。在学习过程中，决策树在进行特征选择时会学习应用信息增益准则，即对训练集（或子集）D，计算其每个特征的信息增益，并比较它们的大小，选择信息增益最大的特征。

一般而言，信息增益越大，使用 a_* 进行划分所获得的"纯度提升"越大。因此可以用信息增益来进行决策树划分属性的选择，即在上述决策树分类算法的第 10 行使用 $a_* = \arg \max_{a \in A} g(D, a)$ 来选择最优划分属性。设有训练数据集 D，$|D|$ 表示样本个数。设有 K 个类 C_k，$k = 1, 2, \cdots, K$，$|C_k|$ 为类 C_k 的样本个数，$\sum_{k=1}^{K} |C_k| = |D|$。设特征 a_* 有 V 个不同的取值 $\{a_*^1, a_*^2, \cdots, a_*^V\}$，根据特征 a_* 的取值将 D 划分为 V 个子集 $D_1, D_2, \cdots, D_V$，$|D_i|$ 为 D_i 的样本个数，$\sum_{i=1}^{n} |D_i| = |D|$。记子集 D_i 中属于类 C_k 的样本的集合为 D_{ik}，即

$D_{ik} = D_i \bigcap C_k$，$|D_{ik}|$ 为 D_{ik} 的样本个数。计算信息增益 $g(D, a)$ 的方法如下。

信息增益计算方法

输入：训练数据集 D 和特征 a。

输出：特征 a 对训练数据集 D 的信息增益 $g = (D, a)$

1：计算数据集 D 的经验熵 $H(D)$：

$$H(D) = -\sum_{k=1}^{K} \frac{C_k}{D} \log_2 \frac{C_k}{D}$$

2：计算特征 A 对数据集 D 的经验条件熵 $H(D|A)$：

$$H(D|A) = \sum_{i=1}^{n} \frac{|D_i|}{D} H(D_i) = -\sum_{i=1}^{n} \frac{|D_i|}{D} \sum_{k=1}^{K} \frac{D_{ik}}{D_i} \log_2 \frac{D_{ik}}{D_i}$$

3：计算信息增益：

$$g = (D, a) = H(D) - H(D|a)$$

2. Boosting

Boosting 和自助投票（Bagging）是集成学习最主要的两种方法，两者均基于弱分类器。其对比如表 4.1 所示。

表 4.1 Bagging 方法和 Boosting 方法对比

策略	Bagging 方法	Boosting 方法
训练方法	主要通过从原始训练集中抽取 n 个样本的训练集，共进行 K 次，得到 K 个样本集，每个样本集单独训练，若是分类方法则通过投票的方式得到分类结果，若是回归方法则采用平均值作为预测结果	主要通过改变训练样本的权重（初始化时给所有训练样本相同的权重）学习多个弱分类器，并将这些弱分类器进行线性组合，提高分类性能
样本选择	训练集是在原始训练数据集中有放回的选取，从原始训练数据集中选出的各轮训练集之间是独立的	每一轮的训练集不变，只是训练集中每个样例在弱分类器中的权重发生变化。权重根据上一轮的分类结果进行调整
样例权重	使用均匀取样，每个样例的权重相等	根据错误率不断调整样例的权重，样例被错误分类的概率越大，则样例权重越大
预测函数	所有预测函数的权重相等	每个弱分类器都有相应的权重，对于分类误差小的弱分类器会有更大的权重
并行计算	各个预测函数可以并行生成	各个预测函数只能顺序生成，因为后一个模型参数需要前一轮模型训练的结果

这两种方法都是把若干个弱分类器组合为一个综合分类器，由于组合的方法不同，得到的结果也不同。Boosting 以分阶段的形式顺序迭代地学习每个弱分类器，每个弱分类器再对前序模型的不足之处进行改进，从而得到更强的分类器，其理论基础是梯度下降的。首先第一个基分类器对样本进行训练，当学习完成后，增大错误样本的权重，减少正确样本的权重。然后使用第二个基分类器对其继续学习。以此类推，最终得到 n 个基分类器，将这 n 个基分类器合并，得到最终结果。

3. GBDT

GBDT 是 Boosting 思想的典型代表，使用决策树作为训练弱分类器的模型。GBDT

使用的决策树是分类与回归树（classification and regression tree，CART），由于 GBDT 每次迭代要拟合的是梯度值，是连续值，因此无论是处理回归问题还是二分类及多分类问题，GBDT 使用的决策树都是 CART 回归树。

对于回归树算法来说最重要的是寻找最佳的划分点，回归树中的可划分点包含了所有特征的所有可取的值。在分类树中最佳划分点的判别标准是熵或者基尼系数，都是用纯度来衡量的，但是在回归树中的样本标签是连续数值，所以再使用熵之类的指标不再合适，取而代之的是平方误差，它能很好地评判拟合程度。回归树生成算法步骤如下。

回归树生成算法步骤

输入：训练数据集 D
输出：回归树 $f(x)$

在训练数据集所在的输入空间中，递归地将每个区域划分为两个子区域并决定每个子区域上的输出值，构建二叉决策树

1：选择最优切分变量 j 与切分点 s，求解

$$\min_{j,s}\left[\min_{c_1}\sum_{x_i\in R_1(j,s)}^{n}(y_i-c_1)^2+\min_{c_2}\sum_{x_i\in R_2(j,s)}^{n}(y_i-c_2)^2\right]$$

遍历变量 j，对固定的切分变量 j 扫描切分点 s，选择使上式达到最小值的 (j,s) 对。

2：用选定的 (j,s) 对划分区域并决定相应的输出值：

$$R_1(j,s)=x\,|\,x^{(j)}\leqslant s，\quad R_2(j,s)=x\,|\,x^{(j)}>s$$

$$\hat{c}_m=\frac{1}{N}\sum_{x_i\in R_m(j,s)}^{n}y_i，\quad x\in R_m,m=1,2$$

3：继续对两个子区域调用步骤 1 和 2，直至满足停止条件。

4：将输入空间划分为 M 个区域 $R_1,R_2,\cdots,R_M$，生成决策树：

$$f(x)=\sum_{m=1}^{M}\hat{c}_mI(x\in R_m)$$

GBDT 算法由 Boosting 算法和决策树算法组合而成，所使用决策树为分类树，其分类过程如下所示。

步骤 1：假设训练集样本 $D=(x_1,y_1),(x_2,y_2),\cdots,(x_m,y_m)$，最大迭代次数为 T，损失函数为 $L(y,f(x))$，输出强分类器为 $f(x)$，则其损失函数表示如下：

$$L(y_k,f_k(x))=-\sum_{k=1}^{K}y_k\ln P_k(x) \tag{4.3}$$

式中，如果样本输出类别为 k，则 $y_k=1$，否则为 0；$P_k(x)$ 为样本点属于每个类别的概率，第 k 类的概率 $P_k(x)$ 的计算方法表示如下：

$$P_k(x)=\frac{e^{F_k(x)}}{\sum_{l=1}^{K}e^{F_l(x)}} \tag{4.4}$$

式中，$F(x)$ 为分类树。

步骤 2：对迭代次数 $t=1,2,\cdots,T$，样本 $i=1,2,\cdots,m$，叶子区域 $j=1,2,\cdots,J$，求损失函数的一阶导数，结果如下：

$$\tilde{y}_{ki}=y_{ki}-P_{k,m-1}(x_i) \tag{4.5}$$

步骤 3：计算负梯度误差，表示如下：

$$\gamma_{mkj} = \frac{K-1}{K} \frac{\sum\limits_{x_i \in R_{mkj}} y_{ki}}{\sum\limits_{x_i \in R_{mkj}} |\tilde{y}_{ki}|(1-|\tilde{y}_{ki}|)} \tag{4.6}$$

式中，R_{mkj} 为样本 m 在第 t 轮迭代时，第 j 个叶子节点的区域。

步骤 4：拟合一个分类树，将新拟合的回归树 $\sum\limits_{j=1}^{J} \gamma_{mkj} I(x \in R_{mkj})$ 添加到当前模型中，并进行加权累加，更新模型的预测结果，表示如下：

$$f_{mk}(x) = f_{k,m-1}(x) + \sum_{j=1}^{J} \gamma_{mkj} I(x \in R_{mkj}) \tag{4.7}$$

式中，I 为指示函数，如果 x 属于叶子节点 j 的区域 R_{mkj}，则为 1，否则为 0，

步骤 5：将所有分类树合并，最终得到总分类树：

$$F_{Mk}(x) = \sum_{m=1}^{M} \sum_{j=1}^{J} \gamma_{mkj} I(x \in R_{mkj}) \tag{4.8}$$

虽然决策树分类算法套入 Boosting 算法框架中，在一定程度上会提高原单一弱学习器的分类效果，但是计算量也随之增加。由于拥堵预测要求实时性，因此如何提高算法的计算效率目前仍是一个亟待解决的问题。本节根据此问题，选用 Spark 平台实现算法的并行化，以此来提高算法的计算效率。

4.2.4 模型设计

本节将提出的 GBDT 算法在 Spark 平台上进行并行化设计，具体步骤如下。

步骤 1：每轮迭代时，利用 mapPartition( )并行计算样本的负梯度值。

步骤 2：利用决策树中的 findSplitsBins( )方法，找出每个特征对应的所有分裂方式，利用 findBestSplits( )方法计算信息增益，寻找每个节点的最佳分裂点，并行计算每个特征所对应的误差及均值。

步骤 3：并行计算并更新每个样本的负梯度。

步骤 4：当满足终止条件时，停止迭代，得到预测模型。

步骤 5：使用训练得到的模型对测试集进行预测。

GBDT 的并行化设计流程图如图 4.4 所示。

4.2.5 实验分析

1. 实验环境

本节采用 Scala 语言编写程序，在硬件环境为 Intel i7 8700 处理器、16GB 内存，软件环境为 Windows10 操作系统，Spark 平台集群节点数为 5 的实验环境下实现上述提出的模型，设计大量对比实验验证本节提出模型的优越性。

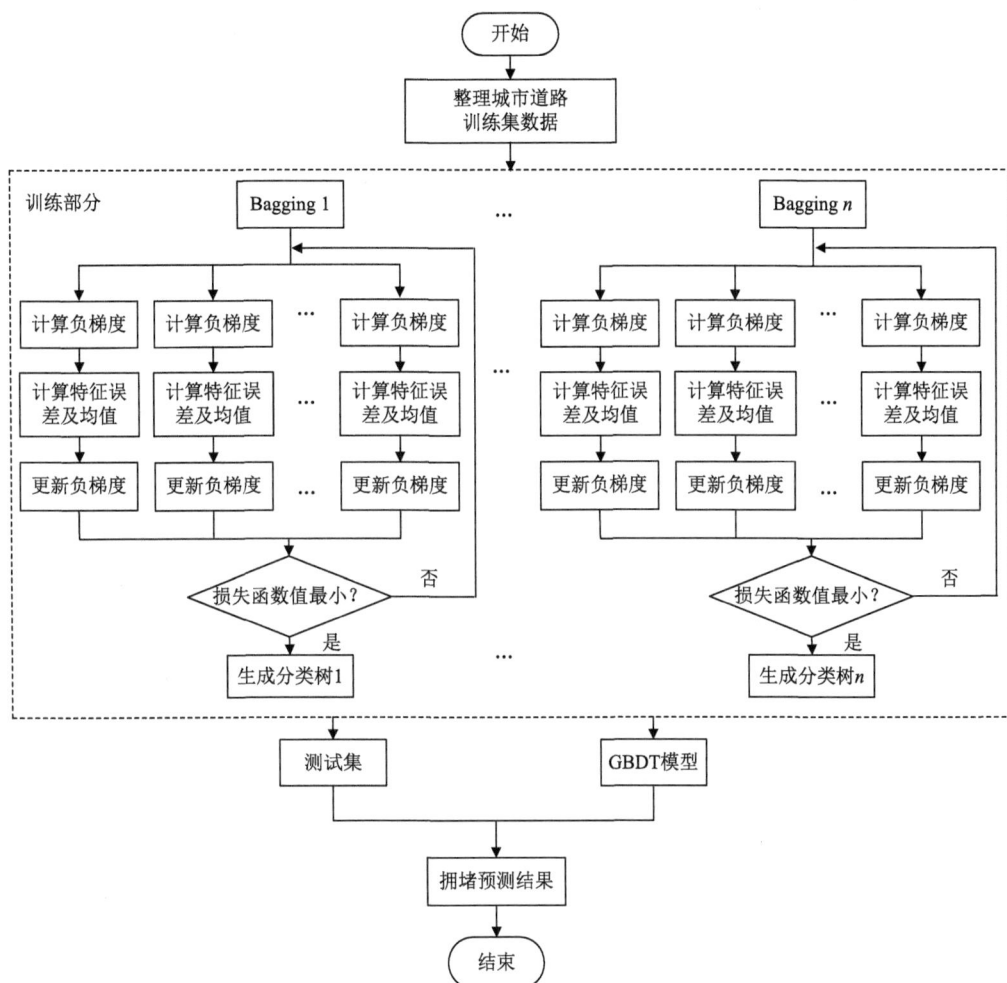

图 4.4　GBDT 的并行化设计流程图

2. 实验结果分析

（1）准确率实验。为了体现本章提出算法的优越性，实验将朴素贝叶斯算法、决策树算法与本节提出的模型进行比较，验证本章所提模型的优越性。使用准确率、精确率、召回率及 F1 分数（F1 score）度量来评价模型的优劣。各指标的含义如下所示。

准确率指预测的正确率，表示预测正确的样本个数占总样本数的比例，其表达式如下：

$$A = \frac{TP+TN}{TP+TN+FP+FN} \tag{4.9}$$

式中，TP 表示正类，即将正类预测为正类的个数，如将女生预测为女生；TN 表示负类，即将负类预测为负类的个数，如将男生预测为男生；TP+TN 表示样本预测正确的个数；FP 表示将负类判断为正类的个数，即"存伪"，如将男生预测为女生；FN 表示将正类判断为负类的个数，即"去真"，如将女生判断为男生；TP+TN+FP+FN 表示总样本数。

精确率（precision）是精确性的度量，以二分类为例，表示被预测为正类的样本中实际为正类的比例，其表达式如下：

$$P = \frac{TP}{TP+FP} \tag{4.10}$$

召回率（recall）是覆盖面的度量，以二分类为例，表示实际为正类的样本中有多少比例被预测为正类，其表达式如下：

$$R = \frac{TP}{TP+FN} \tag{4.11}$$

F 值（F-measure）是组合精确率和召回率的一个得分，用于衡量模型的预测效果。其表达式如下：

$$F = \frac{a^2+1}{a^2} \times \frac{P \times R}{P+R} \tag{4.12}$$

式中，P 为精确率；R 为召回率；a 为权重。通常情况下取 a 为 1，即 F1 score，其表达式如下：

$$F1 = \frac{2 \times P \times R}{P+R} \tag{4.13}$$

使用预处理后的训练集分别训练能够预测拥堵情况的朴素贝叶斯模型、决策树模型及 GBDT 模型。使用训练完成的模型对预处理后的预测集进行预测，每个模型分别计算 10 次取平均值，实验结果如图 4.5 所示。

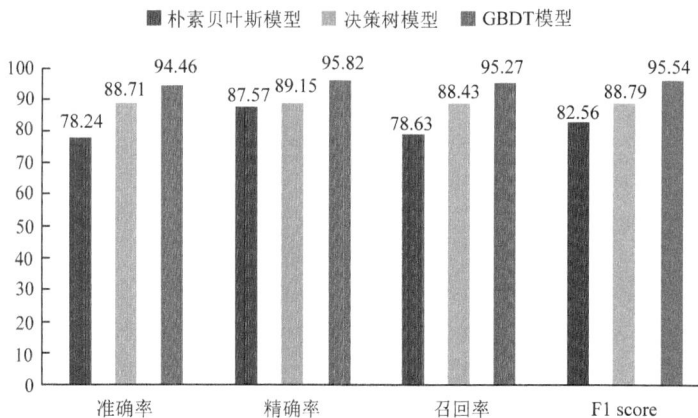

图 4.5　实验结果

从图 4.5 的实验结果可以看出，朴素贝叶斯模型的预测效果最差，准确率为 78.24%，精确率为 87.57%，召回率为 78.63%，F1 score 为 82.56%；决策树模型预测效果中等，较朴素贝叶斯模型在准确率、精确率、召回率和 F1 score 上稍有提高；GBDT 模型的预测效果最佳，准确率为 94.46%，精确率为 95.82%，召回率为 95.27%，F1 score 为 95.54%，具有较高的准确率、精确率、召回率和 F1 score，能够比较准确地对城市道路交通拥堵情况进行预测。

采用基于 Spark 并行的 GBDT 算法对预处理后的 2018 年 6 月 1 日至 2018 年 6 月 10 日之间的共 1440 条测试集数据进行预测，预测城市道路拥堵情况，将拥堵情况按照非常畅通、畅通、轻度拥堵、中度拥堵、重度拥堵划分为 5 个拥堵级别。本实验中，"1"表示非常顺畅，"2"表示畅通，以此类推，"5"表示重度拥堵。将每两小时的预测结果按顺序拼接，预测值与真实值对比如图 4.6 所示。

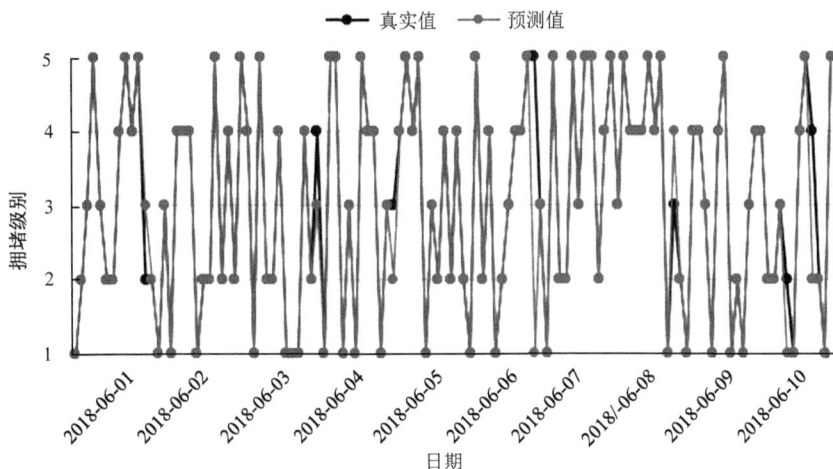

图 4.6　城市道路拥堵预测值与真实值对比

由图 4.6 可以看出，真实的折线和预测的折线几乎重合，只有少量的点没有重合。因此本节提出的基于 Spark 的 GBDT 算法对城市道路拥堵情况的预测准确率较高，预测准确率可达 94.46%。所以该算法能够对城市道路拥堵情况进行有效预测。

（2）可扩展性实验。本节使用加速比来衡量 GBDT 模型的可扩展性。本实验采用由 5 个节点组成的集群，验证算法在不同节点数下的加速比。可扩展性实验结果如图 4.7 所示。

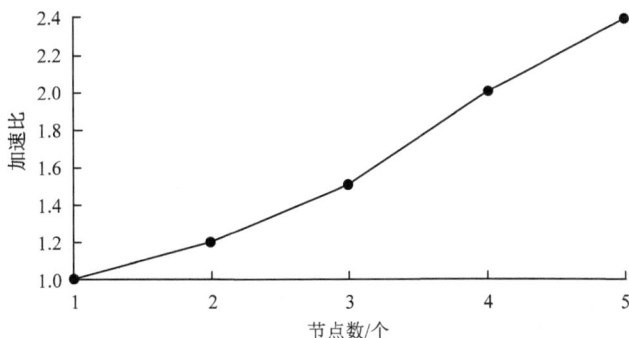

图 4.7　可扩展性实验结果

由图 4.7 可以看出，随着节点数量的增加，运行时间逐渐减少，计算速度逐步提升，随着计算量和节点数的增加，集群的加速比呈线性增长，加速比逐渐趋近理想值。因此，使用 Spark 大数据平台并行能够提高 GBDT 计算速度，减少运行时间。

通过以上实验可以看出，本节提出的基于 Spark 大数据平台设计的 GBDT 算法对处理后的城市道路拥堵数据进行拥堵预测分析时，相比朴素贝叶斯模型及决策树模型，在一定程度上提高了预测准确率；通过可扩展性实验，验证了在集群环境下随着使用节点数的增加，GBDT 算法性能及计算速度也会随之提升。因此，本节提出的算法可对城市交通拥堵预测研究提供有效帮助。

4.3　基于 RF 算法的拥堵预测

4.3.1　基于 RF 算法的拥堵预测方法

由于交通拥堵问题具有一定的时效性，在不同的时间下面临的情况可能有所不同。为了能够更快、更准确地对交通拥堵问题进行预测，设计基于 Spark 大数据平台优化随机森林的拥堵预测模型（yin-yang-pair optimization and random forest，YYPORF），旨在准确高效地预测城市道路交通拥堵情况。基于 RF 的拥堵预测模型流程如图 4.8 所示。

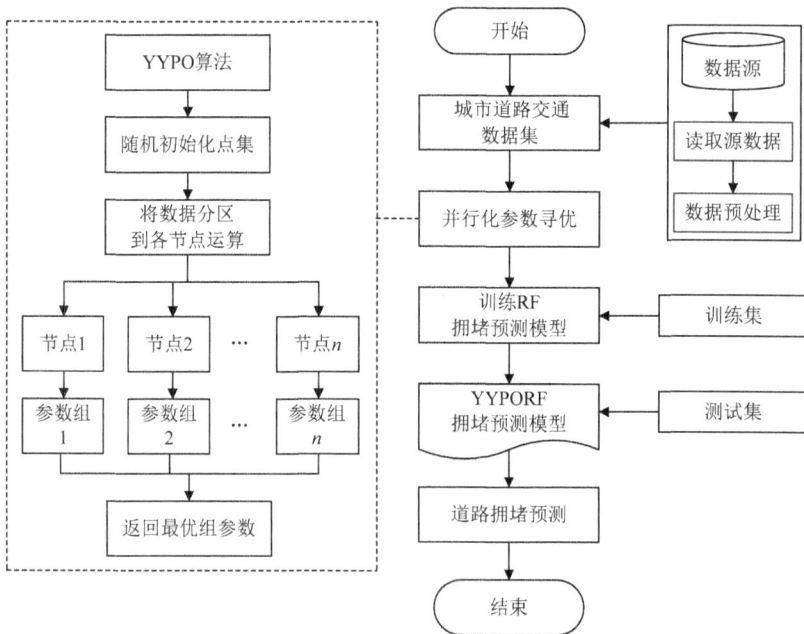

图 4.8　基于 RF 的拥堵预测模型流程图

YYPORF 首先利用 YYPO 算法对 RF 算法的并行化参数进行调优，得到最优组参数后，利用 Spark 大数据平台并行化构建城市道路拥堵预测模型。然后，通过准确性、加速比及可扩展性实验，验证基于 Spark 大数据平台在不同节点数和数据集大小情况下，算法的性能和运行速度也有所差距。因此，本节所提供的预测模型可以有效预测城市道路交通拥堵问题；并行化设计下模型的运行时间也大幅缩短，预测准确率和效率有所提高，能够为城市交通管理部门提供帮助。

4.3.2　数据采集及预处理

本节主要介绍数据预处理和数据异常值判断方法。

1. 数据预处理

本节采用合肥示范区黄科路口相关数据作为数据集，其中包含 6 万条微波数据和 36 万条车辆 GPS 数据，共 42 万条数据。对两个数据集进行整合，以当时的交通数据实际情况为参考，对城市道路交通数据进行预处理。以 1min 为一个时间段，合并每个时间段内的数据，计算出每个时间段内经过道路的车流量、平均速度、车道占有率及车辆密度。

2. 数据异常值判断方法

在数据预处理之后，原始城市道路交通数据的异常值由阈值法和交通流量机理法来判断。

（1）阈值法：通过设定一个临界值，从而判断事物处于什么状态。通俗来说，临界值的两边是不同的判断结果。交通数据项的阈值通过分析道路交通数据中单个参数的特征来确定。本节的主要衡量标准为车流量、平均速度和车道占有率。

车流量 q、平均速度 v、车道占有率 p 的取值范围表示如下：

$$\begin{cases} q \in [q_{min}, q_{max}] \\ v \in [v_{min}, v_{max}] \\ p \in [p_{min}, p_{max}] \end{cases} \tag{4.14}$$

式中，q_{min}、q_{max} 为车流量的最大、最小值；v_{min}、v_{max} 为平均速度的最大、最小值；p_{min}、p_{max} 为车道占有率的最大、最小值；q_{min}、v_{min}、p_{min} 取值 0；路段最大通行能力决定 q_{max}；路段最高限速决定 v_{max}；p_{max} 取值 95%。

（2）交通流量机理法：交通流量数据异常值的判别规则由交通流量机理法确定，如表 4.2 所示。

表 4.2　交通流量数据异常值的判别规则

序号	车流量	平均速度	数值是否异常
1	≠0	≠0	否
2	=0	≠0	是
3	≠0	=0	是
4	=0	=0	否

有问题的数据被摘出后，使用移动平均法和历史趋势法对数据进行处理。单点异常情况使用移动平均法，利用异常数据的邻近数据值来修复异常的数据。若异常数据未达到当天数据的 1/3，则使用历史趋势法，异常数据由上周的正常数据来替代。若异常数据超过了当天数据的 1/3，为了避免强行修复，人为增加噪点的情况发生，当日数据需要舍弃。数据处理完成之后，使用 YYPORF 模型对处理后的数据进行交通流量拥堵预

测及相关性能的对比。

4.3.3　相关算法

1. RF 算法

RF 算法是由 Breiman[109]于 2001 年提出的一种有监督学习的机器学习算法。在大规模的现实场景中对物体的检测需要一种高效的多种类检测方法，而 RF 算法已经被证实能够高效地处理大规模数据集。此外，RF 算法还拥有高准确率、易并行化、抗噪能力强等众多优点。这种集成机器学习方法的思想主要是运用随机抽样的方法建立以数个互不相关的决策树组成的森林，而每个单一的决策树都要用 Bagging 方法抽样。Bagging 引导聚合（bootstrap aggregating）算法，也称为装袋算法，于 1996 年由利奥·布雷曼（Leo Breiman）[110]提出。Bagging 引导聚合算法可以与其他算法相结合，不仅能够提高其准确率和稳定性，而且能够降低结果的方差，防止过拟合的出现。

RF 算法的第一步是对全部数据集进行随机取样，并且分别训练多种不同的决策树模型，这些决策树模型的建立均是为了解决同一问题，因此为了使结果更加的稳定和有效，研究者希望决策树模型是各不相同的，这样就可以将最终得到的所有结果求平均值，使结果更有说服力。针对城市道路交通流量数据集，假定需要训练的样本有 x 个，且一共拥有 M 个决策属性，从中有放回地随机抽取 x 个样本来构造城市道路交通训练子集，然后从全部的 M 个决策属性当中随机选取 m 个属性用来构造道路交通特征子集。根据训练子集和特征子集来建立相应的决策树，如需要 n 棵树，那就随机抽样 n 次；在终止训练之后，需要将还未测试的数据放入已训练好的森林之中，通过使用森林中的决策树来对各种复杂数据进行整合归类，运用投票的思维选择决策树分类出来的最多的类别，作为测试数据的最终类别。RF 模型构建过程中会遇到很多类型的参数，其中最能影响实验准确率的两个关键参数是决策树数量 ntree 和分裂属性个数 mtry，这两个关键参数的配置会对整体模型的预测准确率产生影响。因此对这两个参数的配置显得至关重要，如果两个关键参数的配置不能满足模型的需要，那么接下来的训练过程中，模型会出现欠拟合或过拟合现象，从而使 RF 预测的准确性大幅降低。

YYPO 算法是一种轻量级优化算法，它可以在空间全局搜索和局部开发之间保持平衡，从而有效地寻找问题最优解。因此，为了提升 RF 模型的预测准确率，本节选择使用 YYPO 算法来对 RF 模型进行参数调优。

2. YYPO 算法

参数调优是为学习算法而选择一组最合适的参数。由 Punnathanam 和 Kotecha[111]于 2016 年提出的 YYPO 算法，是一种新颖的元启发式优化算法，可以快速确定最优解且算法复杂度低，基于阴阳平衡原理并且通过利用和探索两个点集来运行，根据各种优化问题中决策变量的数量生成对应维度的点。目前，YYPO 算法已在函数及多目标优化等领域得到应用。元启发式算法是启发式算法的改进，是随机算法与局部搜索算法相结合的产物，是相对于最优算法而提出的，基于直观或经验在可接受的代价下给出一个最合适的答案。元启发式算法还包括 GA、模拟退火算法（SAA）、禁忌搜索算法（tabu search algorithm，TSA）等[112]。元启发式算法广泛应用于智能交通和交通网络规划等方面，但上述元启发式算法也有其缺点：GA 存在解早熟、局部寻优能力差、收敛慢、种群退化现象；SAA 存在计算量大、效率低等缺点，实际应用中常需简化，如果对搜索过程不了解，则不能直接进入最有希望的搜索区域；TSA 的禁忌参数通常是利用经验选取，存在容易陷入局部最优的缺点。因此，这里利用 YYPO 算法来寻找最优解。

YYPO 算法根据所设置的待优化问题维度 D，随机初始化两个点集 P_1 和 P_2，对 P_1 和 P_2 归一化处理，P_1 为了专注于利用变量空间而设计，P_2 则是为了专注于探索变量空间而设计，变量空间中以 δ_1 和 δ_2 为半径的超球体以 P_1 点和 P_2 点为中心被分别管理。该算法有分裂和存档两个重要阶段，迭代过程中搜索两个点半径之间的超球体阶段是分裂阶段；存档阶段的作用是存储分裂阶段搜索后的 P_1 点、P_2 点，通过与存档中的点做比较适应度更新 P_1 点、P_2 点，并按照用户需求来扩展或收缩因子 α 并更新 δ_1 和 δ_2。

1）分裂阶段

分裂阶段的意图是在以 P 点为球心、δ 为半径的超球体中能够在变化的方向上以随机的方式产生新的点，新点适应度用适应度函数评估产生，将最合适的点替换为当前点并存档记录。分裂阶段主要以两种方式分裂：单向分裂和多向分裂。每次的分裂方式由 0 到 1 之间的随机生成数 R 的范围来决定。

（1）单向分裂：设置矩阵 S，它表示点 P 的相同二维副本，大小为 $2D \times D$。矩阵 S 中的每个点设置如下：

$$\begin{cases} S_j^j = S^j + r\delta \\ S_{D+j}^j = S^j - r\delta \end{cases} \quad j = 1, 2, \cdots, D \tag{4.15}$$

式中，上标为行号；下标为列号；r 为 0 到 1 之间的随机数矩阵；δ 为点的半径。

（2）多向分裂：与单向分裂一样，多向分裂也要设置一个同样的矩阵 S，用它来表示 P 点的相同二维副本，大小同样也为 $2D \times D$。矩阵 S 中的每一个点设置如下：

$$\begin{cases} S_k^j = S^j + r\left(\dfrac{\delta}{\sqrt{2}}\right), \quad B_k^j = 1, \quad k = 1, 2, \cdots, D \\ S_k^j = S^j - r\left(\dfrac{\delta}{\sqrt{2}}\right), \quad j = 1, 2, \cdots, D \end{cases} \tag{4.16}$$

式中，B 是一个矩阵，由长度为 D 的二进制字符串构成，每一个字符串都是用随机选择的方式从 0 到 $2D-1$ 中的 $2D$ 个整数转换而来。

2）存档阶段

当实验中计数器 i 达到可以进行存档的次数 I 后，进入存档阶段，这时存档中应有 $2I$ 个点，用于一一对应分裂阶段所更新的 P_1 点、P_2 点，当前 P_1 点、P_2 点通过与存档中的点做适应度对比，P_1 点、P_2 替代最优的点，替代之后通过式（4.17）来进行搜索半径 δ_1、δ_2 的更新：

$$\begin{cases} \delta_1 = \delta_1 - (\delta_1 / \alpha) \\ \delta_2 = \delta_2 + (\delta_2 / \alpha) \end{cases} \tag{4.17}$$

式中，α 代表的是扩展/收缩因子。

在存档阶段结束之后，若当前情况无法满足停止条件，则进入下一轮迭代，直到待优化参数的最优解被输出为止。

在了解完算法之后，下面着手进行模型设计和并行化设计。需要使用 YYPO 算法对 RF 算法的参数进行调优，使得 RF 算法的预测准确率得以提高。并行化设计能够将整体工作拆分为多个子问题，不仅有利于同时解决子问题，而且能够随时地、及时地执行多个程序指令，从而减少算法运行时间，有效防止资源浪费。

4.3.4 模型设计

1. YYPORF 模型设计

利用 YYPO 算法对 RF 算法中的两个重要参数：决策树数量 ntree 和分裂属性个数 mtry 进行参数寻优，若使模型预测误差最小化，则需要基于 P 点的适应度有倾向于极小值的趋势。YYPORF 操作的具体步骤如下。

步骤 1：需要设置存档更新变化范围的最小值 I_{min} 和最大值 I_{max}，设置扩展/收缩因子 α 和最大迭代次数 T，令待优化参数 ntree 和 mtry 取值 lb 和 ub。

步骤 2：确定模型适应度函数。RF 模型分类误差定义如下：

$$\text{Erro} = 1 - \text{acc} \tag{4.18}$$

式中，acc 为模型分类准确率。适应度函数的表达式如下：

$$\min f(\text{ntree,mtry}) = f_{\text{RF}} = \text{Erro} = 1 - \text{acc} \tag{4.19}$$

步骤 3：初始化随机点为 $P_1 = \{P_1^1, P_1^2\}$ 和 $P_2 = \{P_2^1, P_2^2\}$，初始化 P_1 点和 P_2 点的搜索半径为 $\delta_1 = 0.5$ 和 $\delta_2 = 0.5$。

步骤 4：开始进行迭代，随机生成存档更新次数 I 并使其处于存档更新范围之内，初始化计数器，令计数器 $i = 0$，P_1 点、P_2 点用模型适应度函数进行评估，若 P_1 点的适应度没有 P_2 点的适应度好，那么就将两点互换。并且将 P_1 点、P_2 点记入存档，然后开启分裂阶段。

步骤 5：分别对 P_1 点和 P_2 点展开分裂操作，分裂阶段所生成的新点适应度需要利用适应度函数来进行评估，将正在进行分裂的 P 点替换为由适应度函数评估出的最优点，并且计数器 i 加 1。

步骤 6：若 $i < I$，那么当前的 P_1 点和 P_2 点要记入存档，然后继续分裂阶段的操作；若 $i = I$，则进入存档阶段。

步骤 7：比较存档中与当前的 P_1 点、P_2 点的适应度，若当前 P_1 点、P_2 点比存档中的 P_1 点、P_2 点差，那么就替换掉当前的 P_1 点、P_2 点。

步骤 8：如果没有达到最大的迭代次数 T，那么 P_1 点和 P_2 点的搜索半径 δ_1 和 δ_2 需要更新，并重置计数器 $i = 0$，于 I_{min} 和 I_{max} 之间随机产生新的存档更新次数，重复步骤 4～

步骤 8，进入下一轮迭代。

步骤 9：满足最大迭代次数，获得 ntree 和 mtry 最优解。

YYPORF 算法流程图如图 4.9 所示。

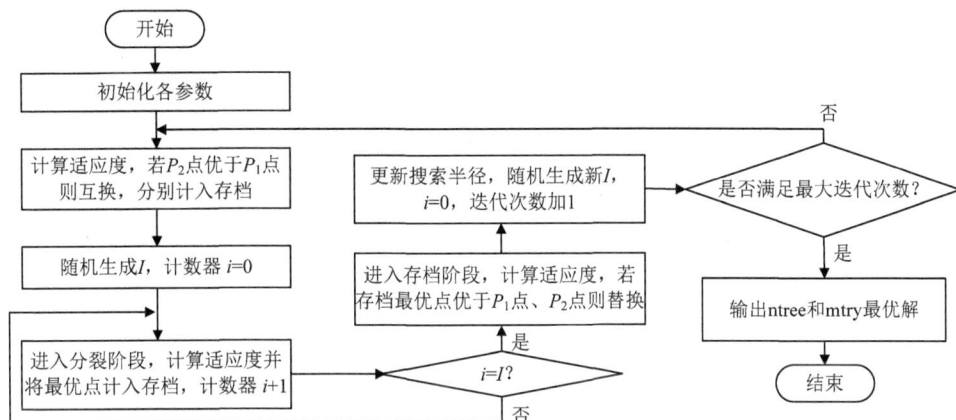

图 4.9　YYPORF 算法流程图

2. 并行化设计

本节基于 Spark 平台对 RF 算法并行化设计的过程如下。

步骤 1：城市道路交通数据集由 HDFS 读取获得，并将其分为两类，一类是训练集，另一类是测试集。本节集群由 4 个节点组成，所以需要复制 4 份训练集发送到每个节点。

步骤 2：令要建立的决策树数目为 n，一共拥有 4 个节点，每个节点需要负责建立 $n/4$ 棵决策树，每个节点运用 map( ) 方法构建训练子集，通过 boosttrap sample( ) 抽样并行创建决策树，各得到一个包含 $n/4$ 个决策树的集合。决策树被建立后，所有决策树的长度利用 reduce( ) 方法整合为长度为 n 的决策树集合，这样就得到训练后的 RF 模型。

步骤 3：运用训练所得到的 RF 模型对测试集进行预测，结果上传到 HDFS。

RF 算法并行化设计流程图如图 4.10 所示。

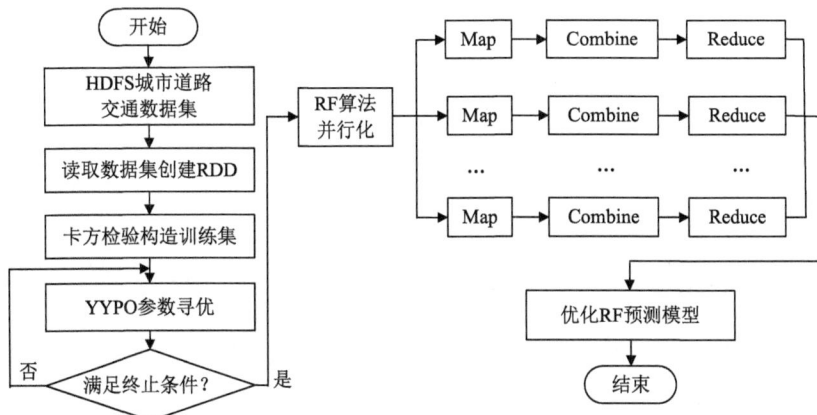

图 4.10　RF 算法并行化设计流程图

4.3.5 实验分析

1. 实验环境

本节实验环境采用的计算集群由 4 个工作节点组成，其中包含 Spark 的 1 个 master 节点和 3 个 slave 节点。Spark 集群节点配置参数如表 4.3 所示。

表 4.3 Spark 集群节点配置参数

参数	值
CPU	Intel Core i7/3.2 GHz
RAM/GB	16
NIC/Mbps	1000
Spark	Apache Spark 2.3.0
Hadoop	Apache Hadoop 2.7.2
Scala	Scala 2.11.12
JDK	JDK 1.8.0

2. 实验结果分析

（1）准确率实验。本实验采用准确率、精确率、召回率和 F1 score 4 个参数作为准确性的评价指标，独立采用 KNN、RF、LSTM 及本节所提出的 YYPORF 模型对处理后的数据进行道路拥堵情况预测，分别运行 10 次并取其平均值作为参考。实验结果如表 4.4 所示。

表 4.4 实验结果

模型	准确率/%	精确率/%	召回率/%	F1 score
KNN	83.41	83.75	80.23	0.829
RF	92.41	92.71	92.40	0.924
LSTM	92.65	93.47	91.31	0.926
YYPORF	95.58	95.78	95.60	0.956

通过表 4.4 可知，KNN 模型对城市道路拥堵情况的预测准确率、精确率、召回率和 F1 score 均为最低值，KNN 的实验效果最差；RF 的预测效果相比 KNN 有所提高；LSTM 相较 RF 的也有极微小的提升。YYPORF 模型与其他 3 个模型相比，各项指标值均为最高，准确率达 95.58%，精确率达 95.78%，召回率达 95.60%，F1 score 为 0.956。

综上所述，YYPORF 模型对城市道路交通拥堵预测结果较为准确，在实际交通道路情况下，能够给交通管理部门提供及时有效的信息，方便交通管理部门应对施策，从而缓解交通压力。

（2）加速比实验。本实验采用的集群由 4 个节点组成，并扩增了原有的数据集，以验证在不同节点和不同数据量的情况下模型的加速比。加速比实验结果如图 4.11 所示。

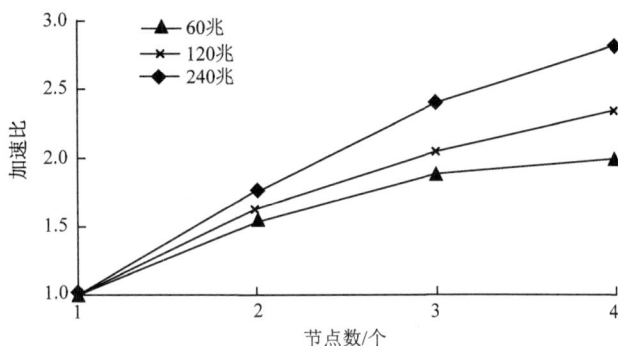

图 4.11　加速比实验结果

由图 4.11 可知，在数据集大小为 60 兆时，随着节点个数的增加，加速比有少量提升；在数据集大小为 120 兆时，加速比的提升趋势逐渐明显；在数据集大小为 240 兆时，加速比的提升趋势非常明显。因此，在数据量增大和集群节点数增加的情况下，集群的加速比呈现线性增长状态，逐渐趋近于理想值。所以，本节提出的利用 Spark 大数据平台优化 RF 算法和并行化方案可以有效地减少运行时间，提高 RF 算法的运行速度。

（3）可扩展性实验。可扩展性用来评价在集群的节点数增加时，算法性能按照节点数成比例提高的能力。节点数的增加会导致额外通信开销的增长，因此节点数的增加会导致每个节点的利用率降低[113]。所以对有效的可扩展的节点数的利用能力需要使用可扩展性衡量算法并行化，表示如下：

$$Sc_P = \frac{Sp_P}{P} \tag{4.20}$$

式中，P 为节点数；Sp_P 为 P 个节点上的加速比。

可扩展性实验结果如图 4.12 所示。

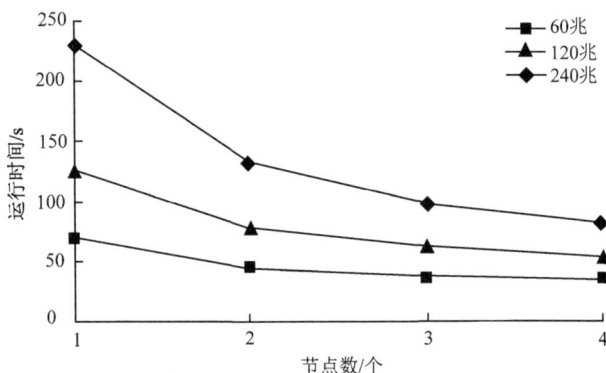

图 4.12　可扩展性实验结果

由图 4.12 可知，随着节点数的增加，算法的运行时间随之减少；随着数据量的增加，算法的运行时间也逐渐减少，且随着数据集大小和节点个数的增加，模型的运行时间增长的倍数始终低于数据集大小和节点个数的增长倍数。因此，基于 Spark 的 RF 模型拥有良好的可扩展性。

本节提出的基于 Spark 大数据平台的 YYPORF 模型对城市道路交通拥堵情况进行预测，利用 YYPO 算法优化了影响 RF 算法准确率的关键参数。通过大量的数据进行对比实验得到以下结论。

（1）本节提出的模型和算法相较其他预测算法，预测准确率较高，准确率达 95.58%，模型准确率大幅提高。

（2）本节提出的并行化设计方案有效提高了模型的计算速度，缩短了运行时间，并且具有良好的可扩展性，通过该模型算法可以为交通应急管理部门提供可靠的数据支持，对交通流量信息的准确预测可以有效减少城市道路交通拥堵问题。

4.4 基于模糊综合评价法的拥堵预测

4.4.1 基于模糊综合评价法的拥堵预测方法

为了提升预测道路拥堵的效率，本节提出一种基于模糊综合评价的拥堵预测方法。该方法能够利用大多数拥堵评价参数、具备短时预测能力、能快速训练及预测。基于模糊综合评价法的拥堵预测方法流程图如图 4.13 所示。

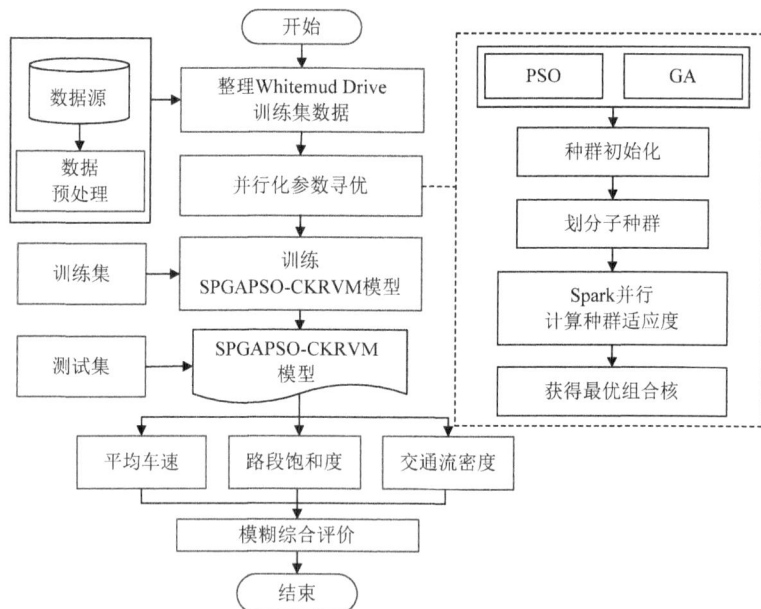

图 4.13　基于模糊综合评价法的拥堵预测方法流程图

在 3.4 节 SPGAPSO-CKRVM 算法的基础上，本节利用预测算法得到的车流量信息及车速信息计算出平均车速、路段饱和度及交通流量密度 3 个路况评价参数，将这 3 个评价参数输入模糊综合评价模型中，通过熵值法确定高峰时段和平常时段的各指标权重系数，划分出路况的 6 个等级，利用加拿大 Whitemud Drive 公路的真实数据进一步证明预测模型的准确率，以及模糊综合评价路况的合理性。本节提出的预测方法结合数学手段及逻辑分析，充分考虑服务等级与道路交通评价指数的统一性，可以较全面地评估道路的拥堵情况。

4.4.2　数据分析

数据分析主要包括两部分，即数据预处理部分和评价参数预测部分。

（1）数据预处理部分。为保证实验的一致性，该部分采用与 3.5 节相同的方法与参数。例如，数据预处理时采用历史趋势法和指数平滑法进行数据的修复；选用 5min 作为时间序列数据的时间间隔等。

（2）评价参数预测部分。该部分利用预处理之后的数据及 Spark 集群来高效地训练预测模型，使得该预测模型能够预测未来某时刻的车流量及车速信息，之后根据预测的结果来进一步计算 3 个交通路况评价参数：平均车速、路段饱和度和交通流量密度。在得到 3 个路况评价参数后，即可利用模糊综合评价方法来进行路况的评价。

4.4.3　相关算法

1. 模糊综合评价方法

模糊综合评价方法是一种基于模糊数学的综合评价方法。其利用隶属度来衡量模糊边界，从而解决在多个影响因素下，复杂事物的不确定性及难以量化的问题。在日常分析与研究中，常常会从多个角度综合、客观地评价一个事物，但这种方法会因为影响因素的重要程度不同而导致评价结果发生偏差，其中还存在主观性带来的评价干扰。模糊综合评价方法在很大程度上解决了上述难以量化的评估问题，该方法的使用范围较为广泛，即便复杂、评估标准不明确的问题也可应用。模糊综合评价方法通过建立模糊集合来对评价事物的各种因素进行评级，避免了主观能动性所带来的影响。该方法将难以量化的指标利用相应的评估标准进行衡量，将定性评价转换为定量评价，在满足评价事物基本要求的同时，得到客观、合理的评价结果。

模糊综合评价方法的计算步骤如下。

（1）确定评价对象的因素集 $U=\{u_1,u_2,\cdots,u_m\}$，其中 m 为评价对象的 m 种评价指标。

（2）确定评价对象的评价集 $V=\{v_1,v_2,\cdots,v_n\}$，其中 n 为由各种评价结果组成的 n 种评语等级，一般 n 为 3～5 种评语等级。

（3）确定因素集中各个指标的权重系数 $W=(w_1,w_2,\cdots,w_m)$，其中所有权重恒正且所有权重之和为 1，W 反映了各因素的重要程度。

（4）单独从一个因素出发进行评价，以确定评价对象对评价集 V 的隶属程度，进而确立模糊关系矩阵 R，如式（4.21）所示，其中 r_{ij} 表示因素 u_i 对应等级模糊子集 v_j 的隶属，评价对象在某个因素 u_i 方面的表现是通过模糊矢量 r_i 来刻画的，r_i 称为单因素评价矩阵，可以看作因素集 U 和评价集 V 之间的一种模糊关系，即影响因素和评价指标之间的合理关系。

$$R = \begin{pmatrix} r_{11} & r_{12} & \cdots & r_{1n} \\ r_{21} & r_{22} & \cdots & r_{2n} \\ \vdots & \vdots & & \vdots \\ r_{m1} & r_{m2} & \cdots & r_{mn} \end{pmatrix} \tag{4.21}$$

（5）利用合适的模糊合成算子将模糊权重 W 与模糊关系矩阵 R 合成得到模糊综合评价结果矢量 B，表示如下：

$$B = W \circ R = (w_1, w_2, \cdots, w_m) \cdot \begin{pmatrix} r_{11} & r_{12} & \cdots & r_{1n} \\ r_{21} & r_{22} & \cdots & r_{2n} \\ \vdots & \vdots & & \vdots \\ r_{m1} & r_{m2} & \cdots & r_{mn} \end{pmatrix} = (b_1, b_2, \cdots, b_n) \tag{4.22}$$

（6）对模糊综合评价结果进行定量分析。综合评价模型确定后，确定系统得分，即 $F = B_{1 \times m} \cdot S_{1 \times m}^{\mathrm{T}}$，其中 F 为总得分，S 为 V 中对应因素的级别分数。模糊综合评价的结果是被评价对象对各等级模糊子集的隶属度，一般是一个模糊矢量，而不是一个值，所以能够提供更加丰富的评价信息。

以某路况的评定划分为例，按照上述步骤的具体过程如下。

（1）取因素集 $U = \{u_1, u_2, u_3\}$，其中 u_1 为平均车速、u_2 为道路饱和度、u_3 为交通流量密度。

（2）取评语集 $V = \{v_1, v_2, v_3, v_4, v_5, v_6\}$，$v_1 \sim v_6$ 依次表示特别畅通、畅通、轻级拥堵、中级拥堵、重级拥堵、锁死。

（3）确定因素集中各因素权重：$W = (0.3, 0.3, 0.4)$。

（4）确定模糊关系矩阵 R，设置 u_1 对应的 $R_1 = [0.1, 0.4, 0.3, 0.2, 0, 0]$，$u_2$ 对应的 $R_2 = [0.2, 0.5, 0.2, 0.1, 0, 0]$，$u_3$ 对应的 $R_3 = [0.2, 0.5, 0.2, 0.1, 0, 0]$，则

$$R = \begin{pmatrix} 0.1 & 0.4 & 0.3 & 0.2 & 0 & 0 \\ 0.2 & 0.5 & 0.2 & 0.1 & 0 & 0 \\ 0.2 & 0.5 & 0.2 & 0.1 & 0 & 0 \end{pmatrix}$$

（5）计算模糊综合评价结果矢量 B。B 从左至右的等级依次为特别畅通、畅通、轻级拥堵、中级拥堵、重级拥堵和锁死，取数值最大的评语作为综合评判结果，即 0.47，对应路况等级为"畅通"。

$$B = W \circ R = (0.3, 0.3, 0.4) \cdot \begin{pmatrix} 0.1 & 0.4 & 0.3 & 0.2 & 0 & 0 \\ 0.2 & 0.5 & 0.2 & 0.1 & 0 & 0 \\ 0.2 & 0.5 & 0.2 & 0.1 & 0 & 0 \end{pmatrix} = (0.17, 0.47, 0.23, 0.13, 0, 0)$$

（6）确定系统得分 F，其中 V 中对应因素的级别分数分别设置为 100、75、60、50、25、0，则 $F = [0.17, 0.47, 0.23, 0.13, 0, 0] \cdot [100, 75, 60, 50, 25, 0]^{\mathrm{T}} = 72.55$，即该路况得分为 72.55 分，综合评定等级为"畅通"。

2. 模糊综合评价中权重的确认方法

各因素的重要程度有所不同，在评价一个事物时人们往往会给这些因素赋予一个权重

值。在模糊综合评价方法中，确定因素集中各个指标对应的权重系数 $\boldsymbol{W}$ 的方法包括德尔菲法、层次分析法、熵值法及模糊聚类分析法等[114]。为了更好地分析掌握上述方法，现拟定综合评价系统由 m 个评价对象、n 个评价指标（因素集）组成，即论域 $x=\{x_1,x_2,x_3,\cdots,x_m\}$，每个评价对象 x_i 由 n 个评价指标表示，即 $x_i=\{x_{i1},x_{i2},x_{i3},\cdots,x_{ij},\cdots,x_{in}\}$，其中 $i=1,2,3,\cdots,m$；$j=1,2,3,\cdots,n$，则该评价系统的初始矩阵 $\boldsymbol{X}$ 为 $\boldsymbol{X}=\{x_{ij}\}_{m\times n}$。

德尔菲法，又称专家调查法，是最常用的一种方法。其大致流程如下：首先，专家对拟出的评价指标进行分析、判断后征得其意见；其次，对这些意见进行整理、归纳、统计后匿名反馈给各专家，如此反复，在专家意见比较一致的基础上对这些意见进行分析，通过分析这些意见的集中、离散及协调程度来得到 n 个评价指标的初始权重 $\boldsymbol{W}=(w_i)_{1\times n}$，最后对 $\boldsymbol{W}$ 做归一化处理，得到各评价指标的权重，表示如下：

$$\boldsymbol{W}=\left(\frac{w_1}{\sum\limits_{i=1}^{n}w_i},\frac{w_2}{\sum\limits_{i=1}^{n}w_i},\cdots,\frac{w_n}{\sum\limits_{i=1}^{n}w_i}\right)=(w_1,w_2,\cdots,w_n)\tag{4.23}$$

层次分析法也是一种常见的权重确认方法。在复杂的评价系统中，该方法根据系统的内在逻辑关系，以评价指标（因素集）为对象构建一个有序的层次结构，针对每一层的评价指标，运用专家的经验、知识及价值观等因素对各层内的指标两两进行对比，并按照一定的规则构造判断矩阵 $\boldsymbol{A}=(a_{ij})_{m\times n}$，在对矩阵 $\boldsymbol{A}$ 进行一致性检验之后，通过求解该矩阵的最大特征根 $\lambda_{\max}$，利用 $\lambda_{\max}$ 来进一步求解 $\boldsymbol{AX}=\lambda_{\max}\boldsymbol{X}$ 这个特征方程，得到特征向量 $\boldsymbol{X}=(x_1,x_2,x_3,\cdots,x_n)$，最后归一化特征向量，得到因素集中的各指标对应的权重向量 $\boldsymbol{W}$，表示如下：

$$\boldsymbol{W}=\left(\frac{x_1}{\sum\limits_{i=1}^{n}x_i},\frac{x_2}{\sum\limits_{i=1}^{n}x_i},\frac{x_3}{\sum\limits_{i=1}^{n}x_i},\cdots,\frac{x_n}{\sum\limits_{i=1}^{n}x_i}\right)=(w_1,w_2,\cdots,w_n)\tag{4.24}$$

由于交通拥堵预测中数据信息量较大，故可采用熵值法来确定因素集权重。熵值法是用来判断某个指标离散程度的数学方法，离散程度越大，该指标对综合评价的影响也就越大。因此，可根据各项指标的离散程度，利用信息熵这个工具，计算出各个指标的权重，为多指标综合评价提供依据。熵值法赋权步骤如下。

（1）数据标准化。由于指标之间的重要程度不同，常常需要对原始数据进行标准化处理，以得到数据的标准化矩阵 $\boldsymbol{Y}$，表示如下：

$$\boldsymbol{Y}=(y_{ij})_{m\times n}\tag{4.25}$$

式中，$y_{ij}=\dfrac{x_{ij}}{\sum\limits_{i=1}^{m}x_{ij}}$，$0\leqslant y_{ij}\leqslant 1$。

（2）求各指标的信息熵。j 项指标的信息熵表示如下：

$$e_j=-k\sum_{i=1}^{m}y_{ij}\ln y_{ij}\tag{4.26}$$

式中，k 与样本数 m 有关。当 m 个样本均处于完全无序的状态时，$y_{ij}=\dfrac{1}{m}$，有序度为 0，且熵值最大，$e=1$，由式（4.26）可求得 $e=-k\sum\limits_{i=1}^{m}\dfrac{1}{m}\ln\dfrac{1}{m}=k\sum\limits_{i=1}^{m}\dfrac{1}{m}\ln m=k\ln m=1$，其中 $0\leqslant e\leqslant 1$。进一步可得 $k=(\ln m)^{-1}$。

（3）确定各指标权重。由于信息熵 e_j 能够衡量 j 项指标数据的效用价值，当样本处于完全无序的状态时，$e_j=1$，此时指标数据对综合评价的效用价值为 0，因此某项指标的信息效用价值取决于该指标的信息熵 e_j 与 1 的差值 h_j，表示如下：

$$h_j=1-e_j \tag{4.27}$$

j 项指标的权重表示如下：

$$w_j=\frac{h_j}{\sum\limits_{j=1}^{n}h_j} \tag{4.28}$$

由式（4.26）～式（4.28）综合可得，j 项指标的权重表示如下：

$$w_j=\frac{1-e_j}{\sum\limits_{j=1}^{n}(1-e_j)}=\frac{1+k\sum\limits_{i=1}^{m}y_{ij}\ln y_{ij}}{\sum\limits_{j=1}^{n}\left(1+k\sum\limits_{i=1}^{m}y_{ij}\ln y_{ij}\right)}=\frac{1+(\ln m)^{-1}\sum\limits_{i=1}^{m}y_{ij}\ln y_{ij}}{\sum\limits_{j=1}^{n}\left[1+(\ln m)^{-1}\sum\limits_{i=1}^{m}y_{ij}\ln y_{ij}\right]} \tag{4.29}$$

模糊聚类分析法是在一定要求下，利用模糊数学语言对事物进行描述和分类的数学方法。该方法用模糊数学语言将样本之间的模糊关系定量确定，从而客观且准确地进行聚类。其计算步骤如下。

（1）数据标准化。除熵值法中介绍的标准化方式外，模糊聚类分析法的标准化还可通过标准差变换和极差变换来实现。标准差变换式表示如下：

$$y_{ij}=\frac{x_{ij}-\overline{x}_j}{s_j}=\frac{x_{ij}-\dfrac{1}{m}\sum\limits_{i=1}^{m}x_{ij}}{\left[\dfrac{1}{m}\sum\limits_{i=1}^{m}\left(x_{ij}-\dfrac{1}{m}\sum\limits_{i=1}^{m}x_{ij}\right)^2\right]^{\frac{1}{2}}} \tag{4.30}$$

式中，$i=1,2,3,\cdots,m$；$j=1,2,3,\cdots,n$。如果经过标准差变换后仍存在 $y_{ij}\notin[0,1]$，则还需要进行极差变换，表示如下：

$$z_{ij}=\frac{y_{ij}-\min\limits_{1\leqslant i\leqslant m}\{y_{ij}\}}{\max\limits_{1\leqslant i\leqslant m}\{y_{ij}\}-\min\limits_{1\leqslant i\leqslant m}\{y_{ij}\}} \tag{4.31}$$

式中，$i=1,2,3,\cdots,m$；$j=1,2,3,\cdots,n$。

显然所有 $Z_{ij}\in[0,1]$，从而得到标准化矩阵（模糊矩阵）$\boldsymbol{R}=(z_{ij})_{m\times n}$。

（2）建立模糊相似矩阵。该预设综合评价系统由 m 个评价对象，n 个评价指标（因素集）组成，即论域 $x=\{x_1,x_2,x_3,\cdots,x_m\}$，每个评价对象 x_i 由 n 个评价指标表示，即 $x_i=\{x_{i1},x_{i2},x_{i3},\cdots,x_{ij},\cdots,x_{in}\}$，其中 $i=1,2,3,\cdots,m$；$j=1,2,3,\cdots,n$，则该评价系统的初始矩阵 $\boldsymbol{X}$ 为 $\boldsymbol{X}=(x_{ij})_{m\times n}$。如果 x_i 与 x_j 的相似度为 $r_{ij}=R(x_i,x_j)$，则称其为相似系数。确定相

似系数的方法通常有数量积法、相关系数法、夹角余弦法等。

数量积法计算公式如下：对于 $x_i = \{x_{i1}, x_{i2}, x_{i3}, \cdots, x_{ij}, \cdots, x_{in}\}$，令 $M = \max\limits_{i \neq j}\left(\sum\limits_{k=1}^{n} x_{ik} \cdot x_{jk}\right)$，

则取

$$r_{ij} = \begin{cases} 1, & i = j \\ \dfrac{1}{M}\sum\limits_{k=1}^{n} x_{ik} \cdot x_{jk}, & i \neq j \end{cases} \tag{4.32}$$

显然 $|r_{ij}| \in [0,1]$，若出现 $r_{ij} < 0$，可令 $r_{ij}' = \dfrac{r_{ij}+1}{2}$。

相关系数法计算公式如下：

$$r_{ij} = \frac{\left|\sum\limits_{k=1}^{n}(x_{ik}-\overline{x}_i)\cdot(x_{jk}-\overline{x}_j)\right|}{\sqrt{\sum\limits_{k=1}^{n}(x_{ik}-\overline{x}_i)^2 \cdot (x_{jk}-\overline{x}_j)^2}}, \quad i,j = 1,2,\cdots,m \tag{4.33}$$

夹角余弦法计算公式如下：

$$r_{ij} = \frac{\left|\sum\limits_{k=1}^{n} x_{ik} \cdot x_{jk}\right|}{\sqrt{\sum\limits_{k=1}^{n} x_{ik}^2 \cdot \sum\limits_{k=1}^{n} x_{jk}^2}}, \quad i,j = 1,2,\cdots,m \tag{4.34}$$

（3）聚类。聚类是依据模糊矩阵将所研究的对象进行分类的方法。常用的聚类方法如布尔矩阵法的流程如下：在模糊相似矩阵 R 及置信水平 $\lambda \in [0,1]$ 基础上，首先由 R 得到对应 λ 的截矩阵 $R_\lambda = (r_{ij}(\lambda))$，即 R_λ 为布尔矩阵。如果 R_λ 为等价矩阵，则 R 也为等价矩阵，可以对 R_λ 直接进行分类，如果 R_λ 为非等价矩阵，则先按一定的规则将 R_λ 变换为一个等价的布尔矩阵，之后依据 R_λ 中的 1 元素将其分类，得到各个指标的重要程度。1 元素代表对象之间的相似度超过设定的阈值 λ，表示两个对象属于同一类。

根据对德尔菲法、层次分析法、熵值法及模糊聚类分析法的分析，可将这 4 种方法分为 3 类：德尔菲法和层次分析法均基于专家的知识及经验来进行判断，这类方法存在主观上的弊端，但不需要数据样本就可进行权重的判断，适用范围较广；熵值法根据数据本身的特征做出权重判断，深刻反映了信息熵的效用价值，权重信息可信度较高；模糊聚类分析法基于样本模糊数据之间的相似性，依据聚类算法得到权重的重要程度，但该方法只能给出分类的权重，无法给出单项指标的权重，故适用于同层次上具有多指标的情况。

4.4.4　基于多指标评价的拥堵预测

基于多指标评价的拥堵预测可分为数据预处理、评价参数预测和路况评价 3 部分，如图 4.14 所示。

在 4.4.2 节介绍数据分析时已介绍过数据预处理及评价参数预测部分，本节只着重介绍路况评价部分。该部分主要利用模糊综合评价方法来评价未来时刻的路况信息，其

中会通过熵值法来确认模糊综合评价中的权重。本节根据《道路通行能力手册》及其他相关研究，将路况划分为 6 个级别：特别畅通、畅通、轻级拥堵、中级拥堵、重级拥堵和锁死。由于本节选取平均车速、道路饱和度和交通流量密度 3 个指标作为路况评价参数，故设评价参数预测部分的结果为 $\boldsymbol{R}=(R_1, R_2, R_3)^{\mathrm{T}}$，其中 R_1、R_2、R_3 分别表示某个时间间隔对应的平均车速、道路饱和度和交通流量密度，则有如下评价矩阵：

$$\boldsymbol{R}=\begin{pmatrix} R_1 \\ R_2 \\ R_3 \end{pmatrix}=\begin{pmatrix} r_{11} & r_{12} & \cdots & r_{16} \\ r_{21} & r_{22} & \cdots & r_{26} \\ r_{31} & r_{32} & \cdots & r_{36} \end{pmatrix} \qquad (4.35)$$

该评价矩阵的含义是对每个因素 i（平均车速、道路饱和度和交通流量密度），通过隶属函数得到 j 等级（路况级别）的隶属度。本节选取的梯形隶属函数如图 4.15 所示。

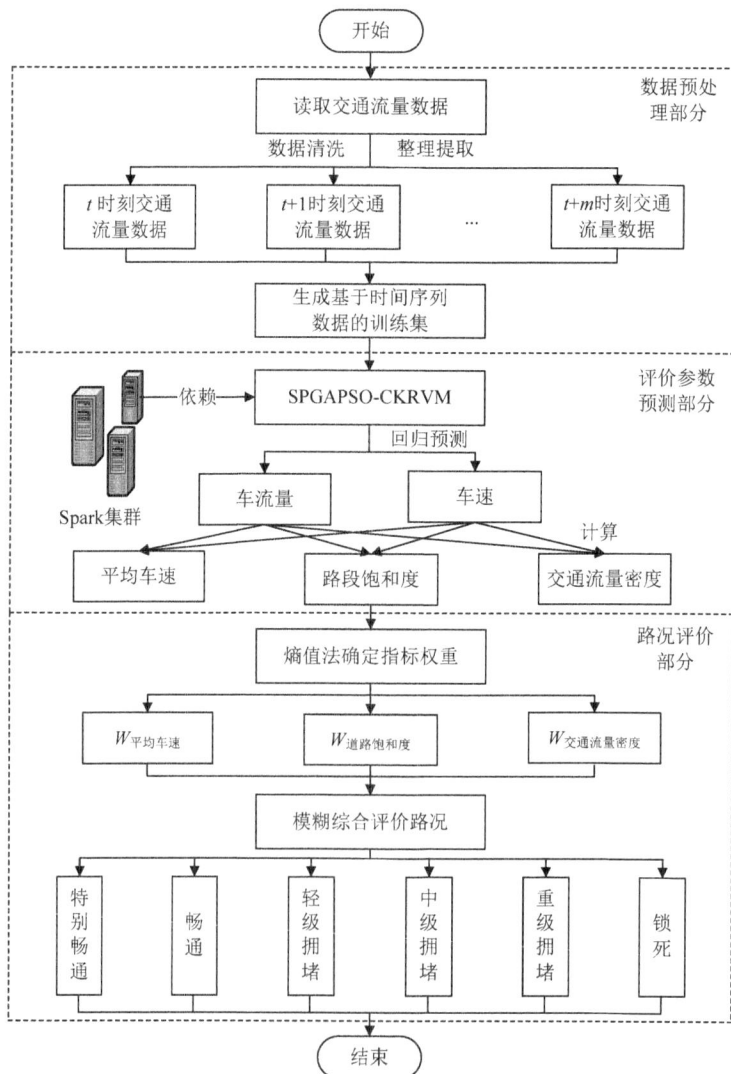

图 4.14　路况预测模型流程图

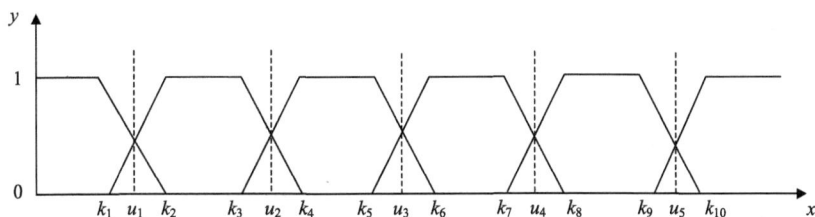

图 4.15　本节选取的梯形隶属函数

图 4.15 中，$\{u_1, u_2, \cdots, u_5\}$ 为每个因素指标的阈值范围，$\{k_1, k_2, \cdots, k_{10}\}$ 为每个因素指标的临近阈值线性取值。纵坐标 1 表示属于该级别，0 表示不属于该级别。交通流量密度和道路饱和度均属于正向因素指标，即交通流量密度及道路饱和度越大越不拥挤，函数从左到右的状态为特别畅通至锁死。由于平均车速是负向指标，即平均车速越小越拥堵，故从左到右的状态为锁死至特别畅通。根据隶属函数，式（4.34）中 r_{ij} 的计算如下：

$$r_{ij} = \begin{cases} 0, & x \leqslant k_1 \\ \dfrac{k_2 - x}{k_2 - k_1}, & k_1 < x < k_2 \\ 1, & x \geqslant k_2 \end{cases} \tag{4.36}$$

$$r_{ij} = \begin{cases} 0, & x \leqslant k_i \text{ 或 } x \geqslant k_{i+3} \\ \dfrac{x - k_i}{k_{i+1} - k_i}, & k_i < x < k_{i+1} \\ 1, & k_{i+1} \leqslant x \leqslant k_{i+2} \\ \dfrac{k_{i+3} - x}{k_{i+3} - k_{i+2}}, & k_{i+2} < x < k_{i+3} \end{cases}, \quad j = 2, 3, 4, 5 \tag{4.37}$$

$$r_{i6} = \begin{cases} 0, & x \leqslant k_9 \\ \dfrac{x - k_9}{k_{10} - k_9}, & k_9 < x < k_{10} \\ 1, & x \geqslant k_{10} \end{cases} \tag{4.38}$$

求出模糊关系矩阵 $\boldsymbol{R}$ 后，通过熵值法求出平均车速、道路饱和度和交通流量密度的权重系数 $\boldsymbol{W} = (w_1, w_2, w_3)$。由于车流量的高峰时段与平常时段之间存在着明显差异，故应求出两组权重系数 $\boldsymbol{W}_{\text{peak}}$ 和 $\boldsymbol{W}_{\text{normal}}$，分别代表高峰时段和平常时段的 3 个指标权重。最后利用合适的模糊合成算子将模糊权重 $\boldsymbol{W}$ 与模糊关系矩阵 $\boldsymbol{R}$ 合成得到模糊综合评价结果矢量 $\boldsymbol{B}$，表示如下：

$$\boldsymbol{B} = \boldsymbol{W} \circ \boldsymbol{R} = (b_1, b_2, \cdots, b_6) \tag{4.39}$$

由于 $M(\cdot, \oplus)$ 更能体现权重的作用，且能充分利用 $\boldsymbol{R}$ 中的信息，故本节使用 $M(\cdot, \oplus)$ 作为模糊合成算子。根据最大隶属度原则，若 $b_1 = \max(b_1, b_2, \cdots, b_6)$，则该时刻的路况为非常畅通。

4.4.5 实验分析

1. 评价参数预测实验

本节通过更加丰富的实验进一步验证 SPGAPSO-CKRVM 算法的准确性及其效率。采用的加拿大 Whitemud Drive 公路数据集中含有 2015 年 8 月 6~28 日的交通流量数据，收集频率为 20s 一次。其中 8 月 28 日的数据为测试集。SPGAPSO-CKRVM 的预测结果如图 4.16 所示。其中 y 轴中的 f 为车流量，x 轴中的 d 为时间或日期。

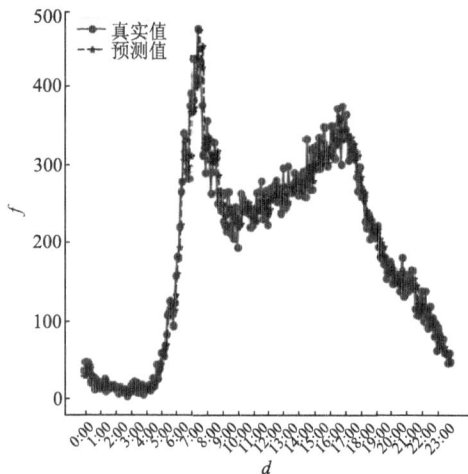

（a）利用数据集 1 预测的车流量

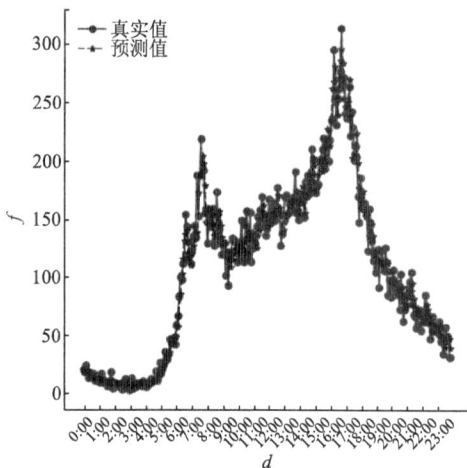

（b）利用数据集 2 预测的车流量

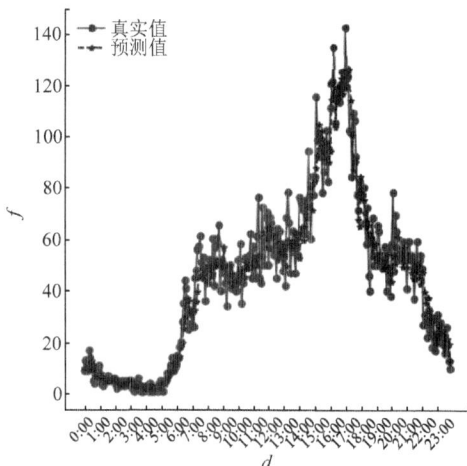

（c）利用数据集 3 预测的车流量

图 4.16 利用 SPGAPSO-CKRVM 预测 3 个路段的车流量结果

为充分说明本节模型在处理数据纵向周期性和横向周期性方面的优势，这里人为增大了测试集数据，将最后一周数据作为测试集。其预测结果如图 4.17 所示，从左至右、从上至下分别为增大后利用数据集 1、2、3 预测的车流量。

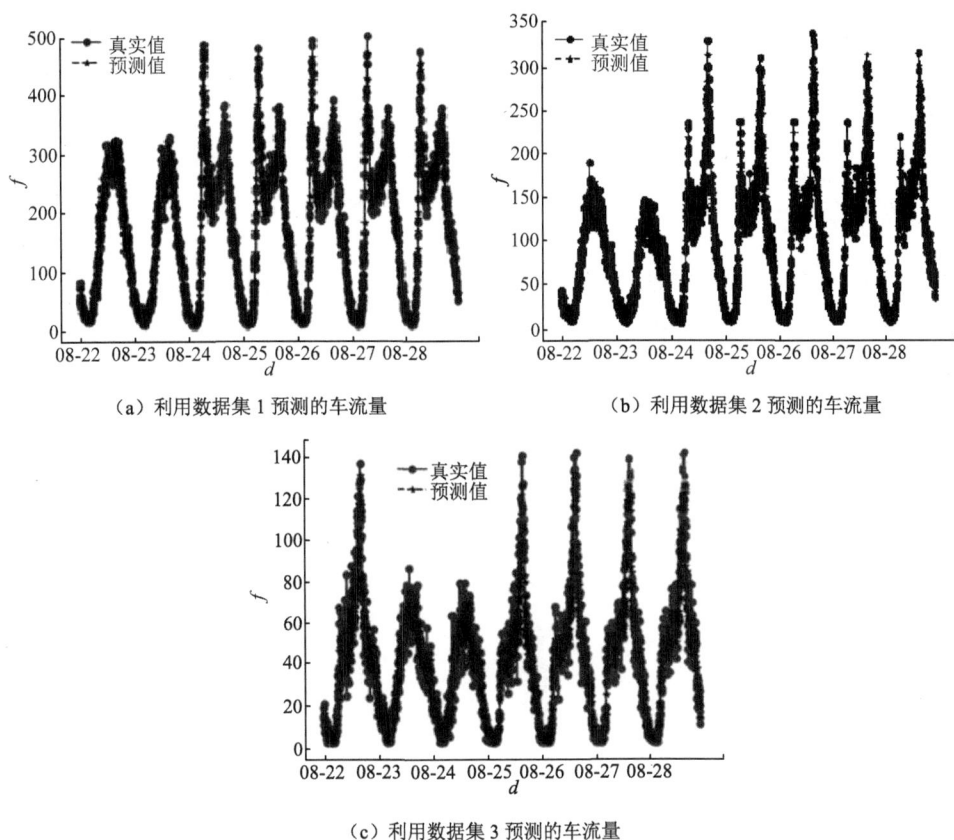

（a）利用数据集 1 预测的车流量

（b）利用数据集 2 预测的车流量

（c）利用数据集 3 预测的车流量

图 4.17　增大测试集后利用 SPGAPSO-CKRVM 预测 3 个路段的车流量结果

　　增大测试集后，3 个路段车流量对应的 MAPE 值分别为 0.1337、0.1615 和 0.2351。RMSE 值分别为 17.15、11.66 和 7.154。与之前得到的实验结果基本一致，这也证明了 SPGAPSO-CKRVM 在处理数据纵向周期性和横向周期性上具备显著优势。除此之外，为进行路况预测实验，本节同样使用 SPGAPSO-CKRVM 对车速数据进行了预测。不同算法车速预测结果的对比如表 4.5 所示。

表 4.5　不同算法车速预测结果的对比表

算法名称	数据集 1			数据集 2			数据集 3		
	MSE	RMSE	MAPE	MSE	RMSE	MAPE	MSE	RMSE	MAPE
PSO-SVM	6.0762	2.465	0.0738	7.2539	2.6933	0.0768	7.1888	2.6812	0.0754
LSTM	5.194	2.279	0.0596	5.6122	2.369	0.0625	5.5984	2.3661	0.0629
CNN-LSTM	5.1726	2.274	0.0582	5.3024	2.3027	0.0613	5.5418	2.3541	0.0622
CNN-GRU	5.0687	2.2514	0.0576	5.2964	2.3014	0.0612	5.5469	2.3552	0.0621
GA-CKRVM	4.8118	2.1936	0.0581	5.0895	2.256	0.0603	5.5145	2.3483	0.0597
CNN-Bi-LSTM	5.0794	2.2538	0.0572	5.1734	2.2745	0.0599	5.5286	2.3513	0.0603
SPGAPSO-CKRVM	4.6656	2.1601	0.057	4.9809	2.2318	0.0586	5.4214	2.3284	0.0589

　　由表 4.5 可以看出，车速预测和车流量预测的对比结果相似。增大车速预测的测试

集后，SPGAPSO-CKRVM 算法在 3 个数据集中对应的 MAPE 值分别为 0.0606、0.0589
和 0.0591；RMSE 值分别为 2.1872、2.2482 和 2.3174。

综上所述，SPGAPSO-CKRVM 算法的表现均优于其他算法或模型，预测准确率可
以满足路况预测的要求。

2. 路况预测结果

本节在进行车速预测时使用的数据均为平均速度，故不需要再计算平均车速。其计
算流程如下：根据美国《道路通行能力手册》计算 Whitemud Drive 的路段饱和度（约为
单车道 180 PCH）；根据相应公式计算未来时刻的路段饱和度和交通流量密度（ID1027
路段）。

利用 MATLAB 计算 W_{peak}=(0.3201,0.4546,0.2252)，W_{normal}=(0.4240,0.1933,0.3827)，再
根据隶属度最大原则得到路况的预测结果。根据测试集中的真实车流量及车速进行模糊
综合评价来计算实际路况，最终将路况划分为 6 个等级，对比结果如图 4.18 所示。

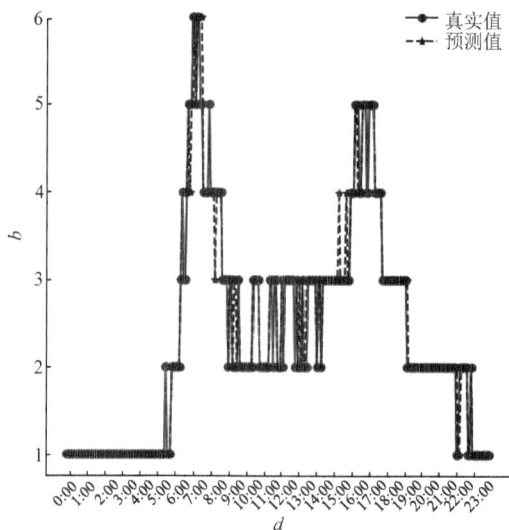

图 4.18　路况预测值与真实值对比结果

图 4.18 中 y 轴的"1～6"表示道路拥堵的等级（b），由低到高依次为特别畅通、畅
通、轻级拥堵、中级拥堵、重级拥堵和锁死。由图可知，早高峰相较于晚高峰更为拥堵，
甚至出现锁死的路况。路况预测结果与现实情况基本吻合，共 28 个时刻存在误差，路
况预测准确率达到 90.28%，证明了模糊综合评价路况的合理性。

4.5　本章小结

本章利用 GBDT、YYPO、RF 等算法，借助 Spark 大数据处理平台，对城市交通拥
堵问题进行分析和预测。引言部分对国内外在城市交通拥堵预测领域所采用的方法进行
了简要介绍，指出其在城市规划和交通管理中的重要性。首先介绍基于梯度提升决策树

（GBDT）的拥堵预测方法，包括对数据采集和预处理的详细说明，以及 GBDT 算法原理和在 Spark 平台上进行并行化设计的流程。通过对搭建实验环境的描述和对实验结果的分析，展示了该方法在解决拥堵预测问题中的有效性。其次探讨了基于 RF 的拥堵预测方法。这部分内容涵盖了数据采集和预处理，包括数据异常值的判别方法，YYPO 和 RF 的算法原理，以及 YYPO 在 RF 算法参数调优中的关键应用。通过详细介绍模型设计流程，并展示如何在 Spark 平台上并行构建模型，进一步验证了该方法在交通拥堵预测问题上的高效能。最后，介绍基于模糊综合评价的拥堵预测方法，包括对数据的分析和模糊综合评价的方法，同时给出模糊综合评价权重确认方法，描述了基于多指标评价的拥堵预测过程，并通过实验进一步验证了预测模型的准确率和模糊综合评价路况的合理性。

　　通过上述内容，读者可以了解城市交通拥堵预测的方法和流程，以及 GBDT、RF 等算法在 Spark 大数据处理平台的有效应用。这些方法为城市交通拥堵的预测和管理提供了工具和技术支持，对于城市规划、交通管理和驾驶者的日常出行决策具有重要的实践意义。

第 5 章　基于结构化数据的热点分析方法

5.1　引　　言

近年来，随着交通大数据领域在线文本信息的迅速增长，对文本数据处理技术的研究备受关注。文本数据属于非结构化数据，具有维数高、数据量大及价值密度低的特点。针对文本数据处理技术的研究，如何从大量的文本数据中有效地提取文本价值信息是目前的热点问题[115]。聚类技术已被广泛应用于文本数据挖掘的多个方面，在文本聚类过程中，由于同类型文本相似度较高，使得同类型的文本比不同类型的文本更相似[116]，因此，采用文本聚类算法可以有效地管理和组织文本数据。k-means 算法是一种常用的文本聚类方法，但确定合适的聚类数量仍然是一个具有挑战性的问题。为了解决这一问题，许多学者致力于改进 k-means 算法的初始聚类中心选择，如通过引入密度和邻域提高聚类质量和稳定性。然而，随着在线数据文件指数级增长和文本特征空间维数急剧增加，严重影响了聚类算法的分类能力和运行效率，对聚类技术提出了更高的要求[117]。

并行计算是提高大规模计算效率的有效途径。传统的消息传递接口[118]（message passing interface，MPI）和网格计算所面临的开发复杂和扩展性差等问题使得越来越多的学者转向了 MapReduce 编程模型[119]，以实现文本聚类算法的并行化运算。当前的 MapReduce 模块在 I/O 方面存在效率低下的问题，尤其是在 Hadoop 架构中。相比之下，Spark 作为另一种被广泛应用于文本并行计算的框架，具有更高的效率、加速比和可扩展性，远胜于基于 Hadoop 的算法，能够满足大规模文本数据挖掘的需求。针对文本数据的并行化处理仍在不断发展和完善，实现交通大数据文本处理的并行化，能够加速对交通领域文本数据处理的进程，提高文本数据处理的能力。

5.2　文本数据处理流程

文本数据处理流程与图像数据处理流程类似：首先对文本数据进行数据预处理、分词及特征化，将文本数据转换为计算机能够识别的"0"和"1"，然后利用机器学习和深度学习实现对文本数据的分类。

1. 数据预处理

在交通领域的文本信息中，通常包含较多的标点和特殊字符等。但在大多文本处理任务中，研究者认为文本中携带的这些信息是无效的。数据预处理的目的就是去除该无效信息，因此针对文本数据预处理操作，人们通常将这一步称为"数据清洗"。常见的数据预处理操作包括以下几种。

（1）去除数字。在文本数据中，数字一般对文本分析无特殊意义，所以在文本分析之前须将其去除。

（2）去除停用词。在文本数据中，停用词在每个句子中很常见，但这些词往往对文本分析无意义，如英文中的 is、but、by 等，中文中的"的""是""但是"等。这些词可以通过匹配文本处理程序包中的停用词来去除。

除上述两种文本预处理操作之外，还有去除标点符号、去除空白符和去除特殊字符等操作。对英文文本来说，数据预处理还包括词干化、后缀丢弃算法、词形还原等操作。总而言之，数据预处理操作即是将文本数据进行简化与整理，以提升文本分析效率。

2. 分词

文本类数据分词是指在预处理操作后，对文本信息以词为单位进行划分。分词操作使计算机能够按词来分配存储单元，并在此基础上凭借不同的存储位置，识别出不同的词。常用的分词方法包括以下几种。

（1）基于字符串匹配的分词方法。该方法将遵循不同的扫描形式，逐个扫描词库，对其进行分词。其中扫描方式包括正向最大匹配、反向最大匹配、双向最大匹配和最小切分。

（2）全切分法。该方法在文本中切分出与词库相匹配的所有可能的词，再运用统计语言模型决定最优的切分结果。它的优点在于可以解决分词中的歧义问题。例如，对于文本串"交通大数据平台"，首先对其进行词条检索，一般采用 Trie 存储；其次找到匹配的所有词条（交通、大、大数据、数据、平台、交通大、数据平台、大数据平台、大数据），并以词网格（word lattices）的形式表示；再次进行路径搜索，基于统计语言模型（如 n-gram）找到最优路径；最后命名实体识别。

（3）由字构词的分词方法。从命名上看，该方法可以理解为字的分类问题。通常做法是利用隐马尔可夫模型（hidden Markov models，HMM）、最大熵模型（maximum entropy model）、最大熵马尔可夫模型（maximum entropy Markov model，MEMM）和条件随机场（conditional random field，CRF）模型等预测文本串每个字的标签。其中 CRF 模型既可以像最大熵模型一样加各种领域特征，又避免了 HMM 的齐次马尔可夫假设，所以基于 CRF 的分词法是目前效果最好的分词法。

除了 HMM、CRF 等模型，分词也可以基于深度学习的方法来实现。但一个文本串除了分词，还需要执行词性标注、命名实体识别、新词发现等。对此通常有两种解决方法：一种是 pipeline approaches，就是先分词，再做词性标注；另一种是 joint approaches，即是把这些任务用一个模型来完成。

3. 特征化

文本型数据特征化简单来说就是向量化。一个特征即表示一个词，一个特征向量包含每个文本中的某个词的计数。通过对文本文档进行词袋特征化，计算机能够根据已知的一些算法将不同的词转换为对应的数字信息，从而使计算机能够识别。

4. 机器学习

在文本数据处理的过程中，机器学习通常可以根据标签对文本进行分类处理。例如，对交通违法行为进行分析，挖掘交通事故中驾驶员风险驾驶因素，解决交通事故统计中交通违法行为难以挖掘的问题，计算出影响交通事故的最大支配因素。简单来说，就是已知特征化后的 x_1、x_2，以及对应的标签 y_1、y_2；现在给一个 x_3，通过机器学习就可以预测出 y_3 的值。

5.3 基于 k-means 算法的出租车乘客出行数据分析

5.3.1 基于 k-means 算法的出租车乘客出行数据分析方法

针对文本数据在交通领域中的应用，对出租车运行轨迹数据的研究分析是该领域的研究热点之一。出租车安装卫星导航定位系统后将会产生大量的轨迹信息数据，这些数据记录着城市交通、人群移动的动态变化信息。深入挖掘这些数据，不仅能够对出租车运营调度提供重要的决策性支持、为新型的城市交通建设奠定基础，而且能够为实时交通流量预测和车辆出行优化提供可靠的数据支持，得到出租车乘客出行的时间和空间分布变化规律[120]。

以成都市出租车行驶轨迹数据作为数据集，在对这些数据进行数据清洗、数据集成等预处理操作的基础上开展模型的设计工作，并将数据预处理结果分别输入空间规律分析算法、时间规律分析算法及时空规律分析算法中。其中，空间规律分析主要采用 k-means 算法提取出 K 个热点乘客出行区域，由于传统 k-means 算法对初始聚类中心较为敏感，故本节采用 Spark MLlib 中的 k-means‖算法来解决这一问题。对于时间规律的分析，采用 Spark 平台框架对乘客出行时间进行分析挖掘，得到乘客出行的时间分布情况，分析过程包括创建 RDD、转换已有的 RDD 和调用 RDD 进行求解 3 个阶段[121]。根据空间规律分析算法和时间规律分析算法可以得到基于时空规律的分析算法，获取乘客出行的热点区域繁忙时段的出行量，具体分析流程图如图 5.1 所示。

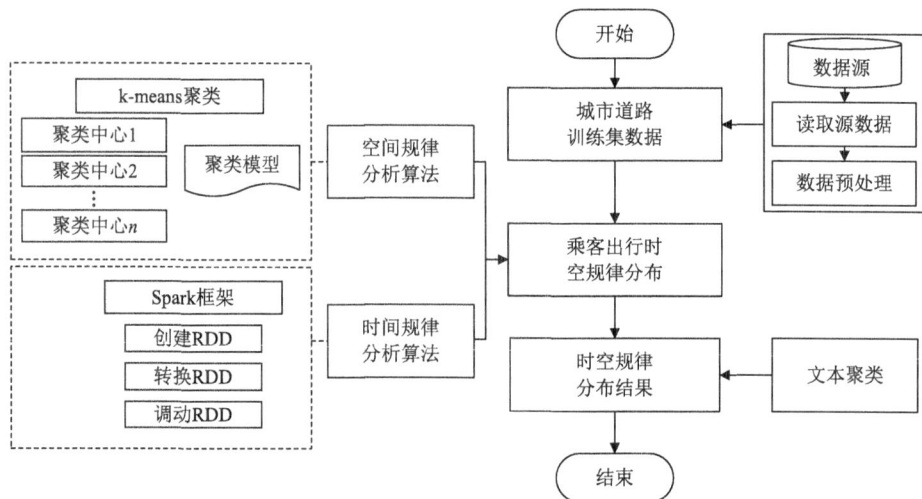

图 5.1　基于 k-means 算法的出租车乘客出行数据分析流程图

综上所述，基于 k-means 的出租车乘客出行数据分析将从时空特征角度出发，分析在 Spark 大数据平台，出租车乘客出行的热点区域分布情况，以及出租车的使用时间分布情况，并结合出租车乘客日常出行的时间规律和空间规律设计一种并行化的时空特征分析方法。

5.3.2　数据采集及预处理

本节采用的数据集来自成都市出租车行驶轨迹数据，但由于车辆终端卫星导航定位系统故障、车辆处于地下或高层建筑物旁导致定位信号弱等原因，出租车行驶轨迹数据采集过程中可能会存在数据信息延时收到、数据重复、数据错误等问题。为避免由以上问题导致的行驶轨迹数据不准确，对分析结果造成的不良影响，需要在实验前对获取的出租车行驶轨迹数据进行数据预处理，主要的预处理方法包含以下 5 种。

（1）限制出租车所在城市经纬度，删除越界的经纬度数据。对成都市出租车乘客出行迹数据集进行时空规律分析，在获取轨迹数据时可以将出租车位置限定在成都市的某个经纬度范围之内。例如，将成都出租车的定位信息限制在东经 102°54′～104°53′，北纬 30°05′～31°26′，将位于此经纬度范围之外的轨迹数据去除。

（2）去除出租车重复数据。出租车在运营期间可能处于堵车、车辆抛锚、休息等状态，在这种情况下卫星导航定位系统的定位数据在一定时间内会产生重复数据信息，对于这种情况只有其中一条数据具有研究价值，所以需要进行判断并筛选一条数据，删除其他重复的数据。

（3）删除缺失、异常数据。在原始数据的每条记录中，任意一个字段的缺失对于后续的结果都会产生影响，所以如果某一条数据记录有缺失字段，或出租车载客状态为非"0"和非"1"的数据，说明该字段数据异常，应将此类数据记录去除。

（4）去除 00 时到 06 时的数据。在城市正常交通运作中，绝大部分出租车在 00 时到 06 时内的行驶轨迹数据较少，研究价值不大，所以将该时间段内的数据去除。

（5）提取乘客上下车轨迹点。在对出租车乘客日常出行的热点区域进行分析时，需要获取乘客的上下车轨迹点。乘客的上下车信息是根据出租车的载客状态进行判断的，当载客状态从"0"变为"1"时代表有乘客在该点上车即为上车点；反之，当载客状态由"1"变为"0"时代表有乘客在该点下车即为下车点。这样就可以根据提取出租车乘客下车点进行热点区域分析。本节采用 SPSS 软件提取乘客出行的下车点轨迹。首先根据出租车 ID 和时间进行排序；然后采用数据选择个案中的对比函数筛选下车点，将筛选结果另存为新的数据文件；最后新增一列数据，上下车点的值为"1"，非上下车点的值为"0"，进一步筛选数据，提取下车点数据，为之后的实验研究做好数据准备。

5.3.3　相关算法

1. k-means 算法

k-means 是一种迭代求解的聚类分析方法，也是使用较为广泛的基于距离的聚类算法。其核心思想是随机选取初始的聚类中心，然后计算每个对象与各个聚类中心之间的距离，将每个对象分配给距离它最近的聚类中心。聚类中心及分配给它们的对象就代表一个聚类，一旦全部对象都被分配，每个聚类的聚类中心会根据聚类中现有的对象被重新计算。重复上述过程直到满足某个终止条件为止。终止条件可以是以下任何一个。

（1）没有（或最小数目）对象被重新分配给不同的聚类。

（2）没有（或最小数目）聚类中心再发生变化。

（3）误差平方和局部最小。

假设一个数据集 Z 中包含 n 个数据对象，该算法从数据集 Z 中随机选择 K 个数据对象分配给 K 个簇 $A_1, A_2, \cdots, A_K$，K 个簇的中心设为 $C_1, C_2, \cdots, C_K$，而对于剩下的其他 $n-K$ 个数据对象，用欧氏距离计算剩下的对象 x_i 与各个聚类中心的相似度 $\mathrm{dist}(x, c_i)$。欧氏距离度量会受指标不同单位刻度的影响，所以一般需要先进行标准化，同时距离越大，个体间差异越大；空间向量余弦夹角的相似度度量不会受指标刻度的影响，余弦值落于 $[-1,1]$，值越大，差异越小。根据剩下对象 x_i 与这些聚类中心的相似度，分别将它们分配给与其最相似的簇，得到一个新的聚类；然后将该聚类中所有对象取均值得到每个新聚类的聚类中心；不断重复上述过程直到标准测度函数开始收敛为止。一般采用均方差作为标准测度函数，聚类效果的优劣目标函数按下式计算：

$$E = \sum_{i=1}^{K} \sum_{x \in A_i} \mathrm{dist}(x, c_i)^2 \tag{5.1}$$

式中，目标函数 E 就是每个数据点与其所在簇的聚类中心距离的总和。K 值是根据目标函数 E 的走势来选取的，随着聚类数的增大，样本划分会更加精细，每个簇的聚合程度会逐渐提高，那么 E 自然会逐渐变小。当 K 值小于真实聚类数时，由于 K 值的增大会大幅增加每个簇的聚合程度，故 E 的下降幅度会很大；而当 K 值达到真实聚类数时，再增加 K 所得到的聚合程度会迅速减小，所以 E 的下降幅度会骤减；然后随着 K 值的继续增大而趋于平缓，此时 E 和 K 值的关系图是一个手肘的形状，肘部对应的 K 值就是数据的真实聚类数，使用这种肘部法则来选择相对平缓的拐角为 K 值。聚类算法针对 K 个聚类中心，各个聚类本身要尽可能地紧凑，但各聚类之间要尽可能地远离。如图 5.2 所示，k-means 是通过以下步骤实现的。

步骤 1：输入数据集 Z 和集群数量 K。

步骤 2：从 Z 中随机选择 K 个点作为初始聚类中心。

步骤 3：计算每个剩余点到每个簇中心的距离，并将该点分配到距离最短的簇。

步骤 4：计算每个簇中所有点的平均值，并将其作为新的簇中心。

步骤 5：重复步骤 3 和步骤 4，直到集群中心的变化小于预设阈值或达到最大迭代次数。

k-means 算法原理较简单，实现较容易，且收敛速度较快，因此其聚类效果更优。同时算法可解释性较强，需要调整的参数仅仅是簇数 K。但这也导致选取存在人为因素而较难把握，对于非凸性数据集算法的收敛性较差。若数据集中各隐含类别的数据不平衡，如各隐含类别的数据量严重失衡，或者各隐含类别的方差不同，则 k-means 算法的聚类效果不佳。

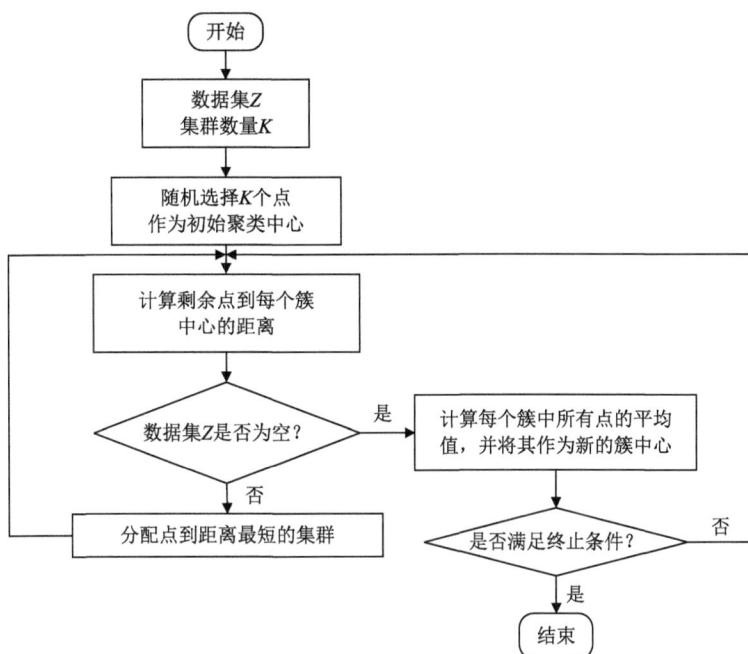

图 5.2　k-means 算法流程图

针对 k-means 算法的缺点，可以通过数据预处理、合理选择 K 值和高维映射等方式避免。k-means 算法的本质是基于欧氏距离的数据划分算法，均值和方差大的维度将对数据的聚类产生决定性的影响。所以，未做归一化处理和统一单位的数据是无法直接参与运算和比较的。常见的数据预处理方式有数据归一化和数据标准化。离群点或者噪声数据会对均值产生较大的影响，导致中心点偏移，因此还需要对数据进行异常点检测。本节分析方法选用 k-means 算法作为出租车乘客出行的空间规律分析挖掘算法[122]，通过收集出租车的行驶轨迹经度和纬度信息，对出租车行驶轨迹数据信息进行聚类，得到聚类结果并分析出租车乘客出行热点区域分布及乘客出行的空间规律。

2. k-means||算法

Spark MLlib k-means（k-means||）算法相比传统的 k-means 在初始聚类中心的选取上进行了优化改进，借鉴 k-means++算法[123]实现。k-means++算法在选择初始聚类中心上遵循的一个基本原则是初始聚类中心相互之间的距离应尽可能地远，随机选择第一聚类中心，对于数据集中的每一个点，计算它与最近已选择的聚类中心的距离，并根据距离权重选择下一个聚类中心。虽然这种方法可以确定初始聚类中心，但是从可拓展性方面来看，下一个聚类中心的选择都要依赖已选择的聚类中心，极大地限制了算法在大规模数据集上的应用。针对这一缺陷，k-means||算法的主要改进思路是改变每次遍历时的取样策略，将仅选取一个样本修改为遍历获取 K 个样本，重复取样 $O(\log n)$ 次过后得到由 $O(K\log n)$ 个样本点组成的集合，然后再将这些抽样出来的样本聚类为 K 个点，从而得到 K 个初始聚类中心。k-means||算法主要的参数如表 5.1 所示。

表 5.1 k-means||算法主要参数

参数	含义
K	聚类的个数
maxInterations	方法单次运行最大的迭代次数
runs	算法被运行的次数
initializationMode	初始聚类中心的选择方法，目前支持随机选择或者 k-means||算法
initializationSteps	k-means||算法中的取样次数
epsilon	k-means||算法迭代收敛的阈值
seed	集群初始化时的随机种子

5.3.4 模型设计

设计并行化的算法可以大幅提升大规模计算的效率。本实验对基于 k-means 的出租车乘客出行数据进行时空特征分析，设计一种并行化的基于空间规律的分析算法、基于时间规律的分析算法及基于时空规律的分析算法。

1. 基于空间规律的分析算法设计

（1）基于 k-means 的出租车乘客出行空间规律算法设计步骤如下。

假定有出租车行驶轨迹数据集合 Z，使用 k-means 算法提取 K 个热点区域的主要过程如下。

步骤 1：从出租车行驶轨迹数据集合 Z 中随机选择 K 个对象作为初始簇中心。

步骤 2：根据欧氏距离计算其余所有轨迹点到聚类中心的距离，并把数据集合中的 n 个轨迹点全部分配给距离它最近的簇。

步骤 3：更新簇的中心值，即重新计算每个簇的中心值。

步骤 4：计算目标函数 E。若聚类中心不再发生改变，或者算法满足预定的阈值，则返回出租车行驶轨迹簇，否则返回步骤 2、步骤 3 重新计算。

k-means 聚类算法具有快速收敛、较优聚类、容易实现、处理大规模集高效等优点。其算法复杂度为 $O(n*K*t)$ 级，其中 n 是对象数目，K 是簇数目，t 是迭代次数。但 k-means 算法聚类中心和簇数目的选取不好把握，该算法对初始聚类中心较为敏感，对于不同的初始聚类中心，产生的聚类结果可能存在较大差异[124]。当选取的数据集满足球状密集性时，聚类算法效果比较好。为了使出租车乘客出行的空间规律结果更为理想，采用 Spark MLlib 中的 k-means||算法来解决初始聚类中心较为敏感这一问题。

（2）基于 k-means||的出租车乘客出行空间规律算法设计步骤如下。

对包含 n 个对象的数据集合 Z，使用 k-means||算法进行聚类，初始聚类数目为 K。该算法首先从数据集 Z 中随机选择一个点作为第一个初始聚类中心；然后根据新的距离公式 $Z(x)$ 计算该数据集中其余所有点与最新选择的聚类中心的距离，表示如下：

$$Z(x) = \sqrt{a_1^2 + b_1^2} - \sqrt{a_2^2 + b_2^2} \qquad (5.2)$$

式中，a_1、a_2 为聚类中心点的位置；b_1、b_2 为 b 点的位置。接着循环迭代求得其他聚类中心。遵循选择的初始聚类中心相互之间的距离应该尽可能远的原则，即使 $P(x)$ 最大，表示如下：

$$P(x) = \frac{Z(x)^2}{\sum\limits_{x \in Z} Z(x)^2} \tag{5.3}$$

取 $P(x)$ 最大的轨迹点作为其他聚类中心，重复该取样过程大约 m 次，m 为最大迭代次数，这样取样得到的样本点数量将远远小于输入数据集的数量；然后利用 k-means++ 算法将这些样本点聚类为 K 个初始聚类中心；最后根据这些聚类中心对数据集合 Z 使用 k-means 算法进行聚类分析。k-means|| 算法流程图如图 5.3 所示。

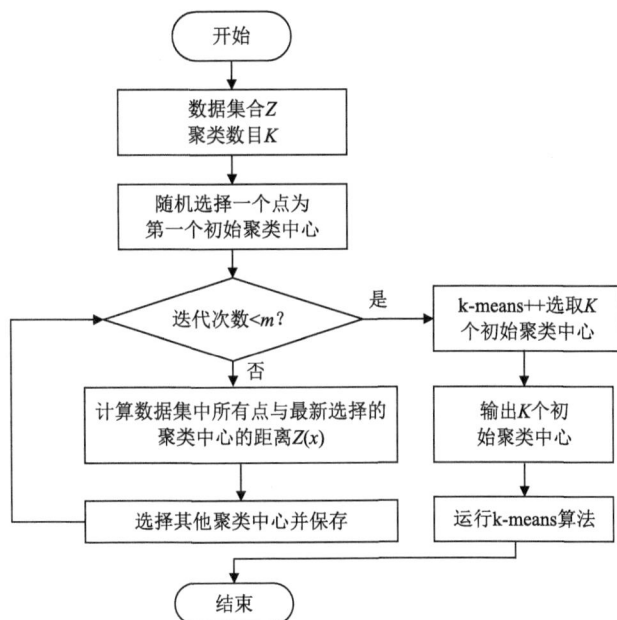

图 5.3 k-means|| 算法流程图

在 k-means|| 算法的基础上设计热点区域个数 K 值的选择算法，其详细描述如下。

k-means|| 算法的详细描述

算法：热点区域个数 K 值选择算法
步骤 1：输入 Z(出租车行驶轨迹数据集合)
步骤 2：从行驶轨迹数据集合 Z 中随机选择一个点作为第一个初始聚类中心
步骤 3：根据欧氏距离公式，计算数据集中所有点与选择的聚类中心的距离 $Z(x)$
步骤 4：选择其他聚类中心，使得 $P(x) = \dfrac{Z(x)^2}{\sum\limits_{x \in Z} Z(x)^2}$ 最大
步骤 5：重复步骤 2、步骤 3 的过程，直到 K 个热点区域的初始聚类中心选择完成
步骤 6：使用全局最佳位置作为初始聚类中心，并启动算法
步骤 7：输出 K 个热点区域的聚类中心

2. 基于时间规律的分析算法设计

出租车乘客出行时间规律分析算法设计基于 Spark 大数据平台架构实现。Spark 提供了一个全面统一的框架用于管理各种不同性质数据集处理的需求，与 Hadoop 的 MapReduce 相比，Spark 基于内存的运算速度是其 100 倍以上，基于硬盘的运算速度也是其 10 倍以上，除此之外还具有很强大的兼容性和通用性。基于 Spark 的时间规律分析方法主要分为创建 RDD、转换已有的 RDD 和调用 RDD 进行求解 3 个阶段。其具体实现过程是先提交 Spark 应用程序，Spark 运行程序的 main( )方法并构建一个 Spark Context；其次创建一个 RDD，即聚类的结果；再次运用 Spark 提供的算子对出租车聚类的结果数据进行处理和转换；最后得出最终结果。Spark 常用算子如表 5.2 所示。

表 5.2　Spark 常用算子

常用算子	说明
map	对每条数据简单的一对一映射处理，结果返回新的 RDD
filter	对 RDD 进行过滤操作
sortByKey	对(key,value)形式，按 key 进行排序
distinct	对数据进行去重
reduceByKey	对(key,value)形式，将 key 相同的数据按 value 进行处理
flatmap	与 map 区别是 flatmap 将结果整合到一起，构成一个新的 RDD

基于 Spark 的出租车乘客出行时间规律分析算法的详细描述如下。

基于 Spark 的出租车乘客出行时间规律分析算法

算法：基于 Spark 的出租车乘客出行时间规律分析算法

步骤 1：输入出租车行驶轨迹数据

步骤 2：使用 map 设置 key = hour，value=行驶轨迹数据

步骤 3：使用 sortByKey 进行时间排序

步骤 4：使用 map 设置 key=时间、value=出行频次来表示乘客某一时间段内（1 小时为单位）出行频次的变化情况

步骤 5：使用 reduceByKey 将相同时间内的出租车乘客的出行频数相加

步骤 6：输出出租车乘客出行总体时间规律

3. 基于时空规律的分析算法设计

结合上述出租车乘客出行的空间规律分析算法和时间规律分析算法，对出租车乘客出行的时空特征规律分析算法进行设计。其详细描述如下。

基于 Spark 的出租车乘客出行时空规律分析算法

算法：基于 Spark 的出租车乘客出行时空规律分析算法

步骤 1：输入聚类后的出租车行驶轨迹数据

步骤 2：使用 map 设置 key = hour，value=行驶轨迹数据

步骤 3：使用 sortByKey 进行时间排序

步骤 4：使用 map 设置 key=时间、value=出行频次来表示乘客出行频次小时变化数据

步骤 5：使用 reduceByKey 把相同时间及地区内出租车乘客出行频数相加

步骤 6：输出出租车乘客出行时空规律

5.3.5 实验分析

1. 实验流程

传统的 k-means 算法可以在统计产品与服务解决方案（statistical product and service solutions，SPSS）软件中实现。该平台常用于统计学分析运算、数据挖掘、预测分析和决策支持任务的软件产品及相关服务，是一个数据挖掘平台。它能很快地应用于自然科学、技术科学及社会科学等各个领域。使用 SPSS 软件可以实现自动统计绘图、数据的深入分析，具有使用方便、功能齐全的特点。使用 SPSS 软件进行文本聚类算法分析，能够直观地展示聚类效果。

基于 Spark 大数据平台的出租车乘客出行时空规律分析设计实验方案，实验数据采用已经预处理过的成都市出租车行驶轨迹数据；在数据完整的前提下依次执行出租车乘客出行空间分析算法、出租车乘客出行时间分析算法及出租车乘客出行的时空规律分析算法；通过与 SPSS 软件中的传统 k-means 算法运行时间进行对比，实现基于 k-means 的出租车乘客出行数据分析算法在运行速度等方面的大幅提升。结果采用百度地图 API 对出租车乘客出行的热点区域进行可视化展示。本节实验流程图如图 5.4 所示。

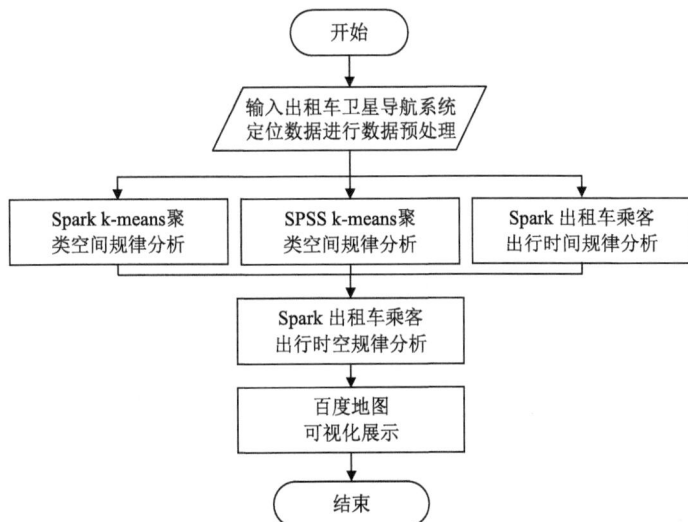

图 5.4　基于 Spark 大数据平台的出租车乘客出行时空规律分析设计实验流程图

2. 实验环境

实验平台采用的硬件环境为 i7-8700 CPU、16GB 内存，软件环境为 Windows 10 操作系统搭建的 Spark 大数据平台，开发环境为 JDK 1.8.0 以上、Spark 2.3 和 Hadoop 2.7，编程语言为 Scala 2.11.7。利用 IBM SPSS Statistics 19.0 进行数据挖掘算法效率的对比实验验证。

3. 实验结果分析

出租车乘客出行时空特征分析实验从算法效率、热点区域、出行时间和出行时空规律 4 个方面进行分析，并得到实验对比结果。

（1）算法效率分析。对比实验采用的算法分别为本节提出的出租车乘客出行空间规律分析算法和 SPSS 软件中传统的 k-means 算法，实验数据为经过相同预处理操作后的卫星导航定位系统轨迹数据，根据实验结果分析对比两个算法的运行时间，对比结果如图 5.5 所示。

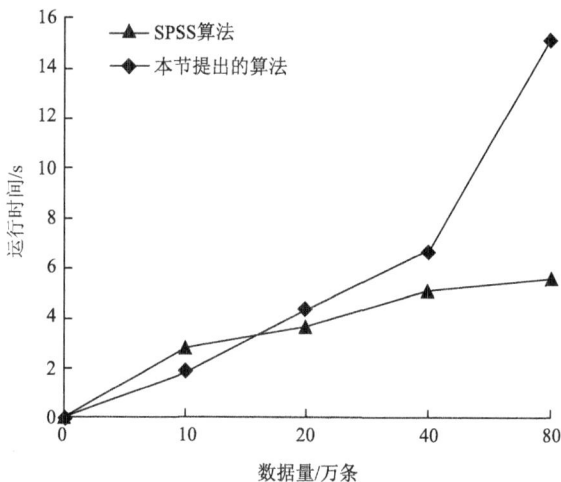

图 5.5　本节提出的算法与 SPSS 软件中传统的 k-means 算法运行时间对比实验结果

从算法运行时间对比实验结果中可以看出，两种算法在面对不同行驶轨迹数据量时得到的运行时间不同。当算法所处理的行驶轨迹数据量较少时，SPSS 软件中的算法相对运行时间更短，算法较优，此时的数据量达到 17 万条左右；当算法所处理的行驶轨迹数据量增大后，SPSS 软件中的传统 k-means 算法明显比本节提出的算法运行时间更长，并且随着行驶轨迹数据量不断增加，两种算法的运行时间差距也越明显。实验准确验证了在处理海量的行驶轨迹数据时，本节提出的算法运行速度更快、效率较高，更能被人们接受。

（2）热点区域分析。热点区域分析主要是根据出租车乘客出行的上下车点（即轨迹点）经纬度进行聚类分析，相当于对出租车乘客出行空间规律进行特征分析。实验采用成都市某双休日的出租车乘客出行轨迹数据，并在数据预处理的基础上选取出租车乘客出行卫星导航定位系统轨迹点数据，采用基于 Spark 大数据平台的时间规律分析算法对出租车乘客出行轨迹点进行聚类分析，得到 K 个聚类结果经纬度作为热点区域的中心点，并统计各个热点区域的出租车行驶轨迹点数量，最后根据式（5.4）所示的热度计算公式计算各个热点区域的热度值[125]。

$$h_i = \frac{n_i}{N}, \ 0 < i \leqslant K \tag{5.4}$$

式中，i 为热点区域的编号；n_i 为 i 热点区域的轨迹点数量；N 为区域内轨迹点的总数量；h_i 为编号 i 区域的热度值。热度值越大表示该区域出租车乘客出行的频率越大，出行次数越高，出租车需求量也越大。根据热度值将区域划分为高、中、低 3 个热度等级，热度值超过 0.15 为高等级、在 0.1 到 0.15 之间为中等级、低于 0.1 为低等级。算法运行成功后，根据式（5.4）计算得到的热点区域详细信息如表 5.3 所示。

表 5.3　热点区域详细信息表

热点区域编号	位置	轨迹点数量	热度值	热度等级
1	(北纬 30.599701°，东经 104.067224°)	114073	0.140108	中等级
2	(北纬 30.568331°，东经 103.976787°)	28953	0.035561	中等级
3	(北纬 30.724720°，东经 103.875009°)	8357	0.010264	低等级
4	(北纬 30.927403°，东经 103.628716°)	3497	0.004295	低等级
5	(北纬 30.652338°，东经 104.065269°)	228272	0.280370	高等级
6	(北纬 30.699548°，东经 104.078864°)	108124	0.132801	中等级
7	(北纬 30.641847°，东经 104.116419°)	131865	0.161901	高等级
8	(北纬 30.665189°，东经 104.016075°)	186452	0.229006	高等级
9	(北纬 30.673234°，东经 104.258416°)	4587	0.005633	低等级

　　根据上述实验结果得到出租车乘客出行的热点区域，在为出租车公司提供车辆调度等支持，给乘客的出行带来便利的同时，也为城市交通流量规划提供了数据支撑。可采用百度开放地图 API 将聚类算法得到的热点区域可视化展示，得到更具体的成都市某双休日出租车乘客出行的热点区域分布情况。

　　（3）出行时间分析。对出租车的行驶轨迹数据进行时间规律特征分析，可以得到成都市出租车乘客出行的时间分布情况。采用基于 Spark 大数据平台的出租车乘客出行时间规律分析算法对所有乘客出行次数进行汇总，得到图 5.6 所示的成都市乘客出行总体时间分布情况。其中考虑 00 时至 06 时乘客对出租车需求不高，故在数据预处理阶段去除了该时间段的数据。由图 5.6 可以看出，市民周末出行的高峰时期主要集中在下午和

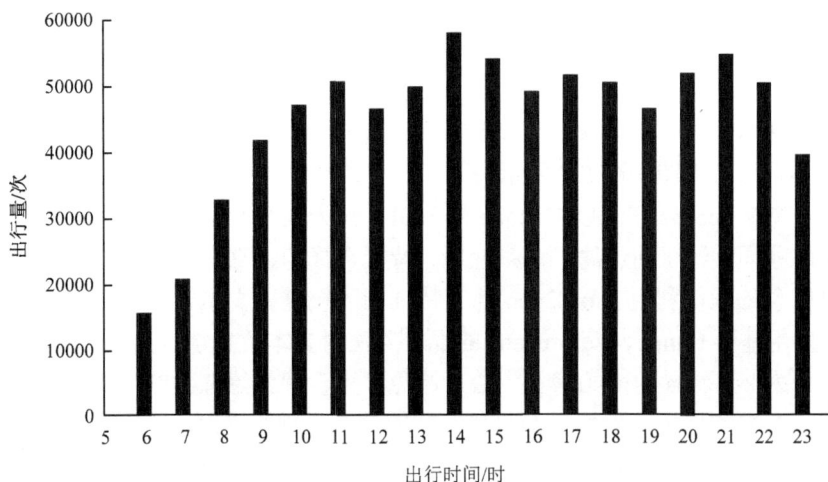

图 5.6　出租车乘客出行时间分布情况

晚上，这符合居民在休息日的作息规律。14 时左右属于居民出行高峰期，21 时左右属于居民夜生活高峰期。采用本节算法得出的乘客出行时间分布情况总体上符合出租车乘客出行规律。

（4）出行时空规律分析。综合出租车乘客出行的空间规律分析和时间规律分析，采用空间规律分析算法，得到出租车乘客出行热点区域和繁忙时段的出行量，如表 5.4 所示。结果表明乘客出行的热点区域是 4 号和 7 号区域，并且出租车乘客出行主要集中在 13 时至 15 时和 20 时至 22 时 2 个时段。结果符合居民出行的空间热点区域分布和时间繁忙时段的总体分布情况，可以为成都市交通运输部门及出租车运营公司提供决策性帮助和支持。

表5.4　出租车乘客出行时空规律

时段	热点区域编号	出行量/次
14	4	18303
15	4	17892
21	4	15759
20	4	15282
13	4	15239
21	7	15072
17	4	14920
22	4	14418

5.4　基于 SWCk-means 算法的文本数据热点分析

5.4.1　基于 SWCk-means 算法的文本数据热点分析方法

传统的文本聚类算法面临两个共同的问题，即计算向量的高维性和计算效率差。大数据技术的引入，缓解了传统平台无法满足大数据量需求的问题。所以，为使文本聚类算法更具代表性，更多学者结合 k-means 算法、Hadoop 和 Spark 大数据技术，设计改进的 k-means 文本分析方法，并将其引入大数据平台，以实现算法的高效率及并行化。为了提高传统文本聚类算法效率，本节提出一种基于 SWCk-means 算法的文本数据热点分析方法，其算法流程图如图 5.7 所示。

使用 SWCk-means 算法以 Hadoop 的 HDFS 作为文本存储系统，对原始数据进行预处理，通过分词、停止词过滤、词频分析、特征选择和建立文本表示模型对非结构化文本数据进行预处理，利用 Word2vec 计算特征词的权重。文本数据被量化为数字形式进行聚类，采用基于 Canopy 和 k-means 的混合算法对文本数据进行聚类。聚类中心由 CC 识别，并作为 k-means 的初始聚类中心，避免人为设置初始聚类的中心不确定性。通过并行计算提高文本聚类的效率，消除传统文本聚类过程中耗时的迭代。

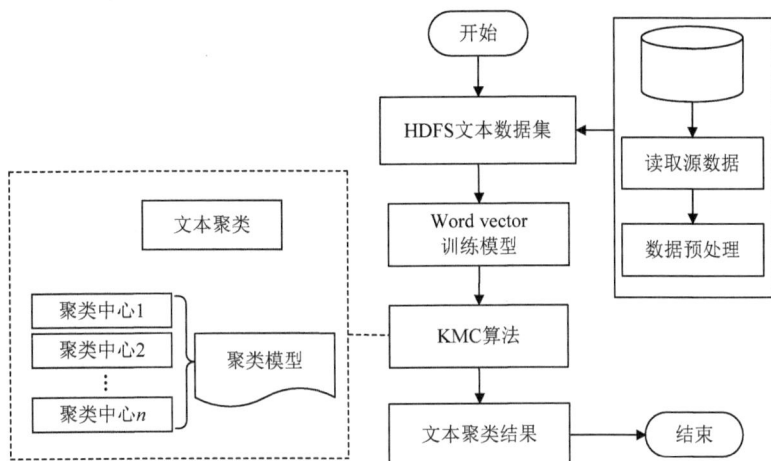

图 5.7　基于 SWCk-means 算法的文本数据热点分析实验流程图

5.4.2　数据采集及预处理

SWCk-means 文本数据分析方法的实验数据来源于新浪文本聚类语料库中的 THUCNews 数据集。该数据集已广泛应用于文本分类实验。THUCNews 数据集中包含的数据是新浪新闻 RSS 订阅频道 2005～2011 年历史数据的过滤结果。该数据集中有 74 万个关于 14 类新闻的文件，包括金融、彩票、房地产、股票、家居设计、教育、科技、社会、时尚、时政、体育、星座和游戏。在聚类分析之前，通过整合、分割和停止词过滤对文本数据进行预处理。

整合文本数据包含多个小文件，这些文件在 HDFS 中占用大量内存。因此，多个小文件被合并为一个大文件，每一行包含一个小文件的名称和内容。

分词和停止词过滤。在计算单词权重之前，对综合数据进行分割，并去除停止词。采用 HanLP 自然语言处理软件包对单词进行分割，去除无意义的数据。具体操作步骤如下。

步骤 1：删除数字。数字在文本分析中通常没有意义，因此在进一步分析之前被删除。

步骤 2：删除统一资源定位系统（uniform resource locator，URL）。URL 使用正则表达式删除。

步骤 3：过滤停止词。停止词是指在文本分析中没有意义的常用词。在汉语中，像"是"和"但是"这样的词符合这个定义。根据 HanLP 中提供的新闻字段中的停止词列表，过滤掉预处理数据集中的停止词。

步骤 4：删除特殊符号。特殊符号（如标点符号和空白字符）对文本分析没有帮助，因此被删除。

步骤 5：检查语料库。再次检查已处理的语料库，并通过正则表达式删除特殊 URL，在前面的步骤中，这些 URL 本应删除，但未删除。

5.4.3　相关算法

对于文本数据的处理，常采用 Word2vec 算法、Canopy 算法、k-means 算法等。

Word2vec 算法用来产生词向量，表示词与词之间的关系；Canopy 算法用来实现 k-means 算法之前的粗聚类，有利于抗干扰，减少 k-means 算法相似计算的数量；k-means 算法通过聚类迭代生成独立的类，将文本划分为不同的簇。

1. Word2vec 算法

文本作为一种非结构化数据，必须以计算机能够识别和处理的形式表示。Word2vec 算法提供了一种优秀的文本表示方法，它是谷歌于 2013 年开发的一种开源式单词嵌入方法。该模型表示为双层神经网络，训练后得到重新构建的语言之间的词文本。模型以词为表现，并且需要判断邻近位置的输入词。在 Word2vec 模型假设下，词的顺序并不重要。训练完成后，Word2vec 模型可以在给定语料库下确定文件中单词的数值权重，并将其表示为词向量，即可将每个词映射至一个向量，用来表示两个词语之间的关系，并将该向量称为神经网络的隐藏层。Word2vec 模型由一系列来自不同文件的典型单词进行训练。词向量的维数通常在 50～200 之间。词向量可以在一定程度上表达词的语义信息。

Word2vec 有两种模型，即连续词袋（continuous bag-of-words，CBOW）模型和 Skip-gram 模型。前者基于上下文窗口中每个词的词向量来预测中心词的词向量，即一个词出现的概率可以根据该词前后的几个连续词来计算。Skip-gram 模型则遵循相反的原则。在文本数据处理中，语料的选取是一个相当重要的问题。一是语料必须充分。一方面词典的词量要足够大，另一方面要尽可能多地包含反映词语之间关系的句子；二是语料必须准确。文本中选取的语料应能够正确反映该语言语义和语法之间的关系，在交通领域实现交通信息的正确解析与表达。但更多的时候，不仅仅是语料的选取引发了对准确性问题的担忧，还存在其处理方法不当的问题。n 元模型中，由于窗口大小的限制，导致超出窗口范围的词语与当前词之间的关系不能被正确地反映到模型之中，如果单纯扩大窗口大小又会增加训练的复杂度。Skip-gram 模型的提出很好地解决了这些问题。Skip-gram 可以跳过一些符号，根据当前词来预测上下文。首先基于中心词来估计上下文窗口中的词；然后计算该词前后词出现的概率，并用于修改中心词的词向量，使文件的语义信息更加准确。Word2vec 的两个模型如图 5.8 所示。

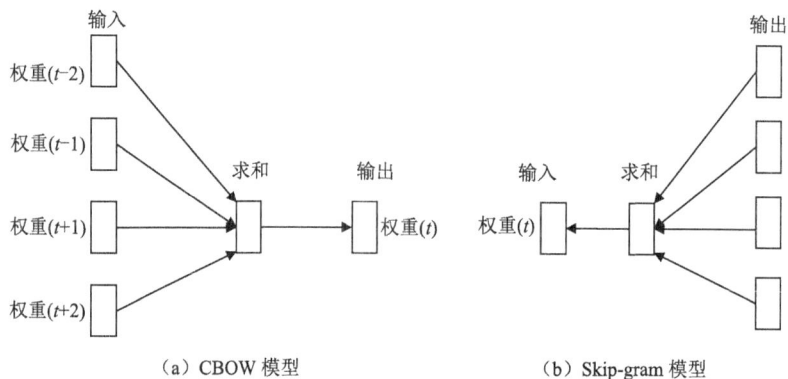

（a）CBOW 模型　　　　（b）Skip-gram 模型

图 5.8　Word2vec 模型

通过向量空间模型，Word2vec 算法将每个文件表示为特征词的权重向量。考虑

Word2vec 的快速训练和语义相似度的准确性，在对文本数据进行聚类之前，选择 Word2vec 的 Skip-gram 模型来计算词向量的权重。

2. Canopy 算法

考虑 k-means 算法在使用前必须确定 K 值的大小，而数据集往往不能预先确定 K 值的大小。k-means 均值对噪声的抗干扰能力较差，若 K 值选取不当会造成较大的 K 均值误差。相反，Canopy 聚类最大的特点是不需要事先指定 K 值（即聚类的个数），因此 Canopy 算法[126]具有很大的实际应用价值。与其他聚类算法相比，Canopy 聚类算法虽然聚类准确率较低，但是在运行速度上有很大的优势。Canopy 算法只需遍历一次数据集就能得到结果，给出最优簇数量。同时，Canopy 算法的提出能很好地对比较小的聚类簇，采用 Canopy 算法选择的中心点作为 k-means 算法的中心点将更准确。根据每个 Canopy 聚类的结果做 k-means 聚类，可以减少相似计算的数量，提升聚类算法的效率。

Canopy 算法是用在 k-means 算法之前的粗聚类。Canopy 算法是一种快速近似聚类技术。Canopy 算法的独特优势在于聚类的快速确定，只需一次遍历即可识别集群。然而，这种优势是以聚类准确率为代价的。如图 5.9 所示，Canopy 算法主要涉及以下步骤。

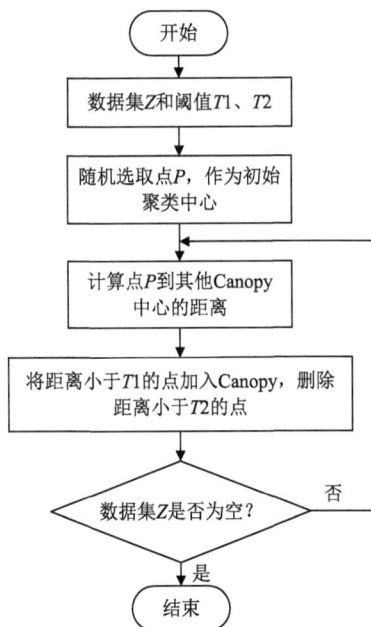

图 5.9 Canopy 算法流程图

步骤 1：输入数据集 Z 和两个距离阈值（$T1$ 和 $T2$；$T1>T2$）。

步骤 2：从数据集中获取任意点。如果不存在 Canopy，则将该点视为 Canopy 中心，并将其从数据集中删除。

步骤 3：继续从数据集中获取点，计算从每个点 P 到每个现有 Canopy 中心的距离，并将距离小于 $T1$ 的点 P 添加到 Canopy 中，成为新的 Canopy 类的中心或成员。如果点

P 距离任何现有 Canopy 中心的距离都大于 $T1$，则将该点作为新的 Canopy 中心。

步骤 4：如果点到 Canopy 中心的距离小于 $T2$，则将其添加到该 Canopy 中，并将其从数据集中删除。若点非常靠近 Canopy，则不能成为任何其他 Canopy 的中心。

步骤 5：对数据集的点执行步骤 3 和步骤 4，直到所有的点都已分配到相应的 Canopy。然后，终止算法以结束聚类。

对于传统 k-means 算法聚类来说，某个对象与簇的相似性是该点到簇中心的距离，那么聚类准确率能够被很好保证的条件是对于每个簇都存在一个 Canopy，它包含所有属于这个簇的元素。如果这种相似性的度量为当前点与某个簇中最近点的距离，那么聚类准确率能够被很好保证的条件是对于每个簇都存在若干个 Canopy，彼此之间由簇中的元素连接，且重叠的部分包含簇中的元素。如图 5.10 所示，数据集按 Canopy 算法划分后会按类别自动归至不同的簇中。

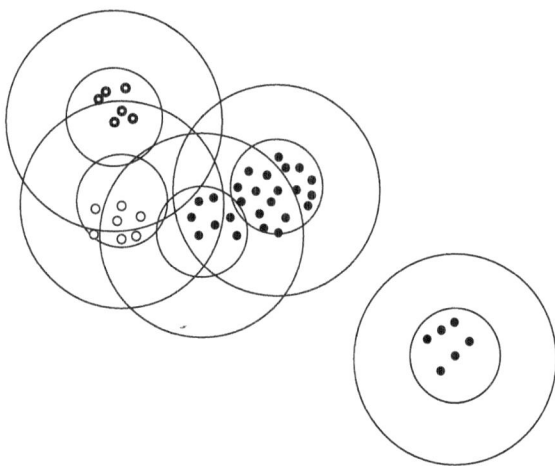

图 5.10　Canopy 划分数据结果

虽然 Canopy 算法是一种准确率较低的粗聚类算法，但是 Canopy 聚类相当于预处理，避免了 k-means 算法过程中初始聚类中心随机选择的弊端。因此，Canopy 算法与 k-means 算法的耦合可以有效减少迭代次数，提高 k-means 的聚类效果。

3. DBSCAN 聚类算法

DBSCAN 聚类算法是较具代表性的基于密度的聚类算法。与划分和层次聚类方法不同，它能够找到样本点中的全部密集区域，将具有足够高密度的区域划分为一个簇，并可在噪声的空间数据库中发现任意形状的聚类。DBSCAN 算法的簇中允许设置一个或多个中心点，若中心点为一个，则簇中其他非中心样本点都在该核心点的领域半径 Eps 内；若中心点为多个，则簇中任意中心点的 Eps 内必有一个其他的中心点，否则这两个核心点无法密度可达。这些中心点的 Eps 内所有样本的集合组成一个 DBSCAN 聚类簇。DBSCAN 算法的聚类流程如下。

步骤 1：从数据集中任选一个样本点 p。

步骤 2：如果对于参数 Eps 和 MinPts，以所选取的数据对象点 p 为核心点，则找出

所有从 p 密度可达的数据对象点，形成一个簇。

步骤 3：如果选取的数据对象点 p 是边缘点，选取另一个数据对象点。

步骤 4：重复步骤 2 和步骤 3，直到所有点被处理。

DBSCAN 算法可以对任意形状的密集数据集进行聚类，并在聚类过程中筛选异常样本点，聚类效果无偏移。但 DBSCAN 不适用于样本集密度不均匀、聚类间距差别较大的数据集，也不适用于存在不同密度的簇或者嵌套簇的数据集。调试参数比较复杂时，主要需要对距离阈值 Eps、邻域样本数阈值 MinPts 进行联合调参，不同的参数组合对最后的聚类效果有较大影响。

4. WCk-means 文本聚类算法

WCk-means 文本聚类算法由 3 部分组成，即 Word2vec 算法、Canopy 算法和 k-means 算法。WCk-means 算法首先对文本数据进行预处理，利用向量空间模型实现并行 Word2vec 算法，并将每个文件表示为特征词权重；然后并行执行 Canopy 算法和 k-means 算法对文本数据进行聚类。Canopy 算法的 $T1$ 和 $T2$ 值是通过交叉验证设定的。调用 Canopy 算法对预处理的文本数据进行预聚类，生成初始聚类中心。然后，将聚类结果输入 k-means 算法中，防止初始聚类中心的随机选择，从而提高 k-means 算法的速度和效率，提升算法聚类效果。WCk-means 算法的聚类过程可以解释如下。

步骤 1：文本表示。基于预处理的非结构化文本数据，采用 Word2vec 算法计算每个单词的权重，并用向量空间模型表示每个文本。

步骤 2：通过 Canopy 算法选择中心点。输入文本数据集和两个距离阈值 $T1$ 和 $T2(T1>T2)$。从数据集中随机选择一个点作为 Canopy 中心，然后从数据集中删除该点。

步骤 3：继续从文本数据集中取点，通过式（5.5）计算每个点 P 到已经产生的所有 Canopy 的距离，如果到每个 Canopy 的距离小于 $T1$，则将点 P 加入该 Canopy；如果点 P 到所有 Canopy 的距离都大于 $T1$，则将点 P 作为一个新的 Canopy。

$$d(x,y) = \sqrt{\sum_{i=1}^{n}(x_i - y_i)^2} \tag{5.5}$$

步骤 4：如果点 P 到 Canopy 中心的距离小于 $T2$，则将其添加到该 Canopy 中，并将其从数据集中删除。若点 P 非常靠近 Canopy，则不能成为任何其他 Canopy 的中心。

步骤 5：对数据集中的点执行步骤 3 和步骤 4，直到所有点都已分配到相应的 Canopy 中。然后，终止算法，移除相对较小的 Canopy，并获得 Canopy 中心。

步骤 6：k-means 操作计算每个剩余点到每个集群中心的距离，并将该点分配到距离最短的集群。

步骤 7：重新计算每个簇中所有点的平均值，并将其作为新的簇中心。

步骤 8：重复步骤 6 和步骤 7，直到集群中心的变化小于预设阈值或达到最大迭代次数。目标函数 E 可以表示如下：

$$E = \sum_{i=1}^{K}(x_i - c_i)^2 \tag{5.6}$$

式中，K 为簇数；x_i 为集群的新中心；c_i 为集群的原始中心。

5.4.4 模型设计

SWCk-means 算法的并行设计是针对 Canopy 算法和 k-means 算法的并行化设计。在 SWCk-means 算法中，Word2vec 算法是从 Spark MLlib 机器学习数据库中选择的，该数据库已经实现并行化处理。Canopy 算法和 k-means 算法的并行化基于 Spark，遵循串行逻辑。Spark 可以通过串行逻辑自动并行这两种算法。不同之处在于 SWCk-means 算法采用了弹性分布式数据集（RDD），它实现了自动并行化数据分发。

如图 5.11 所示，基于 Spark 的 Canopy 算法和 k-means 算法并行化大致分为两部分，即 Canopy 算法的中心点选择，以及 k-means 算法的最终文本聚类。并行设计可以通过以下步骤实现。

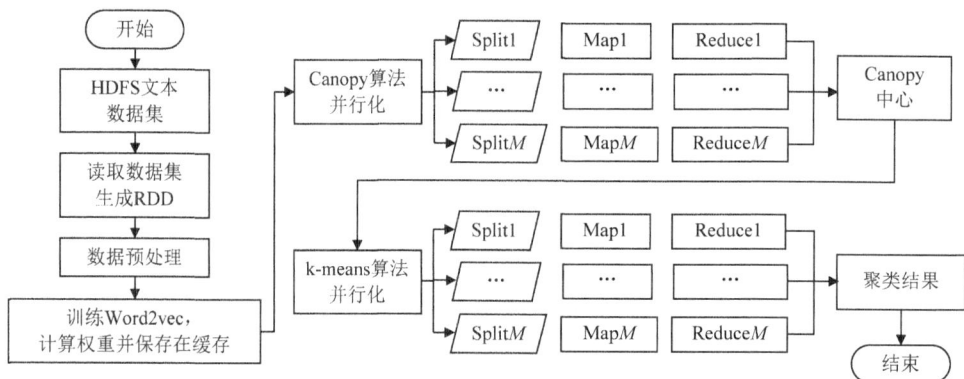

图 5.11　SWCk-means 算法流程图

步骤 1：从 HDFS 读取文本数据集并生成初始 RDD。

步骤 2：对数据进行预处理，将数据和文本转换为向量。

步骤 3：并行训练 Word2vec 模型，计算权重并保存在缓存中。

步骤 4：执行并行 Canopy 算法，对 RDD 进行分段，并将分段分配给集群中的每个并行节点。

步骤 5：执行映射操作以计算每个段中每个文本与聚类中心之间的距离，并确定局部聚类中心。

步骤 6：执行 Reduce 操作以将本地聚类中心合并到全局聚类中心。

步骤 7：每个节点根据全局聚类中心执行贴图操作，将数据集中的点划分为不同的 Canopy，并将结果保存到缓存中。

步骤 8：移除相对较小的聚类中心，并添加剩余的聚类中心到 k-means 的初始簇中心列表中。

步骤 9：每个节点对缓存的 RDD 执行映射操作，并执行本地 k-means 算法。

步骤 10：主控节点执行 Reduce 操作，将每个节点生成的本地聚类结果合并为全局聚类结果，并更新每个类的中心。

步骤 11：判断是否满足终止条件。如果是，输出结果；否则，执行步骤 9 和步骤 10。

5.4.5　实验分析

为实现并行化设计，在 Hadoop+Spark 平台上进行准确率实验、加速比实验和可扩展性实验来验证并行化设计的可行性。

1. 准确率实验

实验在 4 个文本数据集上测试 SWCk-means 算法的准确性，包括数据（200）、数据（500）、数据（1000）和数据（2000）。这 4 个数据集分别包含新浪文本聚类语料库 3 类中的 200、500、2000 和 2000 个文件。

分别采用本节提出的 SWCk-means 算法、基于词频-逆向文档频率（term frequency-inverse document frequency，TF-IDF）的 k-means 文本聚类算法（简称 Tk-means）和基于 Word2vec 的均值文本聚类算法（简称 Wk-means）对这 4 个数据集进行聚类和分析。

通过准确率和召回率来评价 3 种算法的聚类效果。准确率定义为检索到的实例中相关实例的分数。召回定义为实际检索的相关实例总数的分数。为了充分显示 k-means 算法的性能，正确设置其参数以避免局部最优陷阱是不可或缺的。因此，将 TF-IDF 的特征提取率设置为 0.025，Word2vec 的字向量维度设置为 200，最小字数设置为 1。通过交叉验证，将算法阈值设置为 $T1=0.98$、$T2=0.49$。各算法的准确率和召回率均通过取 20 次运行的平均值来确定。

实验结果如表 5.5 和表 5.6 所示。由表可知，本节提出的 SWCk-means 算法的准确率远远高于基于传统 k-means 算法的两种文本聚类算法；在召回率方面，SWCk-means 算法也具有明显优势。证明了 SWCk-means 算法在文本聚类中的有效性，这得益于基于 Canopy 算法的优化。

表 5.5　不同算法的准确率对比

Dataset	Tk-means/%	Wk-means/%	SWCk-means/%
Data(200)	50.54	63.02	70.75
Data(500)	51.50	64.40	71.60
Data(1000)	52.29	61.60	71.20
Data(2000)	53.50	62.48	69.24

表 5.6　不同算法的召回率对比

Dataset	Tk-means/%	Wk-means/%	SWCk-means/%
Data(200)	55.13	66.26	71.50
Data(500)	53.35	69.39	74.49
Data(1000)	54.48	66.95	74.25
Data(2000)	57.32	65.14	73.78

2. 加速比实验

SWCk-means 文本聚类算法的并行化效率通过加速比和可扩展性来衡量。如表 5.7

所示，加速比实验和可扩展性实验基于 4 个文本数据集，这 4 个数据集分别包含来自新浪文本聚类语料库的 2000、20000、100000 和 500000 个文件。

表 5.7　4 个文本数据集

数据集	文件大小
Data1(2000)	5.5 MB
Data2(20000)	53.1 MB
Data3(100000)	252 MB
Data4(500000)	1.15 GB

在并行计算中，加速比实验可以通过减少运行时间来提高算法性能。加速比实验是并行计算中的一个重要指标，在加速比实验中，SWCk-means 算法被用于对 4 个数据集进行聚类。SWCk-means 算法的加速比如图 5.12 所示，是在 Hadoop+Spark 集群环境下不同计算节点数的每个数据集下测量的。尽管计算节点数量不断增加，但是在数据集 Data1 下的加速比始终接近 1，这表明对于集群环境中的小数据集，加速比是不明显的。相比之下，在大型数据集 Data2、Data3 和 Data4 下的加速比曲线显著上升。在这 3 个数据集中，加速比都随着计算节点数量的增加而增加。结果表明，在 Hadoop+Spark 集群环境下，SWCk-means 文本聚类算法具有良好的加速比。

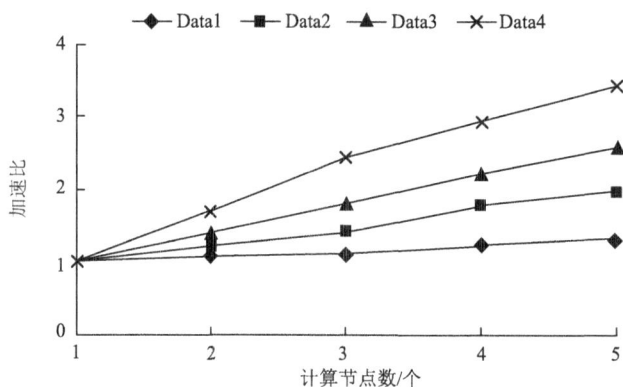

图 5.12　SWCk-means 算法的加速比

3. 可扩展性实验

在并行计算中，加速比是不能无限增加的。当集群环境下存在多个计算节点时，计算能力的利用效率无法通过加速比来很好地体现。在这种情况下，可以引入可扩展性来衡量并行性能。

在可扩展性实验中，SWCk-means 算法被应用于具有不同计算节点数的 4 个数据集进行聚类。图 5.13 中的结果表明，随着数据量和计算节点数的增加，SWCk-means 算法的可扩展性逐渐降低并趋于稳定。相比之下，SWCk-means 算法的扩展性曲线在数据集 Data1 下以最快的速度下降，在数据集 Data2 下以稍慢的速度下降。数据集 Data3 和数据集 Data4 的曲线下降幅度非常缓慢。因此，SWCk-means 文本聚类算法在面向大数据集时具有良好的可扩展性，而在面向小数据集时具有稍差的可扩展性。

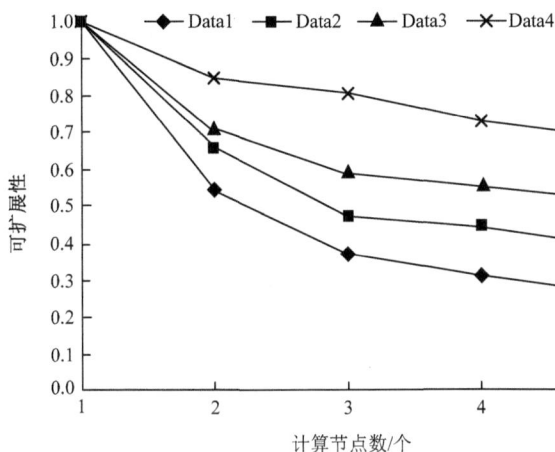

图 5.13　SWCk-means 算法的可扩展性

5.5　本 章 小 结

　　本章分别从出租车乘客出行数据和新浪文本聚类语料库数据出发，利用 k-means、k-means||、Word2vec 等算法和 Hadoop、Spark 等数据分析平台，对上述数据进行了热点分析方法建模。本章旨在通过分析文本数据来识别和理解热点事件和话题。引言部分对热点分析方法进行了简要介绍，指出了其在信息提取和决策支持方面的重要性。文本数据处理的流程包括数据预处理，如清洗、标记化和去除停用词等操作，以及文本向量化方法，如词袋模型、TF-IDF 和词嵌入等技术，用于将文本转换为数值型向量。基于 k-means 算法的出租车乘客出行数据分析方法。首先对数据采集和预处理进行了说明，确保数据的质量和一致性。其次介绍了 k-means 算法的相关概念和原理，以及如何将其应用于出租车乘客出行数据的聚类分析。再次详细介绍了模型的设计和实验过程，展示了该方法在热点分析中的应用效果。对于基于 SWCk-means 算法的文本数据热点分析方法，首先介绍了数据采集和预处理的步骤，确保文本数据的准确性和一致性；然后详细介绍了 SWCk-means 算法的原理和流程，以及如何利用该算法对文本数据进行热点分析；最后描述了模型的设计和实验过程，展示了该方法在热点分析中的性能和效果。

　　通过上述内容，读者可以了解到热点分析方法在文本数据处理和应用方面的重要性，以及 k-means 和 SWCk-means 等算法的具体实现和应用。这些方法为热点事件及话题的识别、理解提供了有效的工具和技术支持，对于信息提取、决策支持和舆情分析等具有重要意义。

第6章　基于车载监控图像的应用

6.1　引　　言

随着计算机视觉和深度学习技术的快速发展，智能交通图像数据应用正迎来前所未有的机遇。传统的交通监控摄像头通常只能提供简单的实时图像显示，但现在，借助深度学习模型的强大能力，人们能够对这些图像数据进行更深入的分析和挖掘。通过深度学习算法，对交通图像中的车辆、行人、交通标志等目标进行精确识别和跟踪，进而实现交通场景的智能感知和智能决策。在交通领域，除了大量的文本数据外，还有一种图像数据，其一般指视频或者图像等媒体数据。视频和图像一般通过摄像头收集，车载监控视频数据就是通过车内摄像头拍摄的视频数据。在交通领域，由于基于车载监控视频数据往往能准确捕捉到人脸特征及细小目标等特征，因此常被应用于驾驶员异常行为检测；图像数据能够提供交通场景的视觉信息，通过分析和处理这些数据，可以实现交通管理的多种功能，为交通管理和交通决策提供有力的支持。

在车载监控系统中，基于车载监控图像的应用有很多种。本章介绍4种基于车载监控图像的应用，分别是驾驶员吸烟检测、打电话检测、疲劳驾驶检测和公交客流量统计。这些应用都是通过分析车载监控图像中的驾驶员和乘客行为来实现的。通过本章的介绍，读者将了解如何使用现代计算机视觉和深度学习技术来实现驾驶员行为检测和公交客流量统计等车载监控应用，以及如何应用这些技术来提高城市交通管理水平和保障道路交通安全。

6.2　驾驶员吸烟检测

目前，驾驶员吸烟检测的研究成果可分为基于硬件设备和无线信号的检测方法，以及基于计算机视觉的检测方法。其中，基于硬件设备和无线信号的检测方法适应性较差，在一些特殊场景下使用效果不佳。有一部分研究采用基于计算机视觉的方法对驾驶员吸烟展开检测。其中，目标检测算法迅速发展并成为检测烟支的主流方法。在目标检测算法中，目标边框的从无到有，以及边框所做的变化体现了检测的阶段性，即包括两阶段目标检测及单阶段目标检测。两阶段目标检测致力于寻找目标样本出现的位置，得到建议框，保证结果的准确率和召回率；然后专注于对建议框的分类，得到目标样本的类别。由于这个过程分两步完成，故称为两阶段目标检测。单阶段目标检测则不需要得到建议框，直接对目标产生类别概率及位置坐标。相比两阶段目标检测，单阶段目标检测速度更快，但在模型准确率上有一定的损失。随着深度学习的发展，单阶段目标检测算法逐步成为目标检测算法的主流。由于单阶段目标检测算法不需要提前生成候选框的特点，大幅简化了整个检测阶段的流程，并降低了一定的计算量；同时，单阶段目标检测算法通过 CNN 进行端到端的处理，能够在图像中生成不同比例的边界框，并直接对该边界框的类别进行预测，使得目标的定位和分类在一个网络中同时完成。因此，单阶段目标检测算法的效率更高，其代表算法即 YOLO（you only look once）[127]和 SSD（single shot multibox detector）[128]。

6.2.1　基于改进 SSD 算法的驾驶员吸烟检测方法

驾驶员吸烟检测的原理是通过视频拍摄驾驶员图像，并在此基础上对驾驶员视频数据进行标记和预处理，根据预处理图像分析驾驶员是否吸烟。本节提出的基于改进 SSD 的驾驶员吸烟检测模型流程图如图 6.1 所示。

图 6.1　驾驶员吸烟检测模型流程图

6.2.2　模型设计

针对驾驶员吸烟检测的研究现状和算法分析，设计一种基于 SSD 目标检测模型的驾驶员吸烟检测算法。SSD 目标检测算法能够在图像中的不同位置均匀地密集抽样，抽样过程中根据不同的尺寸及宽高比利用卷积操作直接对目标进行分类和回归，从而实现对目标的检测。该检测过程采用一步完成，没有预先生成候选框的步骤，训练速度较快。SSD 目标检测算法采用 VGG（visual geometry group）作为特征提取网络，即骨干网络，并在骨干网络之后增加额外的卷积层用于获得更多的特征图。SSD 充分利用多尺度目标检测的思想，将不同尺度的特征图用于预测和分类，实现既能检测大目标物体又能检测小目标物体的功能。同时，对于每个单元的每个先验框，SSD 都输出一套独立的检测值对应一个边界框，适应真实目标物体的多种形变，在一定程度上降低了训练难度。该算法根据 SSD 模型，针对其骨干网络进行改进，融合一种检测准确率更高、检测速度更快的骨干网络 GhostNet[129]。由于 SSD 模型多尺度检测的特点，不能充分体现多层次之间的联系，因此利用特征融合增强特征层之间的交互。为了提升特征的表达能力，在特征融合之后引入注意力机制，根据特征重要性程度分配不同的权重，在通道和空间上增强特征信息。驾驶员吸烟检测模型架构如图 6.2 所示。

1. 骨干网络改进

在卷积神经网络中，随着层数的不断加深，网络模型训练结果会越来越好。但在 VGG 网络中，随着层数的升高，准确率出现了下降。同时，VGG 耗费了较多的计算资源，使用了较多的参数。为了使 SSD 模型骨干网络更为简洁和轻便，在骨干网络部分引入 GhostNet 来降低模型复杂度，并用更少的参数生成更多的特征。

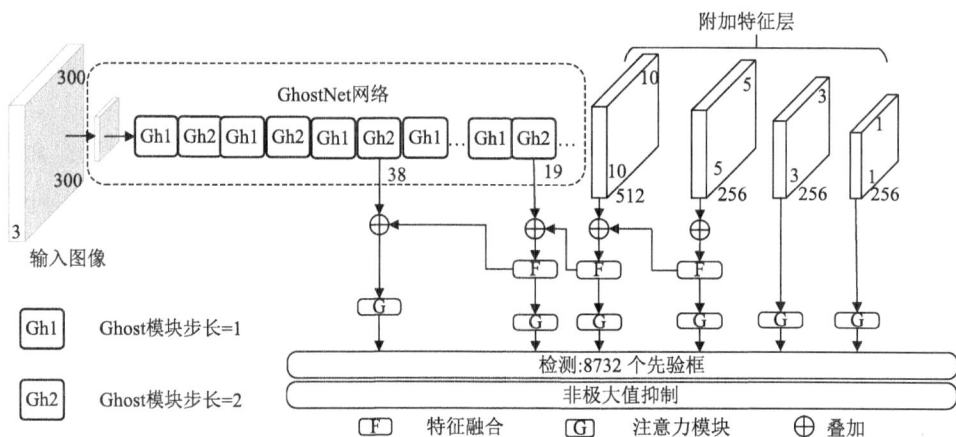

图 6.2 驾驶员吸烟检测模型架构

2. 特征增强和特征融合

为了增强特征融合过程中卷积层的学习能力，本节在设计特征融合模块时将跨阶段局部网络（cross stage partial network，CSPNet）[130]结构引入特征融合模块来实现特征的增强。CSPNet 结构从网络体系的角度提出跨阶段局部网络，将梯度变化集成在特征图中，能够在保持模型轻量化的同时实现卷积层学习能力的增强。在模型训练时，过高的计算瓶颈会导致更多的训练周期来完成卷积神经网络的推理，所以，若能够在每一层上均匀地分配计算量，则能够大幅降低计算瓶颈。模块借鉴 CSPNet 的后融合策略，经过 3×3 的卷积块后再经过过渡层与第一部分的特征图进行拼接。后特征融合策略梯度流被截断，梯度信息不会被重用，从而降低模块的计算瓶颈。

3. 注意力机制

注意力机制在 SSD 目标检测过程中能够为通道或空间分配不同的权重值来实现通道或空间的增强。全局平均最大值注意力机制（global average max attention，GAM）包含了通道注意力与空间注意力，但根据 GAM 注意力机制[131]的研究，其通道注意力子模块用两个线性层来实现模型对通道信息的增强，这无疑为模型带来了一定的计算量。为了在不引入过多参数的情况下，实现模型在通道和空间能力的增强，本节设计的驾驶员吸烟检测模型在 GAM 的基础上，改进了通道子模块，用两个卷积层来代替原来的两个线性层，同时，设定全局最大池化（global max pooling，GMP）和全局平均池化共同对卷积层大小进行压缩，利用特征通道的依赖性保留相对重要的特征，抑制和削弱相对不重要的特征。

6.2.3 实验分析

1. 数据集

为了较好地满足数据集的多样性，通常会在模型训练的第一步，即数据集的准备过程中，采用增加样本数量、提高样本代表性的方式来获得足够多的样本。同时，可以利用数据增广如镜像翻转、旋转、缩放、去噪等操作实现数据集的扩充。制作数据集时，数据集的标注同样也会影响算法准确率。在数据集标注时需要尽量避免标注错误。同时需要引入干扰样本，实现样本的均衡性。本节针对该问题，设计数据集包含驾驶员吸烟样本及干扰样本共 26542 张图像。驾驶员吸烟数据由摄像头进行录制，借助 CV2 库读取视频，并将视频按帧提取为图像；其次，采用 Labeling 图像标注工具对图像中的香烟进行标注，标注生成真实框表示为 (c, x, y, w, h)，其中 c 表示目标物体的类别，$x \geqslant 0$，y，w，$h \leqslant 1$ 分别表示真实框的中心点坐标，以及其高度和宽度在原输入图像中的比例。模型训练阶段，按 9：1 的比率将数据集划分为训练集、验证集和测试集，并在此基础上再次按 9：1 的比率划分为训练集和验证集，数据集的划分如表 6.1 所示。经过数据集的扩充及标注后，将该数据集送入驾驶员吸烟检测模型中得到最终检测结果。

表 6.1 数据集的划分

数据集内容	总样本数/张	训练集/张	验证集/张	测试集/张
吸烟样本数量	13468	10909	1212	1347
干扰样本数量	13074	10590	1177	1307

2. 实验环境

采用驾驶员吸烟检测系统完成测试实验。在训练模型过程中采用带有 GPU 计算加速的服务器。首先需要在本地连接云 GPU 服务器，利用平台强大的硬件支持和高可用的云服务系统，安装 Python 3.7、Torch 1.10、Matplotlib 3.4.3、NumPy 1.21.2、OpenCV-Python 4.5、Pillow 8.4.0、Torchvision 0.11.1 等软件环境。构建一个基于 PyTorch 的改进型 SSD 目标检测系统用于检测驾驶员吸烟数据集，集群性能可满足实验要求。从基本实验条件方面来讲，本节研究是可行的。

3. 消融实验

针对改进的 SSD 模型，设计引入不同模型的消融实验，从而验证改进策略的有效性，以及模型在该驾驶员吸烟数据集上的准确性。不同模型在驾驶员吸烟数据集上的测试结果如表 6.2 所示。

表 6.2 不同模型在驾驶员吸烟数据集上的测试结果

模型	学习率	预训练	召回率/%	准确率/%	mAP/%	帧速率/fps
SSD	2E-3	False	64.62	94.45	90.69	14.21
Ghost_SSD	2E-3	False	79.52	96.76	91.58	14.30
Ghost_SSD+特征融合	2E-3	False	80.45	95.99	93.07	13.63
Ghost_SSD+注意力机制	2E-3	False	81.67	96.33	93.37	14.39
Ghost_SSD+特征融合+注意力机制	2E-3	False	84.43	95.57	94.21	14.05

注：帧速率（单位是帧/秒，即 fps）是衡量电子设备图像显示流畅度的重要参数。

针对该消融实验结果，本节从以下 3 个方面进行分析，包括骨干网络的有效性、特征融合模块的有效性、注意力机制的有效性。通过更改模型骨干网络，模型召回率从 64.62%增加至 79.52%，说明模型能够正确识别正样本中为正的概率大幅提升。同时，GhostNet 模块的引入加快了模型的运算速度，减少了网络计算量。引入特征融合后，召回率和 mAP 值均有提升，特征融合模块增强特征图之间交互性，深层特征图中的语义信息能够通过上采样操作传送至浅层特征图中，增强香烟的特征提取能力，但模型的 FPS 值有所下降。引入注意力机制后，召回率、mAP 和 FPS 均有所上升，且在特征融合中引入注意力机制，模型 mAP 提升至 94.21%。注意力机制能够加强有效特征的表达，同时采用不降维的通道注意力能够减少参数的引入。

4. 对比实验

表 6.3 将本节改进的 SSD 模型与 SSD 基线模型和特征融合单次多框检测器[130]（feature fusion single shot multi-box detector，FSSD）展开对比。无论在召回率指标还是 mAP 指标上都要优于 SSD 和 FSSD，其中，FSSD 拥有更快的检测速度，能够处理一些需要实时性检测的任务。总体来说，本章提出的模型在主流目标检测算法中，具有较高的检测准确率及召回率，能够精准检测驾驶员吸烟行为。

表 6.3　不同模型在驾驶员吸烟数据集上的测试结果

模型	主干网络	输入尺寸	预训练	特征增强	注意力	召回率/%	mAP/%	帧速率/fps
SSD	VGGNet	300×300	True	—	—	64.62	90.69	14.21
FSSD	VGGNet	300×300	False	—	—	72.70	85.70	25.80
本节	GhostNet	300×300	False	√	√	84.43	94.21	14.05

5. 测试案例

模型分别在 SSD 算法、YOLOv5s 算法及本节设计的算法中进行测试，并输出可视化检测结果图。如图 6.3 所示，（a1,a2）为该数据集在 SSD 模型上的检测效果，检测到

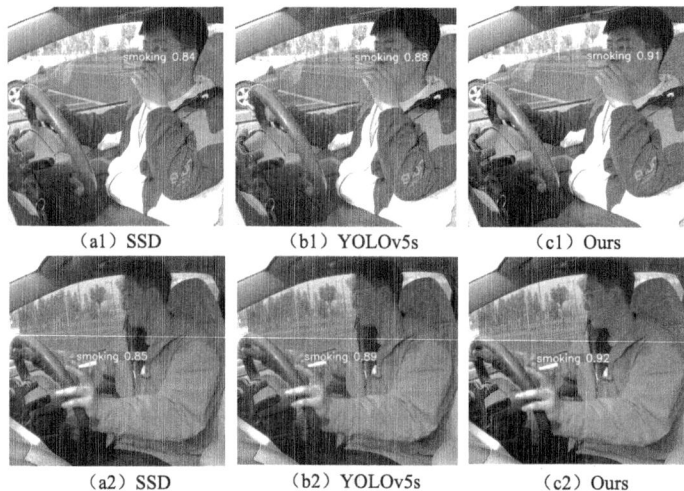

（a1）SSD　　　（b1）YOLOv5s　　　（c1）Ours

（a2）SSD　　　（b2）YOLOv5s　　　（c2）Ours

图 6.3　不同模型下的驾驶员吸烟检测结果图

烟支目标的准确率为 84% 和 85%；（b1,b2）为该吸烟数据集在 YOLOv5s 模型上的检测效果，其准确率较高于 SSD 模型；（c1,c2）为该吸烟数据集在本章设计的驾驶员吸烟检测模型上的检测效果，其准确率超过了 90%。由图可知，SSD 模型的检测准确率较低，本节设计的驾驶员吸烟检测模型在该数据集上的准确率较高，同时也证实了该改进算法的有效性。

本节成功构建并优化了一个用于检测驾驶员吸烟行为的数据集与模型。通过细致的数据增广、标注策略及动态的样本构建，保证了数据集的质量和多样性。对比实验显示，采用改进的骨干网络、特征融合结构及引入注意力机制，显著提高了召回率和准确率，并在保证高效性的同时减少了算法计算量。这些优化使本节提出的模型在准确性和速度方面超越了现有的主流目标检测算法，确保了模型对实时驾驶行为分析的适应性和可靠性。

智能交通系统中的驾驶员行为监控是未来技术发展的重要方向，而图像识别算法显著提升了驾驶员吸烟检测的准确率。为了应对由背景干扰引起的数据集质量波动，未来研究须聚焦高质量图像的稳定采集及对复杂环境的适应性。同时，须在不损失模型检测准确率的情况下，简化模型结构，开发更轻量化的算法，并探索有效的特征融合技术，提高对小目标的检测能力。此外，提高模型的可迁移性以适应多变的实际应用场景，也将成为关键研究课题，进一步推动驾驶员吸烟检测技术在智慧交通领域的广泛应用和发展。

6.3　驾驶员打电话检测

在现实生活中，对于驾驶员使用手机的行为检测一般是在特定的路段中设置抓拍系统，但这种方式只能对特定范围内的违章行为进行检测，对于司机使用手机的约束力较为有限。日常驾驶过程中，驾驶员使用手机的行为是不确定且频繁出现的，在没有监控的路段对该行为进行监管较为困难，仅靠司机的自觉很难保证行车的安全性。同时，随着出租车、网约车等行业的普及与发展，人们的出行方式变得丰富多样，特别是滴滴打车等网约车的出现，给出行提供了极大的便利。随着出租车、网约车客流量的不断增加，通过规范司机的行为来保障乘客的安全显得尤为重要。

6.3.1　基于改进 YOLOv5n 算法的驾驶员打电话检测方法

传统的驾驶员手机使用检测方法可分为 3 类：手机信号检测、通过人工设置滤波器对图像进行处理、使用传统分类算法对检测目标进行分类。通过手机信号来判断驾驶员是否在驾驶过程中使用手机的方法易受到乘客及其他通信信号的干扰，导致检测误差较大。人工设置滤波器的方法对驾驶员使用手机行为的检测有着突出贡献，但其对特征的处理较为单一，适用性不强，使得设计的算法不能灵活地检测目标。使用传统分类算法对驾驶员手机使用情况进行分类是一种常用的检测手段，为了提高算法检测的准确率，这种检测方式往往也会利用图像处理技术对图像进行预处理，但其对违规行为的识别易受人脸检测准确率及外界光照等因素的影响，导致性能较低。本节提出一种基于 YOLOv5n[132] 的驾驶员打电话检测算法，再融合 Slimming 剪枝[133]算法及 Focal-EIoU

Loss(s)损失函数,利用自制数据集进行实验,模型无论在准确率还是轻量化程度上都有所提高。其流程图如图 6.4 所示。

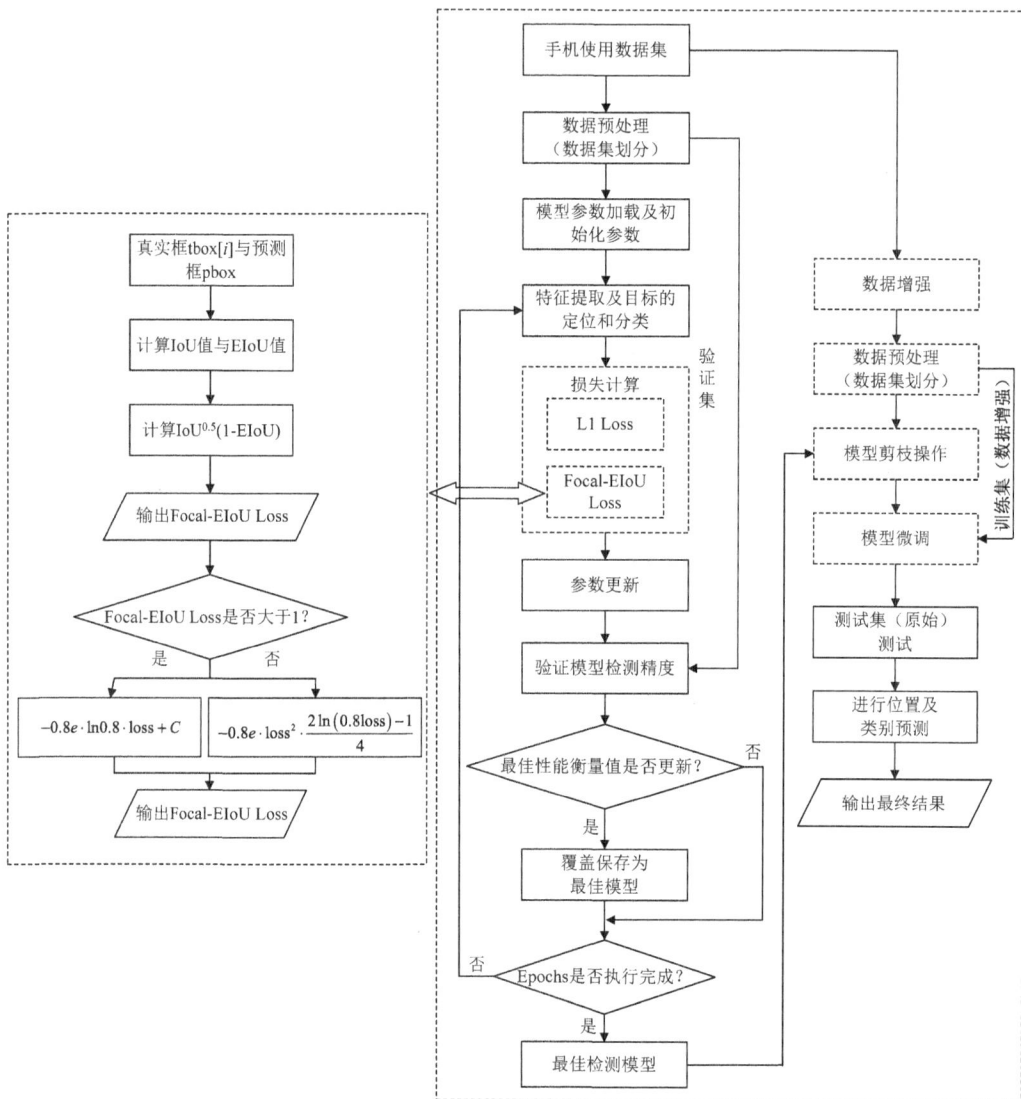

图 6.4　本节提出的基于 YOLOv5n 驾驶员打电话检测算法流程图

6.3.2　模型设计

YOLOv5n 与系列中的其他算法结构一致,只在模型深度和宽度上有所不同。相比 YOLOv5s 模型,YOLOv5n 的参数量减少了 75%,非常适用于移动端或 CPU 环境。YOLOv5n 算法结构包括输入端 Input、骨干网络 Backbone、检测层 Neck 及输出端 Head,如图 6.5 所示。

图 6.5 的结构图包含网络层配置表：

```
   from    n   params   module                                arguments
0  -1      1   1760     models.common.Conv                    [3, 16, 6, 2, 2]
1  -1      1   4672     models.common.Conv                    [16, 32, 3, 2]
2  -1      1   4800     models.common.C3                      [32, 32, 1]
3  -1      1   18560    models.common.Conv                    [32, 64, 3, 2]
4  -1      2   29184    models.common.C3                      [64, 64, 2]
5  -1      1   73984    models.common.Conv                    [64, 128, 3, 2]
6  -1      3   156928   models.common.C3                      [128, 128, 3]
7  -1      1   295424   models.common.Conv                    [128, 256, 3, 2]
8  -1      1   296448   models.common.C3                      [256, 256, 1]
9  -1      1   164608   models.common.SPPF                    [256, 256, 5]
10 -1      1   33024    models.common.Conv                    [256, 128, 1, 1]
11 -1      1   0        torch.nn.modules.upsampling.Upsample  [None, 2, 'nearest']
12 [-1, 6] 1   0        models.common.Concat                  [1]
13 -1      1   90880    models.common.C3                      [256, 128, 1, False]
14 -1      1   8320     models.common.Conv                    [128, 64, 1, 1]
15 -1      1   0        torch.nn.modules.upsampling.Upsample  [None, 2, 'nearest']
16 [-1, 4] 1   0        models.common.Concat                  [1]
17 -1      1   22912    models.common.C3                      [128, 64, 1, False]
18 -1      1   36992    models.common.Conv                    [64, 64, 3, 2]
19 [-1, 14]1   0        models.common.Concat                  [1]
20 -1      1   74496    models.common.C3                      [128, 128, 1, False]
21 -1      1   147712   models.common.Conv                    [128, 128, 3, 2]
22 [-1, 10]1   0        models.common.Concat                  [1]
23 -1      1   296448   models.common.C3                      [256, 256, 1, False]
24 [17, 20, 23] 1 9471  models.yolo.Detect  [2, [[10, 13, 16, 30, 33, 23], [30, 61, 62, 45, 59, 119], [116, 90, 156, 198, 373, 326]], [64, 128, 256]]
```

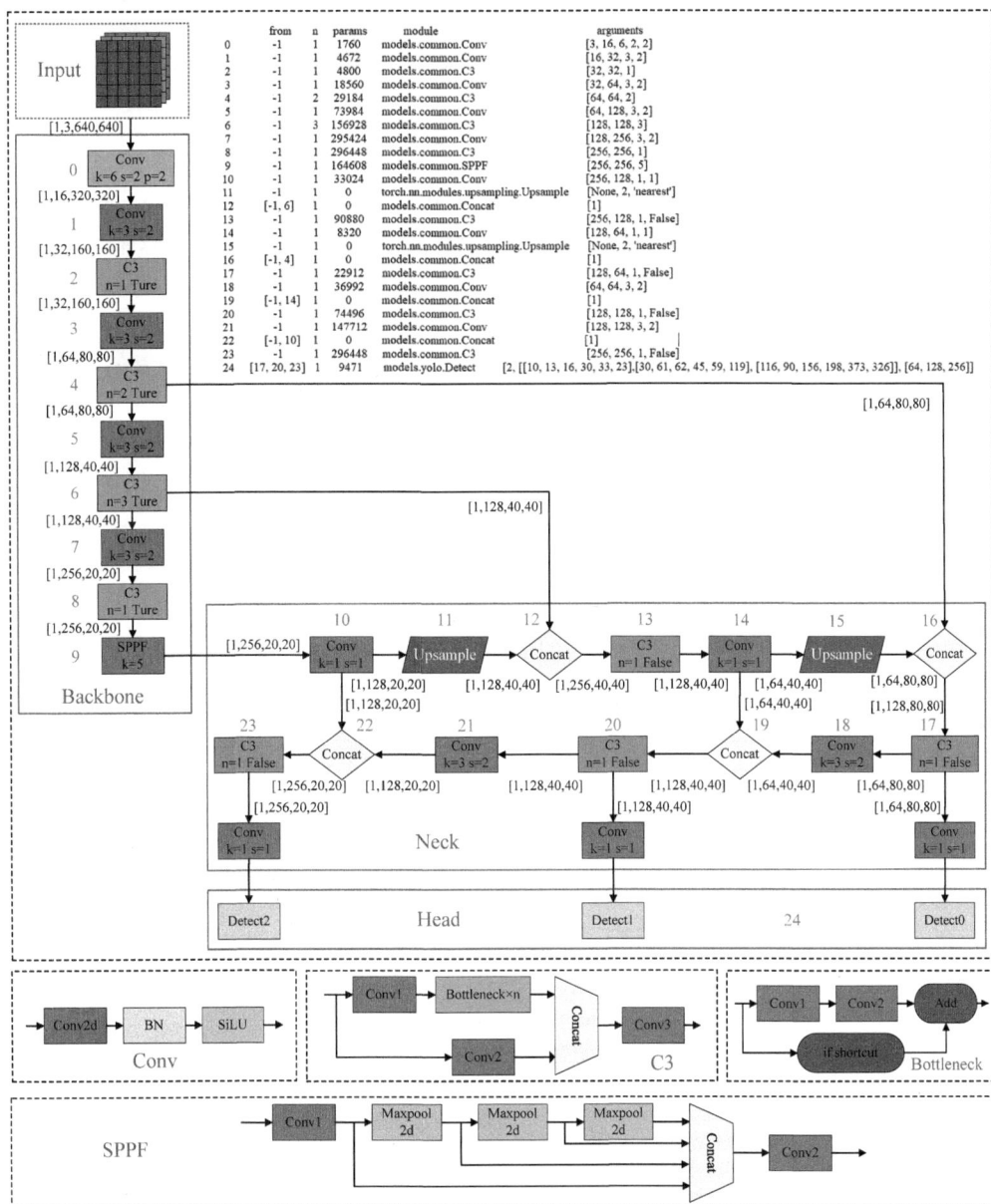

图 6.5　YOLOv5n 算法结构

1. YOLOv5n 融合 Slimming 剪枝

Slimming 是一种方便高效的结构化剪枝技术，具体而言，是属于结构化剪枝技术之下的通道剪枝技术。通道剪枝会裁剪若干组通道，而 Slimming 剪枝则是利用 L1 损失函数对批量归一化（batch normalization，BN）层的缩放因子 γ 进行稀疏化处理，并以此参数来衡量通道的重要程度。Slimming 剪枝算法共分为 3 个步骤：稀疏正则化、剪枝、微调。依次进行这 3 个步骤才能使剪枝后的模型拥有较好的性能表现。稀疏正则化会在模型训练时利用 L1 损失函数对 BN 层的缩放因子 γ 进行稀疏化处理，从而判断出各通道的重要程度。剪枝操作会裁剪掉不重要的通道，即裁剪掉 γ 趋于 0 的通道。在进行剪枝操作时，算法会根据提前设置的百分比 b 来对模型进行剪枝，该百分比代表了裁剪的比例。微调操作是指对于裁剪通道所造成的模型性能降低的问题，采用模型微调的方式来更新网络。相比模型的训练过程，模型的微调操作通常使用的训练轮次（epochs）数值不高，仅通过少量的训练轮次就能使模型微调到较好的性能表现。在进行微调操作时，考虑数据的数量及复杂性（如对数据进行数据增强后），可适当增加 epoch 的数值。将 Slimming 剪枝算法的稀疏正则化、剪枝、微调 3 个步骤融入 YOLOv5n 模型后，模型的整体流程图如图 6.6 所示，其中虚线部分为 Slimming 剪枝算法与 YOLOv5n 模型的具体结合。

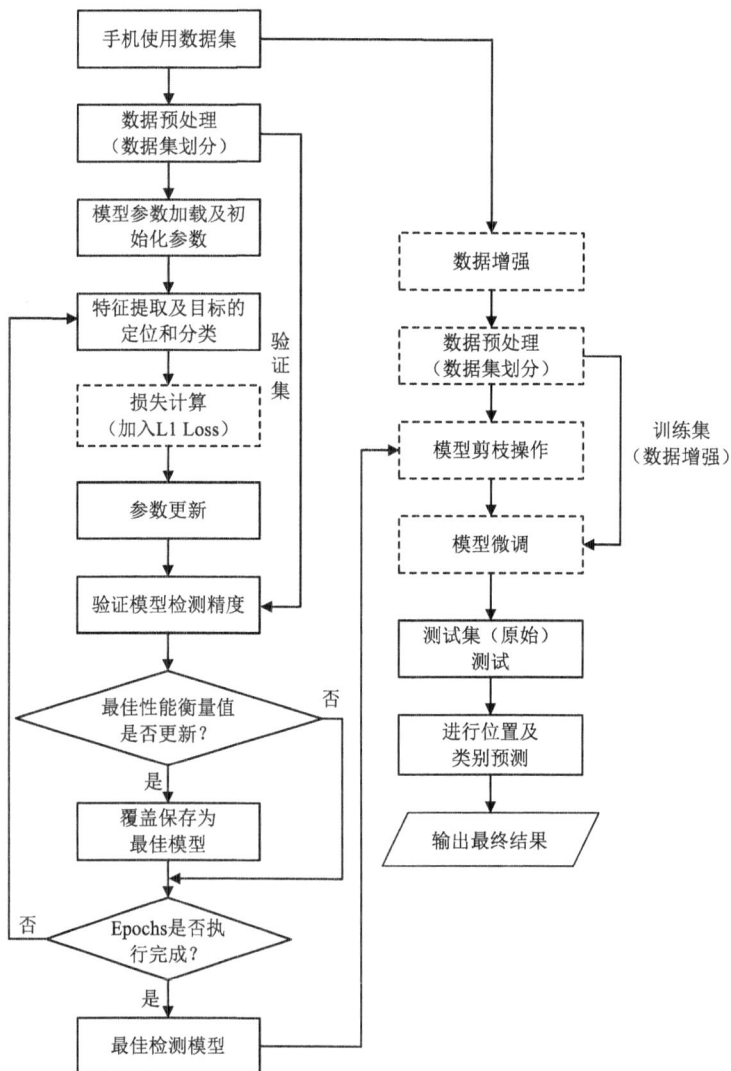

图 6.6　基于 Slimming 剪枝的 YOLOv5n 算法流程图

结合图 6.6 所示，基于 Slimming 剪枝的 YOLOv5n 算法的具体实现步骤如下。

步骤 1：对手机使用数据集进行数据预处理，包括数据的筛选、标记及划分，从而得到训练集、验证集、测试集。

步骤 2：设置模型的超参数，包括训练轮次为 125、样本批次大小为 64、初始学习率为 0.01、循环学习率为 0.1、训练动量为 0.937 等。

步骤 3：加载模型参数并初始化相关参数，如模型的结构信息，训练集、验证集、测试集的配置信息等。

步骤 4：读取图像数据并进行特征的提取，以及目标的定位和分类。

步骤 5：比较标签数据（真实值）和模型的预测值，从而进行损失计算，损失计算包括置信度损失、分类损失、回归损失、L1 损失（稀疏训练）。

步骤 6：依据损失函数进行网络的反向传播，从而实现参数的更新。

步骤 7：利用步骤 1 中生成的验证集进行模型的检测准确率验证，依据验证的结果来判断是否更新最佳性能衡量值，如果更新则将该轮训练的模型保存为最佳模型，否则将不保存。

步骤 8：判断 epochs 是否执行完成，未执行完成则继续执行步骤 4，否则将会得到最佳的检测模型。

步骤 9：对手机使用数据集进行数据预处理，包括数据增强和数据划分，从而得到增强后的训练集、验证集、测试集。

步骤 10：对步骤 8 得到的模型进行剪枝操作，剪枝完成后利用数据增强后的训练集对模型进行微调。

步骤 11：利用步骤 1 产生的测试集对模型的性能进行测试，从而得到测试结果。

为提高模型的训练效率，本节仅使用原始数据集（数据增强前的数据集）进行模型稀疏化训练；为使模型在微调后能有更好的检测效果，将使用数据增强后的数据集进行模型的微调，使模型拥有更高的检测准确率，有利于模型性能的大幅提升。

2. Focal-EIoU Loss(s)与 YOLOv5n 的结合

在进行边界框回归的过程中，FocalL1 Loss 与 Focal-EIoU Loss 都是关注高质量样本对于损失函数的提升，但不同的是，Focal-EIoU Loss 对 EIoU Loss 进行加权的操作会由于数据集的不同而受到限制，即在高质量样本较多时，EIoU Loss 的权重大小关系不那么明显，从而导致该损失函数显得并不那么高效。同时，FocalL1 Loss 不会受到高质量样本较多而导致回归效率降低的影响，在训练类别种类较少、识别目标较大的数据集中，该损失函数可发挥重要作用。

结合后的损失函数 $L_{\text{Focal-EIoU(s)}}$ 将替换 YOLOv5n 中的 CIoU 损失函数，即代替总损失中的边界框回归损失，后续将通过一系列实验来验证该损失函数的有效性和优越性。该损失函数与 YOLOv5n 模型结合后，模型的总损失包括置信度、分类损失 BCEWithLogits Loss、边界框回归损失 Focal-EIoU Loss(s)。整体模型的具体执行步骤如下。

步骤 1：对数据集进行数据预处理，包括数据的筛选、标记及划分，从而确定训练集、验证集、测试集。

步骤 2：设置模型的超参数，包括训练轮次为 125、置信度阈值为 0.01、IoU 置信度阈值为 0.37、样本批次大小为 64，以及 Focal-EIoU Loss(s)函数中的超参数。

步骤 3：加载模型参数并初始化相关参数，如模型的结构信息，训练集、验证集、测试集的配置信息等。

步骤 4：读取图像数据并进行特征的提取，以及目标的定位和分类。

步骤 5：比较标签数据（真实值）和模型的预测值，从而进行损失计算。损失计算包括置信度、分类损失 BCEWithLogits Loss、边界框回归损失 Focal-EIoU Loss(s)。

步骤 6：在回归损失计算中，依据真实框与预测框之间的 IoU 值和 EIoU 值求出 Focal-EIoU Loss 的损失值。

步骤 7：按照 Focal-EIoU Loss 损失值的大小进一步判断出 Focal-EIoU Loss(s)的具体计算方法，从而求出回归损失的实际值。

步骤 8：在求出包括置信度损失、分类损失和回归损失在内的总损失值后，便可依据损失函数值进行网络的反向传播，从而实现参数的更新。

步骤 9：利用步骤 1 中生成的验证集进行模型的检测准确率验证，依据验证的结果来判断是否更新最佳性能衡量值，如果更新则将该轮训练的模型保存为最佳模型，否则将不保存。

步骤 10：判断 epochs 是否执行完成，未执行完成则继续执行步骤 4，执行完成后算法将会根据以往的参数记录来确定最佳的检测模型。

6.3.3 实验分析

1. 数据集

本实验所使用的数据集为 Driver Behavior Dataset 中的部分类别，包括驾驶员打电话及编辑信息行为。Driver Behavior Dataset 数据集在 State Farm 数据集的基础上对每个类别进行了少量扩充。State Farm 是关于驾驶员行为检测的公开数据集，所包含的类别信息共计 10 种，分别为安全驾驶、用右手编辑短信、用右手打电话、用左手编辑短信、用左手打电话、操作收音机、喝东西、伸手到后面、整理妆容、与乘客交谈。Driver Behavior Dataset 数据集在对 State Farm 数据集进行扩充后重新划分了数据类别，包含 5 类：安全驾驶、打电话、编辑短信、转身、其他行为。Driver Behavior Dataset 数据集从两个角度对驾驶员的行为进行拍摄，而多角度拍摄的数据集有助于模型的学习，以及模型在实际场景中的应用。

数据本身的质量最终影响模型的性能表达，利用数据增强技术对原始数据进行扩充，不仅能够减少模型的过拟合问题，还能够增加原有数据集的丰富性，从而提高模型在复杂检测环境下的识别能力。本实验采用数据增强库 albumentations 中的 8 种方法对数据集进行扩充：垂直方向翻转、水平方向翻转、模糊、灰度化、反化、随机排列输入 RGB 图像通道、高斯噪声、色调饱和度值（hue saturation value，HSV）。其中，通过调整 HSV 参数来人为改变原图片的色调、饱和度、明度，通过相应增加或减少原图片的明亮来实现光照环境的模拟，从而提高模型在光照环境下的检测能力。

为满足驾驶员手机使用检测的实际需求，本实验采用两种数据类别来训练、验证及测试模型性能，类别分别为"手持通话"和"编辑手机"。经过对原始图片信息的筛选，即去除具有重复信息及类别信息不明显的图片后，数据集的详细信息如表 6.4 所示，其中手机使用数据集在进行数据增强后，训练集的整体数据量由 3268 张扩充至 29582 张图片，验证集的整体数据量由 482 张扩充至 4056 张图片，测试集的数据量由 411 张扩充至 3811 张图片。

表 6.4　数据集信息

数据集类型	训练集/张	验证集/张	测试集/张
calling	1554	232	200
editing	1714	250	211
total	3268	482	411
calling-augmentation	14171	1904	1799
editing-augmentation	15411	2152	2012
total-augmentation	29582	4056	3811

2. 实验环境

在实验环境方面，本实验采用 GPU 服务器进行模型的训练任务，该服务器可提供 12GB 的显存空间，利用平台强大的硬件支持可完成 YOLOv5n 模型的训练。GPU 服务器具体配置如表 6.5 所示。

表 6.5　GPU 服务器配置

硬件配置	软件配置
CPU 处理器：Intel®Xeon(R) CPU E5-1620 0 @ 3.60GHz x 8	Python 3.7
内存：12GB	PyTorch 1.10
GPU：Nvidia Tesla P100	Albumentations 1.1.0

3. 消融实验

在对模型进行优化后，接下来就是对比各个阶段的优化方法，从而判断每种方法对模型性能的提升程度。消融实验中共需对比 3 种方式，即数据增强方法、Slimming 剪枝算法，以及 Focal-EIoU Loss 损失函数。

由表 6.6 可知，对 YOLOv5n 原始模型进行剪枝操作能使模型的计算量与参数量分别减少 44.4%、45.2%，检测目标所用时间也得到相应的减少。剪枝操作虽然有效地增加了模型的实时性检测能力，但经过剪枝操作后模型的检测准确率也会略有下降。数据增强操作及损失函数 Focal-EIoU Loss 均提高了模型的检测准确率。

表 6.6　YOLOv5n 消融实验

YOLOv5n	Slimming 剪枝	Focal-EIoU Loss	数据增强	mAP/%	mAP@.5:.95/%	FLOPs/GB	Param/MB	Time/ms
√				99.3	83.3	4.2	1.8	2.89
√	√			98.5	79.7	**2.3**	**1.0**	2.27
√	√	√		99.0	79.9	**2.3**	**1.0**	**2.23**

续表

YOLOv5n	Slimming 剪枝	Focal-EIoU Loss	数据增强	mAP/%	mAP@.5:.95/%	FLOPs/GB	Param/MB	Time/ms
√	√		√	99.4	85.5	**2.3**	**1.0**	2.28
√		√	√	**99.5**	**89.4**	4.2	1.8	2.57
√	√	√	√	**99.5**	85.7	**2.3**	**1.0**	2.30

注：FLOPs 表示模型计算量；Param 表示模型参数量；Time 表示模型推理时间。

4. 测试案例

经过上述 3 种方法的改进，模型在手机使用数据集上的平均精度（mean average precision，mAP）均值及 mAP@.5:.95 分别提高了 0.2%、2.4%。由于模型对于驾驶员手机使用的检测准确率已经接近饱和，因此模型在准确率上的提升有限。在样本批次大小为 64 的条件下，模型处理图片的时间由 2.89ms 缩小到 2.30ms，即实时检测能力由 346FPS 提高到 434FPS。该模型兼具了轻量化与检测准确率，可进一步在移动设备或嵌入式设备上进行实时检测的研究。图 6.7 所示为驾驶员手机使用检测示例。

图 6.7　驾驶员手机使用检测示例

本节利用扩充的 Driver Behavior Dataset 来识别驾驶员打电话和编辑信息的行为，通过 Albumentations 库增强训练数据，提升了模型对复杂环境的适应力。模型采用剪枝和 Focal-EIoU Loss 优化，平衡了计算效率与检测准确率，最终实现了在驾驶员手机使用行为检测任务上的高效率和精确性。

针对本节提出的基于 YOLOv5n 的驾驶员手机使用检测模型，未来研究应聚焦于扩展图像数据的多角度采集以提高检测准确率，探索超越 Slimming 剪枝技术的轻量化方法以增强模型推理速度，以及考虑将系统移植到如 Jetson Xavier NX 等嵌入式平台上，以优化系统的应用性和适用性，进一步提高实际应用中的效率和精确度。

6.4　疲劳驾驶检测

在交通领域，疲劳驾驶一直是国家交通管理部门及驾驶员非常重视的问题。有关调查表明，因疲劳驾驶而引发的交通事故占比在 14%～20%。若能在驾驶员有疲劳驾驶迹象时及时进行提醒,将会有效地减少因驾驶员疲劳驾驶而导致的交通事故。因此,有效的疲劳驾驶检测十分重要。

6.4.1 基于面部多特征的驾驶员疲劳驾驶检测方法

现阶段,疲劳驾驶检测的方法可以分为以下三大类:基于驾驶员生理特征的疲劳驾驶检测方法、基于驾驶员车辆行为特征的疲劳驾驶检测方法、基于驾驶员面部特征的疲劳驾驶检测方法。基于驾驶员生理特征的疲劳驾驶检测方法,一般使用硬件设备检测驾驶员的生理信号,包括检测驾驶员的心电图、脑电图、眼电图和呼吸频率等,来判断驾驶员是否疲劳驾驶。该方法需要与驾驶员接触,驾驶员需要穿戴相应的硬件设备。该方法检测结果一般较为准确,但由于是接触式的,对驾驶员较为不友好,在驾驶员驾驶期间,有可能会干扰驾驶员的正常驾驶行为。基于驾驶员车辆行为特征的疲劳驾驶检测方法,一般根据车辆的行为轨迹,通过分析车辆行驶过程中是否出现不合理现象等来判断驾驶员是否出现疲劳驾驶行为。虽然该方法为非接触式的,对驾驶员比较友好,但是该方法和驾驶员的驾驶习惯、路面状况及特定时段的交通状况有很大的关联,因此检测结果较为不准确,通常不会用于实际应用中。基于驾驶员面部特征的疲劳驾驶检测方法,一般使用图像处理技术及深度学习目标检测技术,如检测驾驶员单位时间内的眨眼频率、闭眼时间及打哈欠的频率等来判断驾驶员是否疲劳驾驶。基于驾驶员面部特征的疲劳驾驶检测方法流程图如图 6.8 所示。首先需要通过预先训练好的人脸检测模型检测出人脸并进行人脸关键点的标注,随后通过人脸"三庭五眼"的分布特征、人脸关键点,或者预训练好的人眼及嘴巴识别模型,定位出驾驶员眼睛和嘴巴的位置,通过图像处理技术或者提前预训练好的人眼和嘴巴状态检测模型来检测眼睛和嘴巴的开合,得到驾驶员眼睛和嘴巴的状态,最后通过眼睑闭合持续时间百分比(percentage of eyelid closure over thepupil over time,PERCLOS)疲劳驾驶判别参数或者通过 PERCLOS 衍生出来的其他疲劳驾驶判别参数来判断驾驶员是否疲劳驾驶。

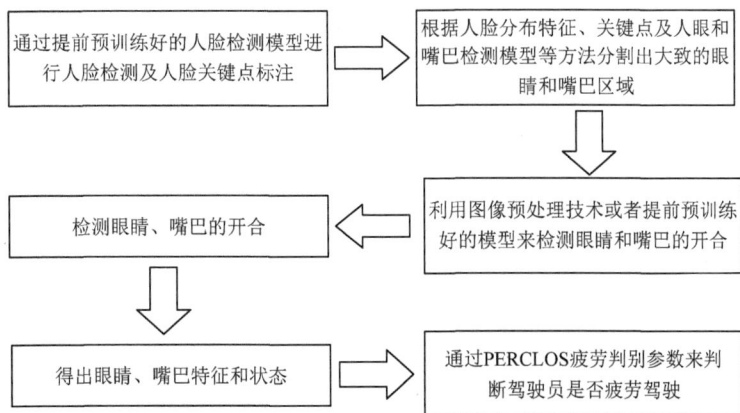

图 6.8 基于驾驶员面部特征的疲劳驾驶检测方法流程图

由于该方法为非接触式的,对驾驶员比较友好,且随着大数据时代的到来,以及深度学习的发展,流程中所涉及的人脸检测模型、眼睛嘴巴检测模型及眼睛嘴巴状态检测模型等都有大量的数据集及深度学习技术作为技术支撑，疲劳驾驶检测准确率也得到了保证。因此，该方法成为目前研究的热点。基于驾驶员面部特征的疲劳驾驶检测的任务是利用摄像头和计算机视觉技术提取驾驶员面部特征，然后通过分析驾驶员面部特征来判断驾驶员是否存在疲劳驾驶行为。图 6.9 给出了基于驾驶员面部特征的疲劳驾驶检测总体框架。

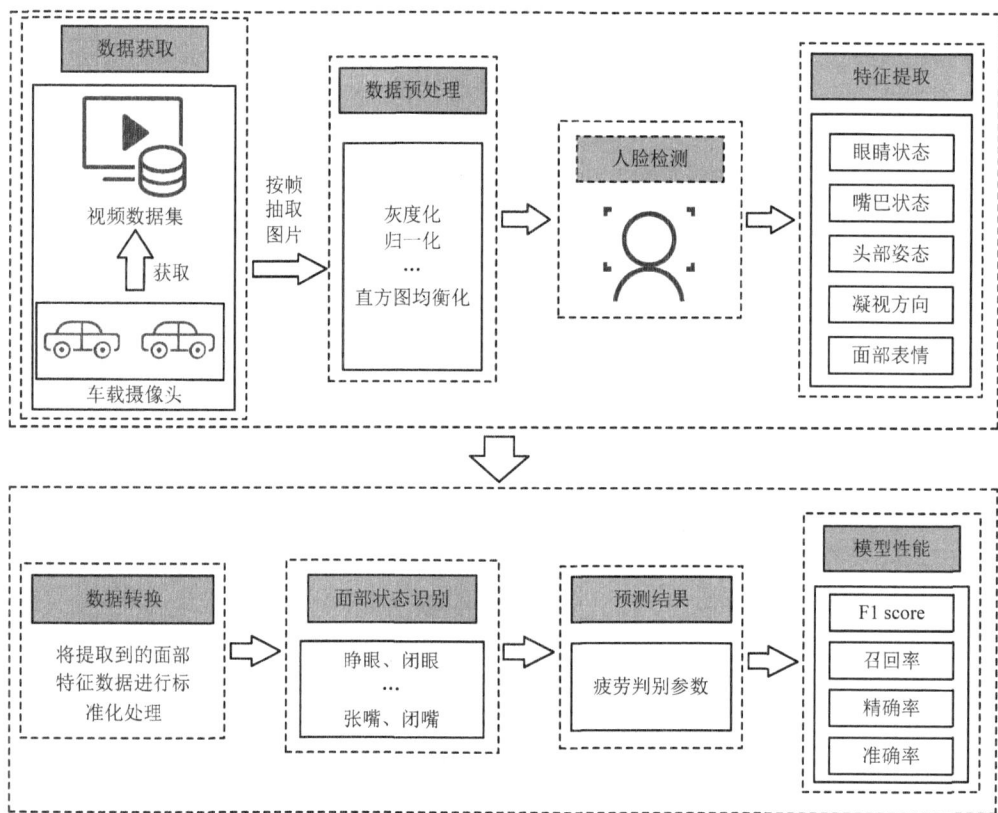

图 6.9　基于驾驶员面部特征的疲劳驾驶检测总体框架

由图 6.9 可知，疲劳驾驶检测首先通过车载摄像头获取驾驶员驾驶的实时画面，然后对获取的画面进行预处理并输入人脸检测模型。当检测到驾驶员人脸后，就会使用特征提取算法提取驾驶员的面部特征。然后通过分析驾驶员的面部特征，进行人脸面部状态的识别，根据疲劳驾驶判别参数对疲劳驾驶行为进行判断。最后根据 F1 score、召回率、准确率及精确率等指标对疲劳驾驶检测模型的性能进行评价。

6.4.2　模型设计

基于驾驶员面部特征的疲劳驾驶检测方法目前存在的问题，本节提出一种多方法融合的疲劳驾驶检测方法整体框架，设计多特征融合的疲劳驾驶检测方法，使用多参数共同进行驾驶员疲劳驾驶检测。其中多方法融合的特征提取方法分为以下几部分。首先，使用轻量化网络 MobileNetV3_small[134]构建分类网络，并通过迁移学习训练驾驶员眼睛、嘴巴状态分类器；其次，使用关键点定位方法，通过实验分析传统平均阈值的缺点并提出个性化阈值和概率公式，构建基于个性化阈值的眼睛、嘴巴特征提取方法；最后，将优化后的基于 MobileNetV3_small 特征提取方法和优化后的基于关键点定位的特征提取方法进行融合，作为最终的驾驶员眼睛、嘴巴状态的特征提取方法。

本节提出的基于驾驶员面部特征的疲劳驾驶检测方法，如图 6.10 所示。

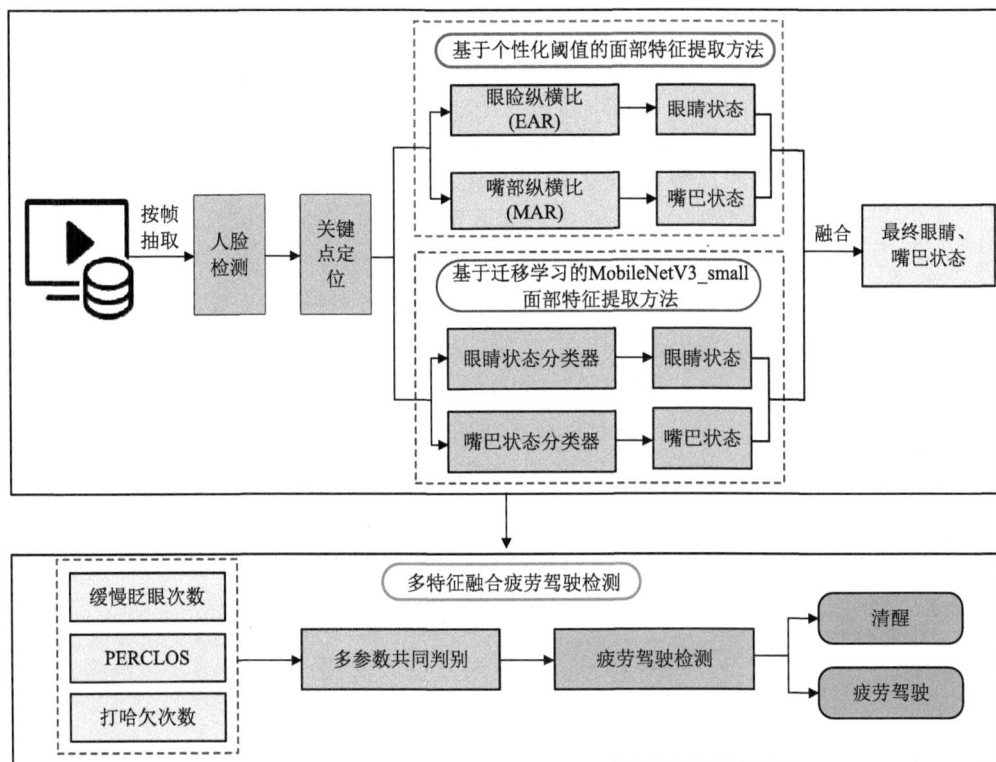

图 6.10　基于驾驶员面部特征的疲劳驾驶检测方法

本节提出的疲劳驾驶检测方法主要包括多方法融合的面部特征提取部分和多特征融合疲劳驾驶检测部分。其中，多方法融合的面部特征提取部分主要包括以下内容。

（1）基于迁移学习的 MobileNetV3_small 面部特征提取方法。首先，在训练眼睛、嘴巴状态分类器时，设计一种基于迁移学习的方法，提高模型的学习效率；其次，通过提前训练好的分类器对视频中的每一帧图像中驾驶员的眼睛、嘴巴特征进行提取。

（2）基于个性化阈值的面部特征提取方法。首先，提出一种个性化阈值代替传统平均阈值，并设计概率公式；其次，在使用平均阈值的基础上，计算眼睑纵横比（eye aspect ratio，EAR）和嘴部纵横比（mouth aspect ratio，MAR）来进行驾驶员眼睛、嘴巴特征的提取。

（3）多方法融合的面部特征提取方法。设计多方法融合的面部特征提取方法，将基于迁移学习的 MobileNetV3_small 面部特征提取方法和基于个性化阈值面部特征提取方法的结果进行融合，作为最终驾驶员眼睛、嘴巴特征提取的结果。

多特征融合疲劳驾驶检测部分主要是在驾驶员面部特征提取的基础上，统计驾驶员一段时间内缓慢眨眼次数、PERCLOS 值、打哈欠次数，然后使用多参数融合来进行疲劳驾驶的检测。

1. HOG+SVM 人脸检测算法

定向梯度直方图（histogram of oriented gradients，HOG）是一种特征提取方法，将其与 SVM 结合，可用于人脸检测。本节使用 HOG+SVM[135]的方法来对驾驶员进行人脸检测，其流程图如图 6.11 所示。

该方法首先提取图片中的 HOG 特征，随后将提取到的 HOG 特征送入 SVM 分类器进行人脸检测，若该张图片中有人脸区域，则记录人脸位置信息，并根据人脸位置信息标注人脸框。其中，HOG 特征提取的流程图如图 6.12 所示。

提取图像 HOG 特征主要步骤如下。

（1）对目标图像进行灰度化处理，然后采用 Gamma 校正的方法对图像进行颜色和空间的归一化，以调整图像的对比度，降低局部图像阴影及光照变化所带来的影响。

（2）为了捕获图像边缘及轮廓信息，并进一步减弱光照带来的干扰，计算图像中每个像素点的梯度。

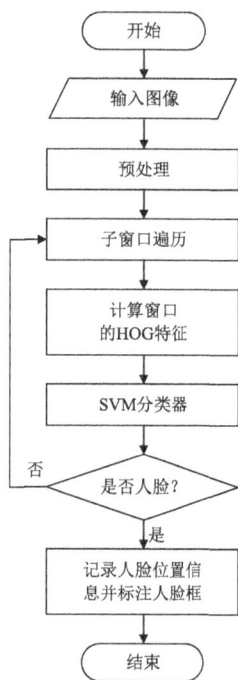

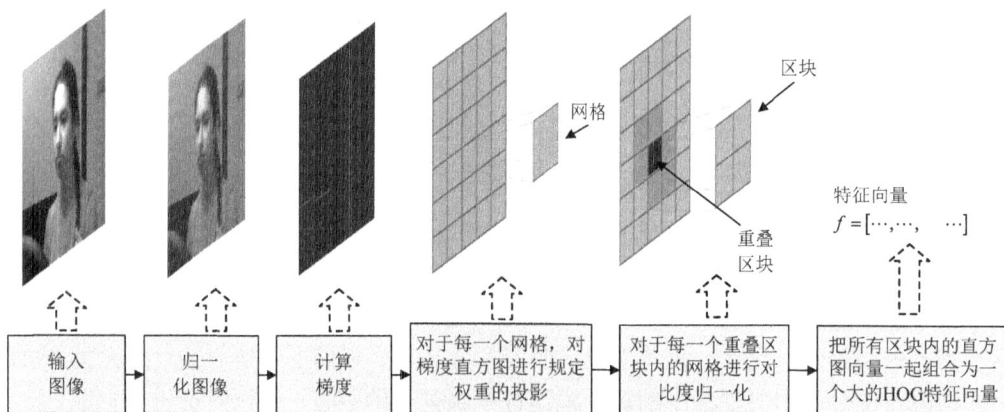

图 6.11 基于 HOG+SVM 的人脸检测流程图

图 6.12 HOG 特征提取流程图

（3）将图像划分为多个小网格，统计每个网格梯度直方图，得到每个网格的特征。

（4）将几个网格组成一个区块，将一个区块内网格的特征串联起来就得到一个区块的 HOG 特征。

（5）将图像中的所有区块的 HOG 特征串联起来就得到了目标图像的 HOG 特征，随后将其作为最终可供分类的特征向量送入 SVM 分类器进行人脸检测。

本节使用 HOG 和 SVM 结合方法实现驾驶员的人脸区域检测，为提取驾驶员面部特征做准备。

2. ERT 人脸关键点定位算法

基于回归树（ensemble of regression trees，ERT）[136]的人脸对齐算法，就是使用基于回归的方法将人脸的 68 个关键点进行准确定位。该方法通过建立一个级联的残差回归树来使人脸形状回归到真实形状，模型原理如下所述。

首先，建立级联回归树，表示如下：

$$\hat{\boldsymbol{S}}^{(t+1)} = \hat{\boldsymbol{S}}^{(t)} + \boldsymbol{r}_t(I, \hat{\boldsymbol{S}}^{(t)}) \tag{6.1}$$

式中，$\boldsymbol{S}$ 为形状向量，存储所有脸部关键点位置；$\boldsymbol{r}_t$ 为一层回归器，输入当前的形状向量和训练图片，输出则对应所有关键点的位置更新量。每个回归器都由 n 棵树组成，每一棵树由当前形状和标签形状的坐标差与随机选取的像素对训练得到。若 I_i 为第 i 张人脸图像，训练数据集 $(I_1, S_1), \cdots, (I_n, S_n)$，其中，$S_i$ 为人脸关键点的位置，设输入参数为 $\{(I_{\pi i}, \hat{S}_i^{(t)}, \Delta S_i^{(t)})\}_{i=1}^N$，其中，$I_{\pi i}$ 为数据集中的图片，$\hat{S}_i^{(t)}$ 为第一层级联回归的第 t 层的预测关键点位置，$\Delta S_i^{(t)}$ 为这一层回归结果和真实值的差值。按照这样的方式不断进行迭代，当第一层回归级联层数设置为 K 层时，就会产生 $\gamma_1, \gamma_2, \cdots, \gamma_k$ 个回归器，这 K 个回归器就是通过训练所要得到的回归模型。

对回归器进行初始化，表示如式（6.2）所示，$\Delta S_i^{(t)}$ 迭代式如式（6.3）所示：

$$f_0(N, \hat{S}^t) \arg\min_{\gamma \in R^2 P} \sum_{i=1}^N \| \Delta \hat{S}^t \|^2 \tag{6.2}$$

$$\Delta \hat{S}^t = S_i - \hat{S}_i \tag{6.3}$$

对回归器中 $\boldsymbol{r}_t$ 根据式（6.4）进行迭代并更新 $f_k(N_i, \hat{S}_i^t)$：

$$\boldsymbol{r}_{ik} = \Delta S_i^{(t)} - f_{k-1}(N_i, \hat{S}_i^t) \tag{6.4}$$

$$f_k(N_i, \hat{S}_i^t) = f_{k-1}(N_i, \hat{S}_i^t) + g_k(N, \hat{S}_i^t) \tag{6.5}$$

式中，$g_k(N, \hat{S}_i^t)$ 为弱分类器的回归方程；k 为迭代次数。最终训练完成的回归器表示如下：

$$\boldsymbol{r}_t(N, \hat{S}^t) = f_k(N_i, \hat{S}_i^t) \tag{6.6}$$

该算法通过优化损失函数和误差总和来学习回归树，最终通过训练模型获得人脸图像关键点坐标位置。本节使用 ERT 人脸关键点定位算法，在检测到人脸后，标注人脸 68 个关键点，为基于关键点定位方法特征提取做准备。

3. 轻量化网络 MobileNet

由于传统的 CNN 所需内存较大且运算量大，导致无法在移动设备及嵌入式设备中正常运行。针对该问题，2017 年 Google 团队提出 MobileNet 网络，一个专注于移动端或者嵌入端中的轻量级 CNN。相比传统的 CNN，MobileNet 网络能大幅减少模型的运算量与参数量，并且仅损失小幅度的准确率，相比 VGG16，其模型参数只有 VGG16 的 1/32，但准确率只减少了 0.9%。目前，MobileNet 已发展了 3 个版本，即 MobileNetV1、

MobileNetV2 及 MobileNetV3。

（1）MobileNetV1 可以理解为将 VGG 中的标准卷积层替换为深度可分离卷积。即将普通卷积替换为一个深度卷积和一个逐点卷积，以达到降低计算量的目的。

（2）实验发现，在 MobileNetV1 中，有很多深度卷积和的参数为 0，即没有发挥特征提取的作用。因此在 MobileNetV2 中，为了防止梯度消失，在 MobileNetV1 的基础上加入了残差结构，先使用 1×1 的卷积升维，然后使用 3×3 的卷积提取特征，使得深度卷积的输入和输出通道更高，以提取更多的信息，随后再使用 1×1 卷积进行降维处理。另外，在 MobileNetV1 中使用的 ReLU 激活函数会对低维信息造成很大的损失，因此在 MobileNetV2 中，引入了线性瓶颈结构，就是将末层卷积使用的 ReLU(rectified linear unit）函数替换为线性函数。

（3）MobileNetV3 提供了 MobileNetV3_Large 和 MobileNetV3_Small 两个版本，致力于打造实验移动设备上模型的准确率和耗时的平衡。在 MobileNetV2 的倒残差网络中，由于最后一层使用 1×1 的卷积进行升维会造成很大的延时，因此为了降低延时和保留高维特征，移除了一些层，在降低 7ms 延迟时仍能保证几乎没有精度的损失。另外，为了使特征提取作用更大的通道得到关注，提升网络特征提取的性能，引入一个基于挤压和激励结构的轻量级注意力模型（squeeze-and-excitation network，SE）。

由于基于驾驶员面部特征的疲劳驾驶检测方法最终需要部署在移动终端，对模型轻量化要求较高。因此，在特征提取中应用轻量化网络 MobileNet。

6.4.3 实验分析

1. 数据集

本节实验训练眼睛、嘴巴状态分类模型时，使用 NTHU-DDD 疲劳视频数据集。该数据集中的数据来自 36 名不同种族的男性和女性司机（包括戴眼镜和不戴眼镜的），模拟正常驾驶、打哈欠、慢速眨眼、入睡及大笑 5 类驾驶场景，在白天和夜间照明下拍摄的视频数据，受试者坐在椅子上模拟驾驶。整个数据集的总时长 9.5h。每人都拍摄了 4 个视频，与打哈欠、缓慢眨眼相关的动作，每个记录约为 1min；与疲劳相关的动作组合（打哈欠、点头及慢速眨眼）和与非疲劳相关的动作组合（说话、大笑及看两边），每个记录约为 5min。

在特征提取实验中，即个性化阈值对比实验、基于多方法融合的缓慢眨眼检测对比实验和基于多方法融合的打哈欠检测对比实验中，使用 14 名驾驶员在不同状态下的驾驶视频，包括白天不戴眼镜、白天戴眼镜、晚上不戴眼镜、晚上戴眼镜 4 个场景。使用剪辑软件，收集了 420 个有关缓慢眨眼视频，174 个打哈欠视频。

在疲劳驾驶检测实验部分，共收集了 164 个视频，剪辑后每个视频时长约为 60s。其中疲劳驾驶视频有 74 个，每个疲劳驾驶视频至少存在缓慢眨眼和打哈欠动作之一；90 个正常驾驶视频中，每个视频至少存在正常眨眼、不说话、正常说话及大笑等动作之一。

2. 实验环境

本节实验所用 GPU 为 NVIDIA GeForce RTX 2060，处理器为 Intel(R) Core(TM) i7-9700 CPU @ 3.00GHz，8 核，具体实验软件环境如表 6.7 所示。

表 6.7　本节实验软件环境

软件名称	详细配置
操作环境	Windows 10
Python	Python-3.7.0
PyTorch	PyTorch-1.10.0
Dlib	Dlib-19.24.0
OpenCV	OpenCV-Python-4.5.1.48

3. 结果分析

多方法融合疲劳驾驶检测实验的可视化结果如图 6.13 所示。实验中设计了多组对比实验，分别分析多方法融合的面部特征提取方法和多特征融合疲劳驾驶检测方法的可行性。

(a) 正常驾驶　　　　　　(b) 缓慢眨眼　　　　　　(c) 打哈欠

图 6.13　疲劳驾驶检测可视化结果示例

4. 多特征融合疲劳驾驶检测实时性实验

能够实时检测驾驶员的驾驶状态，并及时给予警告对驾驶员来说十分重要。因此，实时性也是疲劳驾驶检测的一个重要指标。本实验随机测试 6 段视频，分别对检测流程中的每个模块耗时进行统计，验证本节所提模型实时性。本节提出的算法结果如表 6.8 所示。

表 6.8　本节提出的算法各模块耗时分析

视频序号	人脸检测/(ms/f)	关键点定位/(ms/f)	特征提取/(ms/f)	疲劳驾驶检测/(ms/f)	总耗时/(ms/f)
1	14.72	0.65	17.33	1.31	34.01
2	15.03	0.99	17.67	1.64	35.32
3	14.72	0.65	17.33	0.99	33.70
4	15.03	0.99	17.99	0.65	34.65
5	14.42	0.65	17.33	1.31	33.71
6	14.72	0.65	17.67	2.61	35.65
平均	14.77	0.76	17.55	1.42	34.51

由表 6.8 可以看出，人脸检测模块处理一帧图片平均耗时 14.77ms，特征提取模块处理一帧图片平均耗时 17.55ms，每帧图片总平均耗时 34.51ms，即每秒能处理大约 29 帧图片，能够满足疲劳驾驶对检测实时性的要求。

5. 疲劳驾驶检测准确性对比实验

本实验在 NTHU-DDD 数据集上对本节提出的方法进行验证，并与最近的研究进行对比，分为两类，即只使用关键点定位的特征提取方法和使用深度学习的特征提取方法。其中，使用关键点定位的特征提取方法在进行驾驶员眼睛、嘴巴特征提取时，采用传统的平均阈值；使用 3D-CNN 进行特征提取时，只需将一段视频输入特征提取模型，模型输出驾驶员是否疲劳驾驶；MT-DMN 和 CNN 为自建特征提取模型，提取驾驶员眼睛特征；MCNN 使用自建特征提取模型，提取驾驶员眼睛、嘴巴及鼻子特征；RF-DCM 通过自建特征提取模型，提取驾驶员眼睛、嘴巴及眉间的特征；本节通过多方法融合的特征提取方法，将基于关键点定位的方法和基于 MobileNetV3_small 特征提取方法进行融合，来提取驾驶员眼睛和嘴巴特征。不同方法实验结果如表 6.9 所示。

表 6.9　数据集 NTHU-DDD 中不同方法的对比实验结果

模型标号	面部区域	特征提取	F1 score/%
1	人脸+眼睛+嘴巴	关键点定位	70.44
2	人脸	3D-CNN	72.60
3	人脸+眼睛	MT-DMN	81.00
4	人脸+眼睛	CNN	84.36
5	人脸+眼睛+嘴巴+鼻子	MCNN	84.44
本节	人脸+眼睛+嘴巴	关键点定位+MobileNetV3_small	92.21

从表 6.9 可以得出，本节提出的多方法融合的特征提取模型相较模型 1 的关键点定位方法，F1 score 提高了 30.91%；相较使用基于深度学习的模型 2~5，F1 score 分别提高了 27.01%、13.84%、9.31%和 9.20%。由此可以看出，本节提出的多方法融合的疲劳驾驶检测方法相比现有算法具有较高的准确性，能够满足疲劳驾驶准确性的要求。

本节提出了一种实时且准确的疲劳驾驶检测方法，并在 NTHU-DDD 疲劳视频数据集上进行了验证，统计了算法各检测模块的耗时情况，该模型能够快速处理图像帧，验证了模型的高实时性。此外，相较于单一的关键点定位方法和深度学习模型，多方法融合的特征提取模型获得了更高的 F1 score，该模型的检测准确性有显著的提升，满足了对疲劳驾驶准确性的严格要求。因此，该方法能够在实时监测驾驶员状态的同时，保证检测结果的准确性，为驾驶员提供即时警示，极大地提高了行车安全。

本方法在基于驾驶员面部特征的疲劳驾驶检测中性能有所提升，但仍面临一些挑战，包括关键点检测方法在处理戴眼镜或夜间驾驶情景时准确性下降，以及面部遮挡问题导致眼睛和嘴巴状态难以准确检测。未来的研究可以从以下几个方面考虑：研究鲁棒性更好的关键点定位算法，提高基于关键点定位算法在夜间和戴眼镜的驾驶环境下的准确性；后续研究结合头部姿态，研究头部、眼睛和嘴巴共同进行驾驶员疲劳驾驶检测的方法，降低头部姿态带来的影响；将模型部署到移动终端上，研究本方法在实际应用中的性能。

6.5　公交客流统计

依据公交车乘客上下车视频监控，对基于深度学习目标检测与跟踪算法的公交客流统计进行研究。顺应智慧公交趋势，通过公交车内视频监控对乘客上下车行为进行检测、跟踪并进行计数，实时反映站点上下车人数，并根据此时客流数据获取客流高峰期、低谷期和拥挤站点等信息，帮助实现公交实时调度、统筹规划线路及合理设置公交站点分布，从而提升公交资源利用效率，保障市民出行的便利性。在深度学习被广泛应用之前，基于机器学习的乘客目标检测与跟踪算法是进行公交客流统计的常用手段。基于机器学习的乘客目标检测包括 3 个重要步骤：确定目标区域、提取相关信息及使用分类器进行识别。传统目标跟踪算法虽然模型计算量小，满足实时跟踪需求，但是在乘客遮挡、快速运动、形变明显等不利场景下的跟踪准确率低。随着深度卷积神经网络的流行，使用深度学习算法对乘客进行检测成为公交客流领域未来的研究方向。由于实际应用场景下算力资源有限，基于深度学习的乘客目标检测因检测速度快与高准确率优势被广泛应用。

6.5.1　基于多目标识别与跟踪的公交客流量统计方法

通过对公交客流量统计领域研究现状的分析，公交客流量统计的实现涉及 3 个模块，分别是乘客目标检测、乘客目标跟踪及乘客计数模块。通过对乘客上下车区域监控视频数据进行分析，针对目前公交客流量统计中存在遮挡情况下乘客检测准确率较低、乘客密集时跟踪性能不理想及较难实现实时性跟踪的难点，在满足公交客流量统计系统需求的基础上，提出解决思路。公交客流量统计系统通过对输入端监控视频的检测，输出包含乘客上下车人数的统计信息。模型具体内容如下：基于改进 YOLOv5s 算法的乘客目标检测任务是对公交车内部监控视频所截取的乘客上下车行为片段进行分析，选取乘客全身作为检测目标，基于乘客上下车视频拍摄角度的综合分析，将乘客整体进行标注送入模型检测，以获取更完整的乘客特征信息。结合目标跟踪算法 DeepSORT[137]的乘客多目标跟踪任务是对目标检测模块提取乘客特征，计算视频前后两帧目标之间的匹配程度，并为每个追踪目标分配 ID 号，实现运动乘客跟踪。乘客计数模块的任务通过获取多目标跟踪模块对乘客的持续稳定跟踪，设置撞线点与计数区域，判断撞线行为，最终实现上下车乘客计数。公交客流量统计系统流程图如图 6.14 所示。

6.5.2　模型设计

YOLOv5s 算法在经过骨干网络与颈部网络中融入 GAM 模块[138]、解耦头（Decoupled Head）解耦分类与回归[139]一系列优化后与 DeepSORT 算法乘客多目标跟踪模型进行搭建，乘客多目标跟踪系统整体流程图如图 6.15 所示。

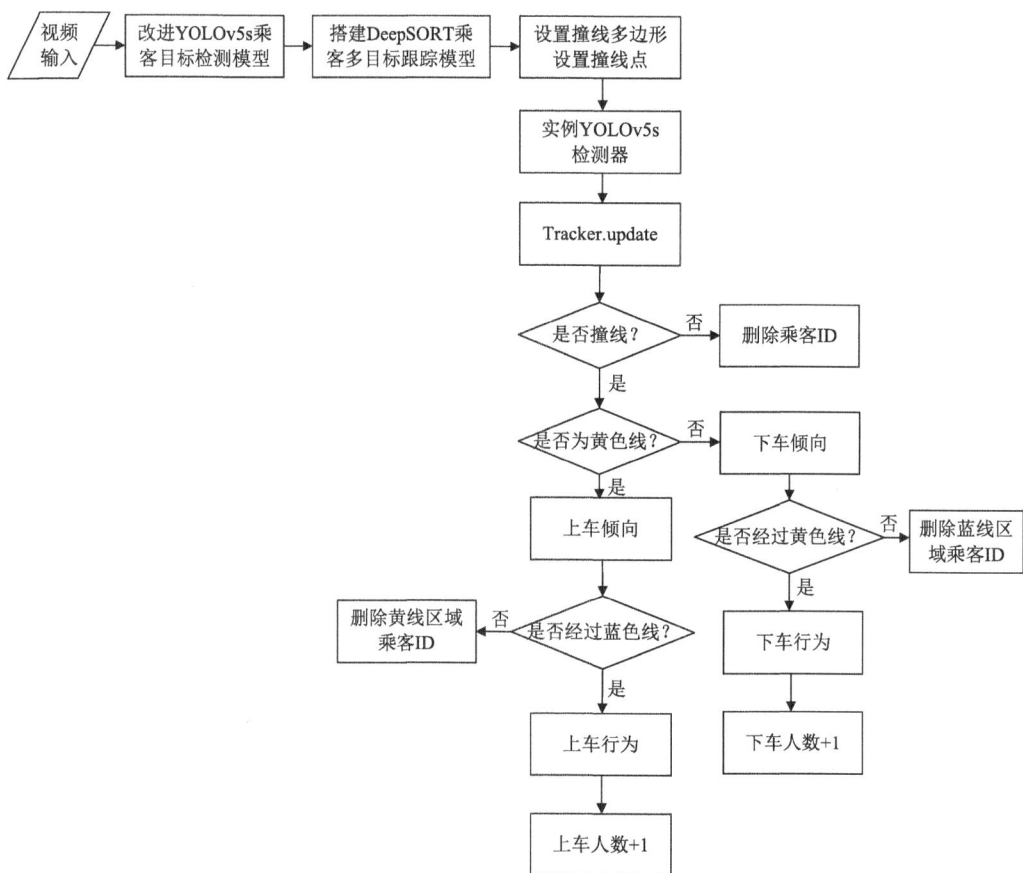

图 6.14　公交客流量统计系统流程图

　　基于改进 YOLOv5s 算法结合 DeepSORT 算法的公交客流统计模型的具体执行步骤如下。

　　步骤 1：构建公交乘客目标检测数据集，并对数据集进行预处理，包括目标乘客标注及数据集划分，划分数据集为训练集及验证集。

　　步骤 2：配置模型参数，本实验设置训练轮次为 250、置信度阈值为 0.05、IoU 置信度为 0.6、样本批次大小为 32，Alpha-IoU 损失函数中 Alpha=3 等。

　　步骤 3：对模型进行改进，将改进后的 GAM 注意力模块融入 YOLOv5s 骨干网络及颈部网络中；对 YOLOv5s 头部网络进行解耦，分离分类与回归操作；使用 Alpha-IoU 边界框定位损失改进原始 YOLOv5s 的 CIoU 损失。

　　步骤 4：载入模型并初始化参数，如载入模型的网络结构，初始化参数配置及数据集相关信息。

　　步骤 5：根据图片及目标乘客标注对模型进行训练，提取乘客特征与定位。

　　步骤 6：训练中对比人工标注数值与模型预测数值，进行损失计算，模型损失值包括 Alpha-IoU 边界框定位损失、分类损失及置信度损失。

　　步骤 7：计算 3 个损失之和，模型进行网络反向传播，更新参数。

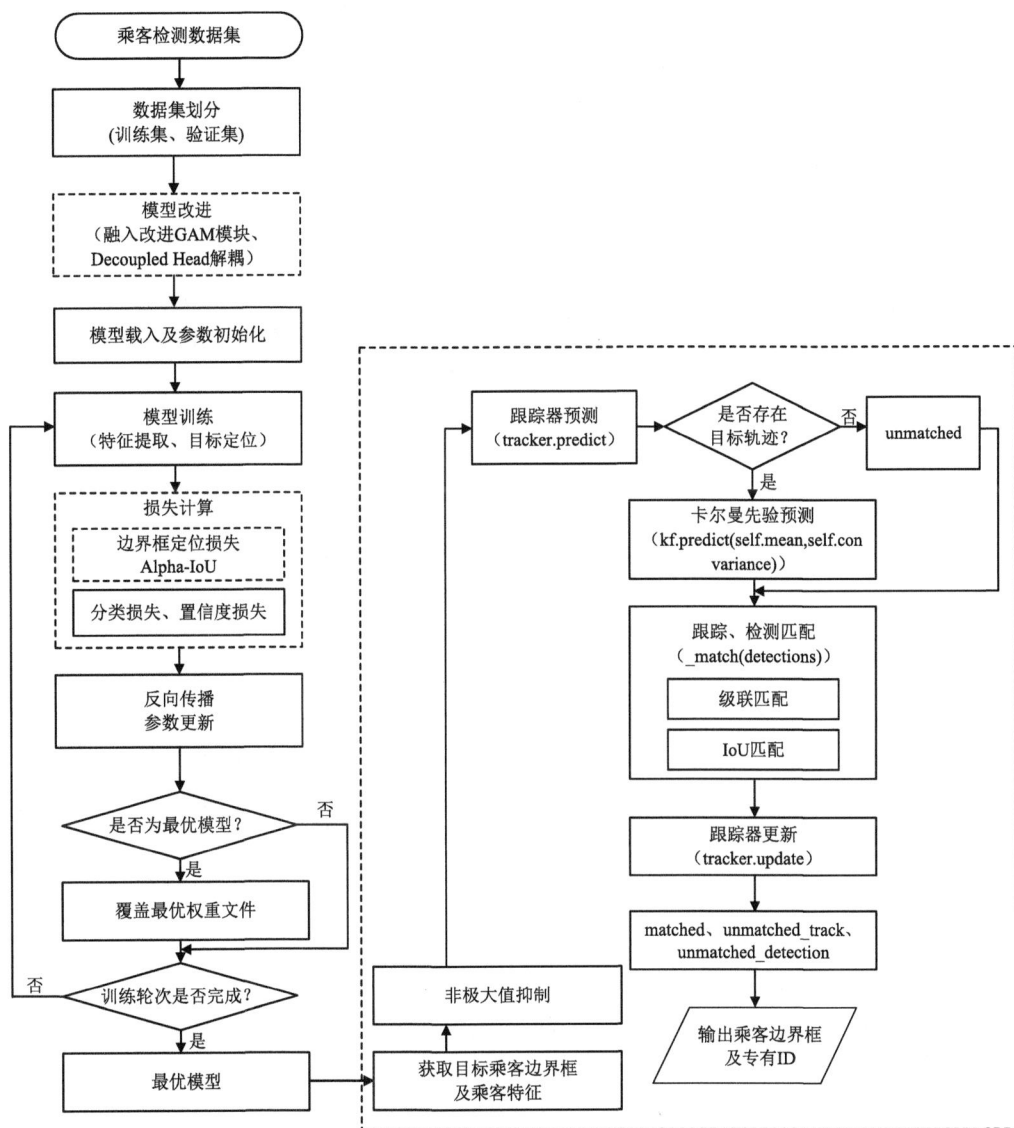

图 6.15　乘客多目标跟踪系统整体流程图

步骤 8：通过验证集对模型进行验证，通过检测结果判断是否为最优模型，若不是，则更新当前轮次的权重文件；若是，则保存最优模型。

步骤 9：判断设置的训练轮次是否完成，若未完成，继续执行模型训练；若完成，得到当前最优模型。

步骤 10：将当前检测出的乘客信息作为观测值输入 DeepSORT 模型，经过非极大值抑制得到最优边界框。

步骤 11：跟踪器预测是否存在轨迹与之匹配，若存在，则对其进行卡尔曼先验预测；若不存在，则将其定义为 unmatched_detections 或 unmatched_tracks。

步骤 12：进行级联匹配以及交并比（intersection overunion，IoU）匹配，得到匹配成功集合以及 unmatched_detections、unmatched_tracks。

步骤 13：跟踪器进行更新，针对匹配的轨迹调用 track.update，针对 unmatched_detections 调用_initiate_track(detections)方法，针对未匹配的轨迹 unmatched_tracks 调用 track.mark_missed 方法，对匹配失败的检测目标与跟踪轨迹进行考察，判断是继续跟踪还是删除目标 ID。

步骤 14：输出乘客边界框及其特定 ID。

YOLOv5s 凭借着高兼容性、强功能性等优点，被广泛应用在工业界。为进一步提高模型检测准确率，同时考虑模型轻量化，对原网络做出改进，融入 GAM 模块并替换耦合头为 Decoupled Head 解耦头，经一系列优化后与 DeepSORT 乘客多目标跟踪模型进行搭建。提高目标跟踪精度。

1. 优化 YOLOv5s 算法

（1）组卷积结合 Channel Shuffle 框架与 GAM 的融合。借鉴 ShuffleNet，通过组卷积与 ChannelShuffle 实现轻量化的思想，将这一架构融入 GAM 注意力模块，以减小参数量。组卷积将输入层的不同特征图进行分组，采用不同的卷积核对各组分别进行卷积，是一种通道稀疏连接方式。图 6.16（a）为普通组卷积，仅通过简单通道串联对单一组内信息进行处理，各通道的输出来自对应小部分的通道输入，各卷积组无法实现信息流通，降低了信息表示能力，因此引入 Channel Shuffle 获取不同组的输入。图 6.16（b）为 Channel Shuffle 实现过程，对于一个分为 k 组的卷积层，其输出通道数为 $k×n$，将其重组为(k,n)矩阵并进行转置，将转置后的矩阵(n,k)按行重新分为 k 组输入下一层。图 6.16（c）所示为将转置重分组获取的卷积层进行输出。

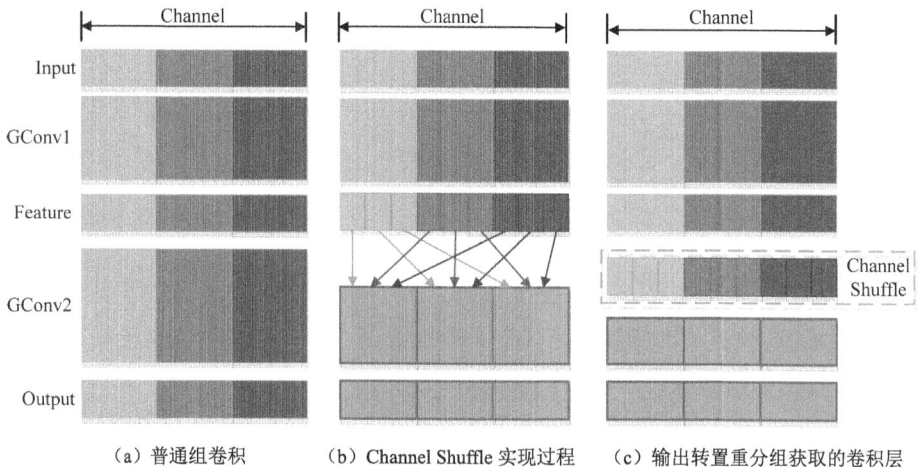

（a）普通组卷积　　（b）Channel Shuffle 实现过程　　（c）输出转置重分组获取的卷积层

图 6.16　结合 Channel Shuffle 的组卷积

（2）改进 GAM 模块与 YOLOv5s 的融合。YOLOv5s 主干网络作为模型特征提取最关键的部分，其中 SSPF 模块通过多次最大池化层最大程度对高层语义特征进行提取并融合，Neck 进一步融合不同尺寸特征图，获取特征信息。因此，本章将 GAM 融合在主干网络 SSPF 模块之前 Neck 之后,进一步增强特征提取效果。

(3)解耦头与 YOLOv5s 的融合。在拼接操作前获得 3 个分支:类别置信度输出(cls_output)用于对目标框的类别预测分数进行输出;obj_output 用于判断目标框为前景还是背景;目标框坐标输出(reg_output)用于对目标框坐标信息(x, y, w, h)进行预测。将其 3 个分支输出进行拼接,获取特征信息,并拼接 Reshape 操作后的 3 条解耦头输出,经转置后获得二维向量信息。

2. DeepSORT 乘客多目标跟踪算法

DeepSORT 多目标跟踪算法包括 3 个核心流程:跟踪预测、目标检测与数据关联、跟踪更新。跟踪预测,即对下一帧的乘客目标边界框进行预测;目标检测与数据关联,用于实现对当前帧的乘客目标进行检测,并通过数据关联算法与上一帧目标进行匹配;跟踪更新,用于对预测的跟踪目标边界框与当前帧检测到的乘客目标边界框误差进行更新,以提高跟踪准确率。DeepSORT 通过引入外观特征并将 IoU 匹配改进为级联匹配结合 IoU 匹配,极大地提升了算法的跟踪准确率,降低了 ID 切换次数。

如图 6.17 所示,T1 时刻跟踪预测到蓝色边界框目标乘客下车的轨迹,T2 时刻对图片中下车乘客进行目标检测,共检测出 5 名乘客目标,用紫色边界框标注,通过一系列数据关联算法将 T1 时刻跟踪预测到的蓝色边界框标注的下车乘客目标与 T2 时刻检测到的紫色边界框标注的目标进行匹配,匹配成功后,更新跟踪预测结果,将 T2 时刻检测到的紫色边界框标注的下车乘客目标作为 T2 时刻的跟踪目标。

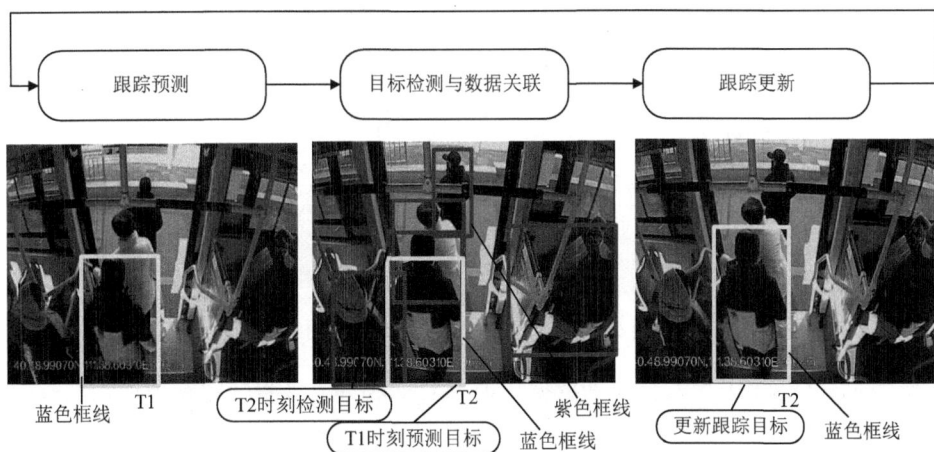

图 6.17 DeepSORT 跟踪核心流程

6.5.3 实验分析

1. 数据集

为更充分地训练模型,对训练所用的数据集进行扩充。COCO 2017 数据集内的训练集含有 118287 张图片、验证集含有 5000 张图片、测试集含有 40670 张图片,本实验是对乘客目标进行识别,因此只提取 COCO 2017 数据集中的行人图片,对 COCO 2017 数据集中的图片数量、类别及标注框进行输出展示。通过分析,获取 COCO 2017 数据集中训练集共含有 64115 张行人图片,从中随机选取 5921 张用于模型训练。Pascal VOC 2007 数据集包含 20 个类别,通过对数据集进行分析,获取训练集 2008 张行人图片与验证集 2007 张行人图片。公交车内乘客图片数据集来自真实的公交车内前后门监控摄像头拍摄的监控视频,共获取 4 段完整线路(从始发站到终点站)的前门监控视频,以及与之相对应的 4 段后门监控视频,外加一段由公交车前摄像头拍摄的道路状况监控视频,每段监控视频时长大约为 1 小时 35 分钟。由于只对上下车乘客目标进行检测,因此需要对监控视频进行相应处理。对监控视频进行截取,只保留存在乘客上下车行为的视频片段,并对截取视频进行拼接,道路监控保留完整视频。接着对视频按帧截取图片,并对截取的图片进行筛选,保证获取的图片包含不同的光照条件和拥挤程度,同时保证图片截取质量。

提取 COCO 2017、Pascal VOC 2007 中的行人,图片结合真实公交车内监控视频数据构建乘客目标检测数据集,如图 6.18 所示。公交车内图片数据含有不同拍摄角度,包括乘客上车、下车、车内角度及道路行人侧面角度,包含白天、夜间不同光照条件。本实验从 3 个数据集中提取 26187 张图片,随机分配 21031 张图片作为训练集,5156 张图片作为验证集。

图 6.18　公交客流量数据集部分图片

使用 Market-1501 行人重识别数据集训练 DeepSORT 多目标跟踪模型,Market-1501 行人图片数据由清华大学校园内的 6 个摄像头拍摄,含标注 1501 个行人的 32217 张图片,其中训练集 bounding_box_train 包括 751 个行人标注的 12936 张图像。测试集 bounding_box_test 包含 750 个行人标注的 19732 张图像,训练集与测试集没有重复的行人 ID,即训练集中的 751 个行人未出现在测试集中,查询集 query 有 3368 张查询图片,训练生成 ckpt.t7 权重文件。

2. 实验环境

使用 NVIDIA Tesla P100 GPU 平台,基于 PyTorch 1.10.0 框架、Python 语言编程,对原始 YOLOv5s 乘客目标检测模型及其改进模型进行消融实验,基于 PaddlePaddle 框架进行模型对比实验，具体实验环境如表 6.10 所示。采用召回率（Recall）、mAP@.5、mAP@.5:.95 为目标检测模型的评价标准，IDs（跟踪过程中目标身份的错误切换次数）、Speed（模型检测速度）为目标跟踪模型的评价指标。

表 6.10　实验环境

硬件	软件
CPU 处理器：Intel(R) Core(TM) i7-10750H CPU @ 2.60GHz　2.59 GHz	Python 3.7
GPU 服务器：NVIDIA Tesla P100	PyTorch 1.10.0
内存：12GB	PaddlePaddle 2.2

3. 实验结果

对于乘客检测模型以召回率（Recall）、mAP@.5、mAP@.5:.95 为目标检测模型的评价标准，计算基于 YOLOv5s 的乘客检测模型在测试数据集中正确识别的样本数量占样本总数的比例。该模型在测试集上的性能如表 6.11 所示。

表 6.11　YOLOv5s 在测试集上的性能

Model	mAP@.5/%	mAP@.5:.95/%	召回率/%	帧速率/fps
改进的 YOLOv5s	84.8	64.7	73.4	117.6

从表中可以看出，改进后的 YOLOv5s 模型 mAP@5 达到了 84.8%，mAP@.5:.95 达到了 64.7%，召回率为 73.4%，FPS 达到了 117.6Hz，该方法可以准确检测到乘客。

分别将原始 YOLOv5s 模型、本节改进的 YOLOv5s 模型与经行人重识别后的 DeepSORT 多目标跟踪模型进行连接，在 MOT16 训练集中的 MOT16-09、MOT16-10、MOT16-11 上进行测试，实验结果如表 6.12 所示。

表 6.12　行人跟踪实验结果

模型	行人/次	帧速率/fps
YOLOv5s+DeepSORT	98	32
改进 YOLOv5s+DeepSORT	65	30

实验结果表明，原始 YOLOv5s 算法结合 DeepSORT 后在三段测试视频中共发生 98 次身份切换，而本章提出的改进 YOLOv5s 算法结合 DeepSORT 后在三段测试视频中只发生了 65 次身份切换，行人 ID 变换次数（ID switch，IDS）降低了 34%，且检测速度达到 30Hz，满足实时检测需求。

本节对公交车内前、后门监控视频采集的上下车乘客统计数据进行人工计数，并对本节提出的改进算法、原始算法进行了对比实验，实验结果如表 6.13 所示。

表 6.13　乘客流量统计模型实验结果

模型	上车/人	下车/人
人工计数	186	155
YOLOv5s+DeepSORT	163	151
改进 YOLOv5s+DeepSORT	192	152

从表中可以看出，改进后的模型对乘客流量统计的结果与真实结果更为接近，能够满足乘客流量统计的要求。

4. 测试案例

输入不同客流量情况下的图片，使用未改进和改进后的模型进行检测统计，实验结果如图 6.19 所示。

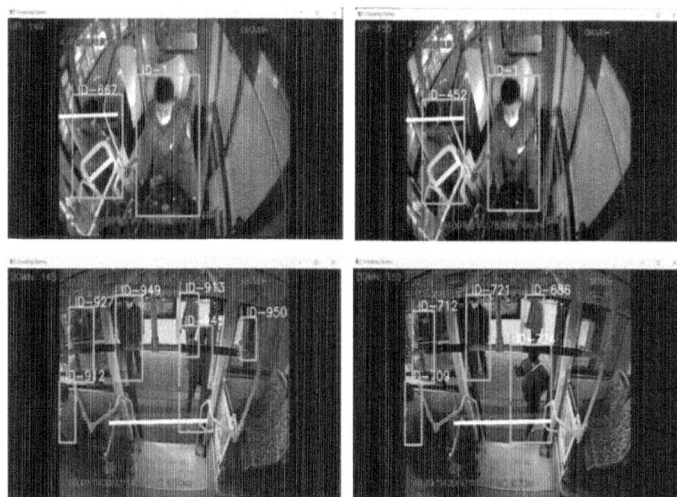

（a）YOLOv5s+DeepSORT统计结果　　（b）改进YOLOv5s+DeepSORT统计结果

图 6.19　公交客流量统计模型实验结果

本节通过在测试数据集上评估改进的 YOLOv5s 的乘客检测模型，以召回率、mAP@.5 和 mAP@.5:.95 为评价指标，在 Recall 和 mAP 指标上均显示出优异性能，并且具有较高的帧速率，在检测准确性和速度上有显著提升。进一步结合 DeepSORT 目标跟踪算法，显著提高了身份识别的稳定性，同时保持实时性。在乘客流量统计方面上，改进模型的结果更接近真实的结果，具有极高的实用价值。总之，改进的 YOLOv5s 结合 DeepSORT 模型在准确性和实时性方面具有明显优势，适用于公交客流量统计的实际应用。

本节公交客流统计系统设计专注于改进乘客目标检测算法，实验证明，模型在速度和准确性上均有显著改进，但仍有提升空间。未来工作可考虑以下几个方向：采用最新的 YOLOv7 算法替换现有的 YOLOv5s 算法，进一步提高检测性能和乘客识别准确率；通过数据增强技术扩充夜间场景的乘客图片数据，增强模型对多样特征的学习能力；对使用的 DeepSORT 跟踪算法进行轻量化改进，以减少模型参数和复杂度，提升算法的实时处理能力。

6.6　本 章 小 结

本章主要介绍了基于车载监控图像在交通管理和安全领域的应用，实现了吸烟检测、打电话检测、疲劳驾驶检测和公交客流量统计 4 个方面的应用，这些应用基于计算机视觉技术和机器学习算法，能够实现更智能、高效和安全的交通运输管理。驾驶员吸烟检测部分，首先提出了一种基于 SSD 算法的驾驶员吸烟检测方法，定义了驾驶员吸烟检测任务的检测流程；其次介绍了模型原理和结构，为后续的实验分析提供了具体的实现方案；最后详细描述了模型的实验过程，展示了该方法的性能和效果。对于驾驶员打电话检测部分，首先分析了传统驾驶员打电话检测方法存在的缺点，提出了一种基于改进 YOLOv5n 算法的驾驶员打电话检测方法；其次介绍了模型的原理，以及如何将其应用于驾驶员打电话检测；最后详细描述了模型的实验过程，展示了该方法的性能和效果。对于疲劳驾驶检测部分，首先对现阶段疲劳驾驶检测的方法进行分类，提出一种基于面部多特征的驾驶员疲劳驾驶检测方法；其次介绍模型的结构和模型的检测流程；最后详细描述了模型的实验过程，展示该方法的性能和效果。对于公交客流量统计部分，首先分析现阶段基于机器学习算法的乘客目标检测存在的缺点，提出了一种基于多目标识别与跟踪的公交客流量统计方法；其次介绍模型的结构，以及公交客流量的统计流程；最后详细描述了模型的实验过程，展示该方法的性能和效果。

通过学习本章内容，读者可以了解基于车载监控图像在智能交通领域中的一些实际应用情况。通过充分发挥计算机视觉和深度学习技术的优势，可以更有效地实现交通安全和管理的目标，为智能交通的发展提供强有力的支持。

第7章　基于道路监控图像的应用

7.1　引　　言

近年来，随着计算机视觉和机器学习技术的飞速发展，基于道路监控图像的应用在城市交通管理中扮演着越来越重要的角色。基于道路监控图像的应用，利用摄像头等设备获取道路上的实时图像，通过智能算法对图像进行分析和处理，以实现安全带检测、车牌识别、车型识别、车辆颜色识别、车辆行为识别、车速检测、车流量统计等功能。传统的交通监控摄像头通常只能提供简单的实时图像显示，但现在，借助深度学习模型的强大能力，能够对这些图像数据进行更深入的分析和挖掘。道路监控系统旨在提高城市交通管理的效率和安全性。通过实时监测车辆的流动情况和道路的交通状况，交通管理部门可以及时调整交通信号灯的节奏，优化路口的通行能力，减少交通拥堵和排队时间，提升交通流量畅度。此外，道路监控系统还可以有效监测交通事故和违规驾驶行为，及时发现并采取措施，减少交通事故及交通违法行为的发生，提高交通安全性。

然而，道路监控图像应用也面临一些挑战和问题。首先，基于道路监控图像的应用通常存在光线变化、天气条件差等因素，这会对图像的质量和清晰度造成一定的影响，进而影响系统的性能。其次，道路监控系统需要处理大量实时的图像数据，对计算资源和存储资源有较高的要求。此外，道路监控系统还需要保护车辆和行人的隐私，避免图像数据被滥用和泄露。尽管面临这些挑战和问题，基于道路监控图像的应用在提高城市交通管理效率和安全性方面仍然具有巨大的潜力。未来，随着计算机视觉和机器学习技术的进一步发展，道路监控系统将会更加智能化和高效化，为城市交通管理带来更大的便利和改善。

7.2　安全带检测

随着国民经济和城市建设的高速发展，汽车保有量不断增加，汽车已成为许多人的主要交通出行工具。然而，汽车数量的增加也带来了一系列问题。有很大一部分人交通安全意识不足，这导致交通事故频繁发生，而未正确佩戴汽车安全带是造成交通事故伤亡的重要原因之一。因此，汽车驾驶员安全带检测作为计算机视觉的具体应用领域，在构建智能化交通系统方面发挥着关键作用。它可以帮助交通监督管理部门有效监督驾驶员是否正确佩戴安全带，并起到警示驾驶员合法佩戴安全带的作用。传统的传感器检测方法通常使用压力传感器和无线模块等硬件设备来检测安全带的佩戴情况，基于数字图像处理结合机器学习方法和深度学习方法的安全带检测方法，是针对视频图像进行驾驶员安全带检测的。

7.2.1　基于改进 YOLOv3 算法和 FasterRCNN 算法的安全带检测方法

基于 YOLOv3 算法和 FasterRCNN 算法的安全带单类别目标检测模型主要分为驾驶员区域检测模型与安全带检测模型两部分。本节提出的模型整体设计流程图如图 7.1 所示。

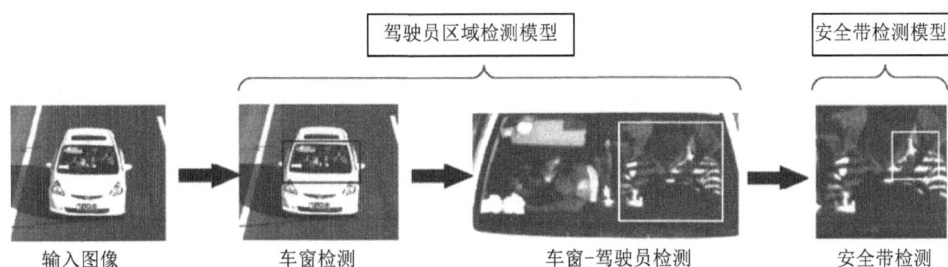

图 7.1　本节提出的模型整体设计流程图

为了简化驾驶员定位的过程，驾驶员区域检测模型又可细分为车窗检测模型和车窗-驾驶员检测模型。该方法不需要定位整个车辆，而是直接定位车窗。由于车辆的前风窗玻璃形状近似长方形，并且特征明显，通过训练车窗检测模型可以获得较高的准确率。在进行驾驶员检测和定位的过程中，首先从车窗检测模型检测出的车窗图像中截取图像作为训练集；然后在车窗图像中标注驾驶员区域，并训练车窗-驾驶员检测模型。相比通过几何关系截取车窗图像来截取驾驶员区域的方法，这种方法可以减少外界干扰信息的影响，如减少车窗边框等冗余信息对后续安全带检测的影响。因此，该方法具有更高的容错率和适应性。最后，通过车窗-驾驶员检测模型检测出驾驶员图像，并将其输入安全带检测模型进行安全带检测，完成对驾驶员安全带的检测工作。这种方法能够有效地简化驾驶员定位的过程，提高安全带检测的准确性。

7.2.2　模型设计

1. 驾驶员区域检测模型

本节设计的模型采用基于 YOLOv3 网络的方法来实现对驾驶员区域的检测和精细化定位。该模型使用单步回归的方式进行目标检测，整个网络是端到端的，只使用 CNN 直接预测目标的类别和位置。检测过程对整张图片进行卷积操作，以获得更大的视野，并且不容易对背景造成误判。

主干特征提取网络采用 Darknet-53 的网络架构，包含 53 个卷积层。在一些层之间设置快捷连接，借鉴残差网络的思想。模型在预测过程中利用多尺度特征进行目标检测。首先，将图片大小调整为 416 像素×416 像素，并输入 CNN 卷积层。经过一系列的卷积操作后，分别通过 32 倍下采样、16 倍下采样、8 倍下采样得到不同尺度大小的卷积特征图用于预测。

经过 32 倍下采样的特征图大小为 13 像素×13 像素，具有较大的感受野，适合检测图像中尺寸较大的对象。经过 16 倍下采样后的特征图具有中等尺度的感受野，适合检测尺寸中等的对象。经过 8 倍下采样的特征图具有最小的感受野，适合检测小尺寸的对象。高层级特征图具有较丰富的语义含义，但准确率较低。低层级特征图准确率较高，但语义含义不够丰富。通过跨层连接，输出特征图既具有较高的准确率，又具有较丰富的语义含义。针对不同的下采样尺度，设定 3 种不同大小的先验框，通过 k-means 聚类得到 9 种尺寸的先验框。这样可以更好地适应不同大小的目标检测。

基于 YOLOv3 网络实现对驾驶员区域的检测与精细化定位过程。通过单步回归的方式进行目标检测，并利用多尺度特征进行对象检测，提高了检测的准确性和效果。通过引入先验框和跨层连接等技术，进一步提高了模型的性能。驾驶员区域检测模型网络架构如图 7.2 所示。

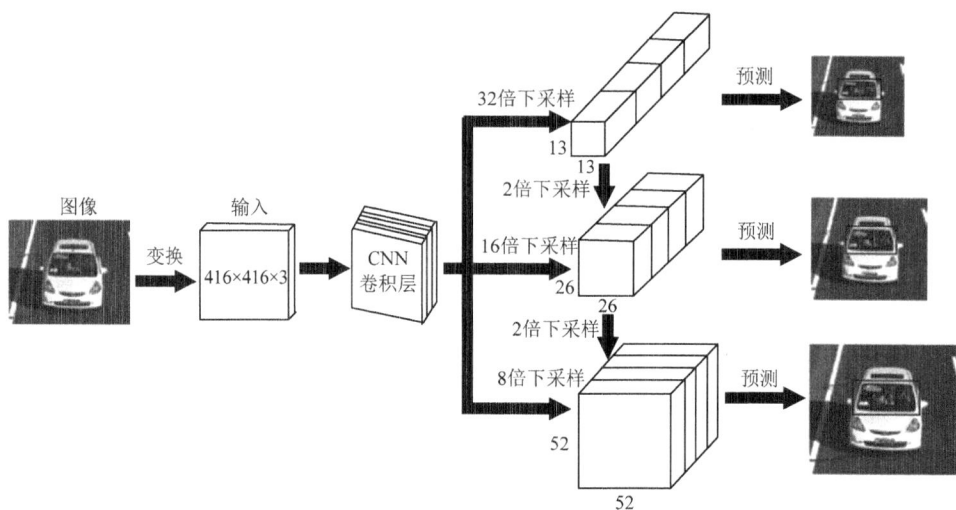

图 7.2　驾驶员区域检测模型网络架构

2. 安全带单类别目标检测模型

为了提高驾驶员区域的对比度，针对交通摄像头截取的图片中驾驶员区域相对较小、分辨率低、易受光照等外界因素干扰的情况，可以先对驾驶员区域进行图像增强操作。在截取的驾驶员区域图像中，当光照强时，图像整体亮度偏高；当光照条件不足时，图像整体亮度偏暗。过强或过弱的光照条件会导致图像中某些像素点的色深相近，从而使得安全带区域与周围区域的对比度不高。可以利用直方图均衡化方法解决这一问题。直方图均衡化使用累积分布函数，将原始图像根据概率密度转换为相应的灰度级图像。通过对图像进行非线性拉伸，将像素值映射到 0～255 之间，使图像中的像素值均匀分布，进而使一定范围内像素值的数量大致相等。这样可以提高驾驶员区域图像的对比度，使得安全带区域更加清晰可见。通过对驾驶员区域图像进行图像增强操作，包括直方图均衡化等技术，可以提高安全带区域的对比度，进而改善驾驶员安全带检测的效果。图像增强处理过程如图 7.3 所示。

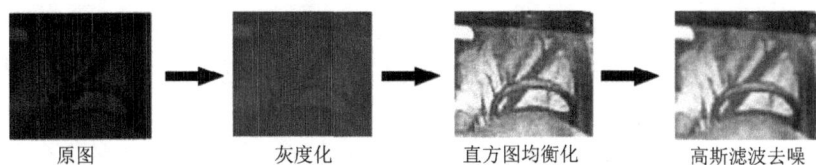

原图　　　　　　灰度化　　　　　直方图均衡化　　　　高斯滤波去噪

图 7.3　图像增强处理过程

相对单阶段的目标检测网络如 YOLO，Faster R-CNN 是一种双阶段网络，其在目标检测任务上的检测准确率更高。对于安全带这样的小目标类别，FasterR-CNN 在小目标检测方面表现出色。因此，可以基于 Faster R-CNN 进行安全带的目标检测工作，以提高检测的准确率和可靠性。本节提出一种基于 Faster R-CNN 网络的安全带单类别目标检测模型。在模型的训练阶段，使用安全带图像数据集进行训练，将安全带的双类别分类问题转换为单类别目标检测问题进行处理。在实际的检测过程中，相比使用双类别分类模型，该单类别目标检测模型具有更高的检测速率，并且相应地提高了准确度。这意味着该模型能够更快速地检测安全带，并且在准确率方面也取得了显著的改进。安全带单类别目标检测流程图如图 7.4 所示。

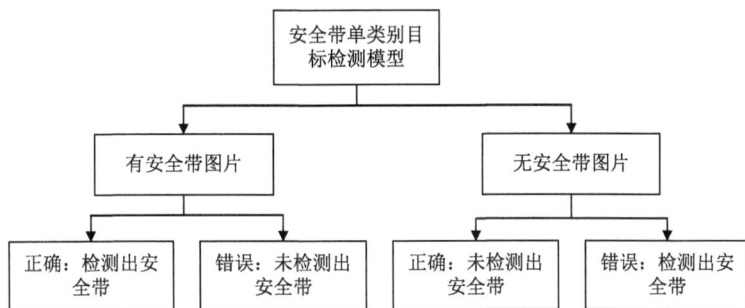

图 7.4　安全带单类别目标检测流程图

7.2.3　实验分析

1. 实验环境

实验中训练模型及测试所使用的图片为道路交通监控摄像头拍摄的车辆图片，数据集来源于北京理工大学的 BIT-Vechicle Dataset 数据集。在模型的训练过程中，采用 LabelImg 软件进行人工图像标注。实验采用 Intel Corei7-9700 处理器*8，16GB 内存，NVIDA GeForce RTX 2060 显卡，CUDA 10.1，CUDNN 7.5 深度神经网络加速库，Windows 10 操作系统，TensorFlow 2.1 深度学习框架。

2. 结果分析

1）图像增强处理实验

基于 FasterR-CNN 网络的安全带单类别目标检测模型主要分为两个处理步骤：图像增强处理和安全带检测。在图像增强处理步骤中，采用一系列技术来增强驾驶员区域内的安全带对比度。这些技术可以提高图像的亮度和清晰度，使得安全带区域更加明显和易于检测。通过图像增强处理，可以提高驾驶员区域的视觉质量，从而为后续的安全带检测步骤提供更好的输入。安全带检测步骤是模型的第二个步骤。在这一步骤中，使用基于 Faster R-CNN 网络的目标检测算法来定位和识别驾驶员区域内的安全带。该模型通过在图像中提取特征并应用区域建议网络（region proposal network，RPN）来生成候选框。然后，通过对这些候选框进行分类和回归，确定是否存在安全带目标并精确定位其位置，如图 7.5 所示。

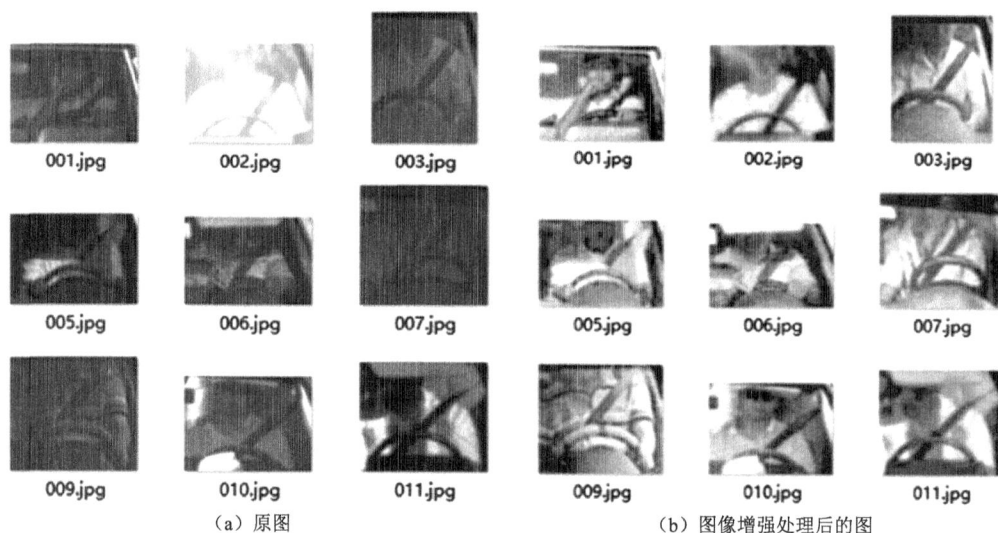

（a）原图 　　　　　　　　　　　　（b）图像增强处理后的图

图 7.5　图像增强处理效果示例

2）安全带目标检测实验

为了训练 Faster R-CNN 模型，将增强处理后的图像输入模型中进行训练。本实验使用了 932 张图片作为训练集，并选择 3422 张图片作为测试集。测试集包括 1716 张正样本和 1706 张负样本。模型经过 100 次迭代训练。为了评估模型的检测准确率，验证不同置信度阈值对模型性能的影响，分别计算正样本集、负样本集及样本总体的准确率。其中，AC（positive）表示正样本集的准确率，AC（negative）表示负样本集的准确率，AC 表示样本总体准确率。通过这些指标，可以评估模型在不同条件下的检测性能。实验结果如图 7.6 所示。

对于本节提出的安全带检测模型，总体上在正样本集中的准确率要高于负样本集中的准确率。这是因为较小的置信度阈值可能会导致更多的误判，对负样本集造成影响，而较大的阈值则可能过滤部分正样本集的图片。通过实验发现，当将置信度阈值设置为 0.8 时，模型的检测准确率达到最优。在最终的模型设定中，当置信度大于 0.8 且交并比（IoU）高于 0.6 时，将结果判定为正确检出。为了验证图像增强处理对模型检测准确率的影响，进行两种情况的实验：一种是未经图像增强处理的模型，另一种是经过图像增强处理的模型。本节提出的基于 Faster R-CNN 网络的安全带单类别目标检测模型，在未经图像增强处理时，准确率约为 94.7%，经过图像增强处理后，准确率提高到 96.0%，表示模型的性能有所改善。这是因为在模型训练过程中，首先对图像进行增强处理，增强了安全带区域的对比度。这样做的好处是模型在实际应用过程中对光照强度、图像清晰度等因素的影响不敏感，具有更强的鲁棒性，适用范围更广。通过引入图像增强处理，模型能够更好地处理光照条件不足或强烈的情况，使安全带区域更加清晰可见。这进一步提高了模型在安全带检测任务中的准确性。因此，该模型在实际应用中展现出更强的鲁棒性，并具备更广泛的适用性。

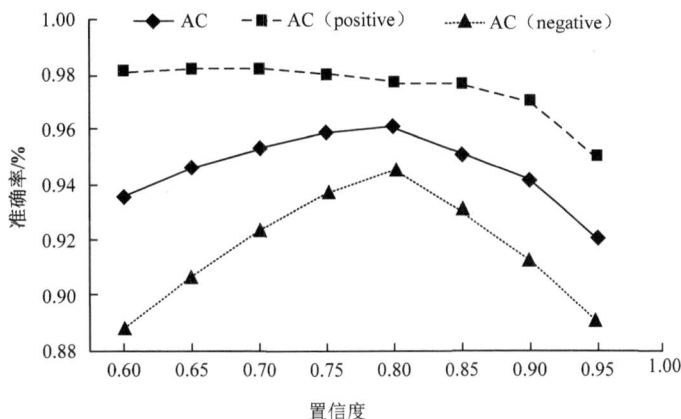

图 7.6　安全带检测模型准确率

本节设计的安全带检测方法集成了改进的 YOLOv3 和 Faster R-CNN 模型，通过先进的车窗检测与多尺度特征分析精准定位驾驶员区域，并利用直方图均衡化技术增强图像对比度，进而提升安全带的可视性。采用单类别的 Faster R-CNN 模型专注于小目标检测，显著提高安全带识别的速率和准确性。这一方法通过减少外界干扰和有效率地综合应用两种强化检测技术，实现了高效且可靠的驾驶员安全带监测。

在驾驶员安全带检测上，依赖传感器的方法存在诸多限制，基于计算机视觉，尤其是机器学习和深度学习的检测技术，已逐步成为行业主流。未来研究将加强模型训练，运用大规模、多元化的数据集以提升对驾驶员安全带识别的准确性。同时，结合迁移学习和数据增强技术，可以改善样本不足的问题，并提高模型的适应性。还可以探索先进的计算机视觉技术如目标跟踪和姿态估计，以及结合多传感器数据实现更准确的检测结果，特别是在光照条件差或背景复杂的情况下。此外，相关技术研究还可能扩展到乘客安全带检测、驾驶员姿态监测等交通安全领域，全面提升交通安全预防能力。这些基于计算机视觉的安全带检测研究，通过不断的改进和创新，有望为交通安全领域提供更可靠、高效的解决方案。

7.3　车牌识别

随着智能交通概念的应运而生，为了更好地实现城市交通管理的智能化、提高车辆的管理效率，对每辆车信息的采集和分析处理成为首要问题。车牌识别逐渐被提上研究日程。车牌识别无须其他硬件装置,在车辆保持原有运动状态的基础上,融合计算机视觉、图像处理等技术自动识别车牌[140]。车牌识别技术广泛应用于车辆违章监管、高速公路收费等领域,在降低人力成本、提升工作效率的同时,为智能交通的发展奠定了坚实基础。

7.3.1 基于YOLOv5s算法的车牌识别方法

车牌识别主要包括车牌定位、车牌图像预处理、车牌字符分割和字符识别4个步骤[141]。

步骤1:车牌定位。其目的是通过运用某些算法在图像中定位车牌图片位置,通过定位截取整体图像中车牌的图像。图7.7所示为车牌定位后的一种效果图。车牌定位通常通过查找筛选轮廓,然后根据车牌长宽比实现精准定位。

图 7.7 车牌定位

步骤2:车牌图像预处理。其目的是对受到各种因素干扰的车牌图像进行预处理,以减少后期处理的工作量及提高识别结果的准确率。各种影响因素包含恶劣的天气条件、背景环境问题、光照问题、车牌倾斜、车牌自身不清晰、监控摄像头质量较差等。常见的车牌预处理操作包括车牌图像矫正、车牌图像颜色扫描和转换处理、图像灰度化、增加图像对比度等。车牌图像部分预处理如图7.8示。

图 7.8 车牌图像部分预处理

步骤3:车牌字符分割。其目的是将预处理后的车牌图像中每个字符准确地逐一分割提取出来。字符分割效果如图7.9所示。字符分割错误将直接导致字符无法识别或字符识别错误。通常根据车牌投影、像素统计特征对车牌图像进行字符分割。

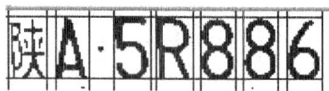

图 7.9 字符分割效果

步骤4:车牌字符识别。将分割提取的每个字符与计算机库中的字符进行准确对比,识别每个字符的准确信息。这一步要通过一些细分的步骤逐步实现最终目标。首先,对各个字符进行归一化处理,目的是将大小不一的字符标准化、统一化,便于后续步骤的识别,其结果如图7.10所示,图片上半部分为输入样式,下半部分为归一化后的样式。其次,对归一化后的结果进行细化处理,目的是得到图像上字符的骨架,它关系到后续能否正确提取字符特征值,其结果如图7.11所示。再次,提取字符特征,此时要提取到字符的笔画、斜率、拐点、轮廓等重点特征。最后，选用多种算法模型通过提取的特征值运算得到车牌识别的最终结果。

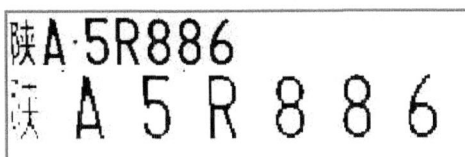

图 7.10　归一化结果

图 7.11　细化结果

7.3.2　模型设计

基于 LPRNet 的高速公路出入口车牌识别任务是指给定一组高速公路出入口监控图像 $I=\{I_1,I_2,\cdots,I_t,\cdots,I_T\}$，$I_t$ 为图像集 I 中第 t 张图片。其中，该图片仅含有 1 辆车。车牌识别的目的是准确得到所有车辆的车牌信息 $L=\{l_1,l_2,\cdots,l_t,\cdots,l_T\}$，表示如下：

$$L = P(D(I)) \tag{7.1}$$

式中，$D(\cdot)$ 为车牌检测模型；$P(\cdot)$ 为车牌识别模型。

车牌检测，指确定车牌在图像中的位置。任务可描述为给定一组高速公路出入口监控图像 $I=\{I_1,I_2,\cdots,I_t,\cdots,I_T\}$，求得任意车牌在任意图像中的具体位置 S_t，表示如下：

$$S_t = (x_t,y_t,h_t,w_t) = D(I) \tag{7.2}$$

式中，(x_t,y_t,h_t,w_t) 为任意车牌在任意一张图像中检测到边界框的中心点坐标、纵向长度与宽度。

车牌识别，指对已知车牌图像进行识别，以得到车牌信息。任务可描述为给定一组高速公路出入口监控图像 $I=\{I_1,I_2,\cdots,I_t,\cdots,I_T\}$，利用检测到的车牌在任意图像中的边界框位置 (x_t,y_t,h_t,w_t)，求得所有车辆的车牌信息 $L=\{l_1,l_2,\cdots,l_t,\cdots,l_T\}$，表示如下：

$$L = \{l_1,l_2,\cdots,l_t,\cdots,l_T\} = P(I,S) \tag{7.3}$$

基于 LPRNet 的高速公路出入口车牌识别模型流程图如图 7.12 所示，主要分为以下两个步骤：首先进行车牌检测，输入一组高速公路出入口监控图像 $I=\{I_1,I_2,\cdots,I_t,\cdots,I_T\}$，其中含有 T 辆车，将图像集输入车牌检测模型，通过目标检测的主干网络获得车牌特征，利用特征融合及检测器，获得任意图像中的车牌精确位置信息 $S_t=(x_t,y_t,h_t,w_t)$；其次进行车牌识别，将 $S_t=(x_t,y_t,h_t,w_t)$ 作为输入传入图像裁剪函数，利用传入的坐标信息对图像进行裁切，并将裁切下来的车牌图像大小调整为 94 像素×24 像素，再传入车牌识别模型。通过目标检测的主干网络获得车牌特征，再进行特征融合，获得每辆车的车牌信息 $L=\{l_1,l_2,\cdots,l_t,\cdots,l_T\}$，实现车牌识别。

车牌识别网络为 LPRNet，其中主干网络和主干网络中的小基础结构块(small basic block）的具体构成如表 7.1 和表 7.2 所示。

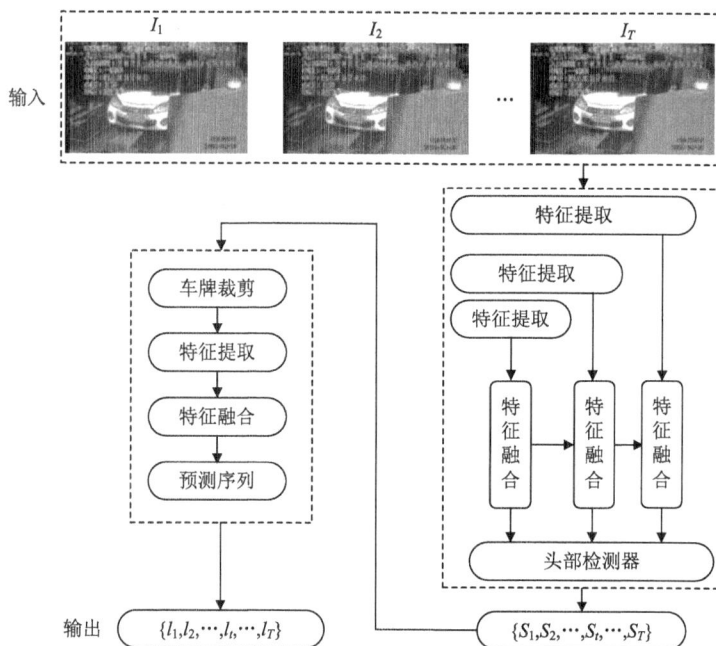

图 7.12　基于 LPRNet 的高速公路出入口车牌识别模型流程图

表 7.1　LPRNet 主干网络参数表

网络层类型	参数
输入层	94×24 pixels RGB image
卷积层	#64 3×3 stride 1
最大池化层	#64 3×3 stride 1
小基础结构块	#128 3×3 stride 1
最大池化层	#64 3×3 stride (2,1)
小基础结构块	#256 3×3 stride 1
小基础结构块	#256 3×3 stride 1
最大池化层	#64 3×3 stride (2,1)
随机丢弃	0.5 ratio
卷积层	#256 4×1 stride 1
随机丢弃	0.5 ratio
卷积层	# class_number 1×13 stride 1

表 7.2　LPRNet 小基础结构块表

网络层类型	参数/大小
输入层	Cin×H×W feature map
卷积层	# Cout/4 1×1 stride 1
卷积层	# Cout/4 3×1 strideh=1, padh=1
卷积层	# Cout/4 1×3 stridew=1, padw=1
卷积层	# Cout 1×1 stride 1
输出层	Cout×H×W feature map

7.3.3　实验分析

1. 数据集

本实验使用 CCPD 2019 车牌数据集，数据集中的数据由采集人员于合肥地区的停车场采集、手工标注得来，采集时间为每天 7:30～22:00。拍摄车牌照片的环境复杂多变，包括雨天、雪天、倾斜、模糊等。CCPD 数据集包含将近 30 万张图片，图片大小为 720 像素×1160 像素，包含 RGB 3 个通道，共 8 种类型图片，具体如表 7.3 所示。

表 7.3　CCPD 2019 数据集简介

类型	图片数/张	说明
ccpd_base	199998	正常车牌
ccpd_blur	10006	模糊车牌
ccpd_db	20001	光线较暗或较亮车牌
ccpd_fn	19999	距离摄像头较远或较近车牌
ccpd_np	3036	没上牌的新车
ccpd_rotate	9998	车牌水平倾斜 20°～50°，垂直倾斜-10°～10°
ccpd_tilt	10000	车牌水平倾斜 15°～45°，垂直倾斜-15°～45°
ccpd_weather	9999	雨天、雪天或大雾的车牌

2. 实验环境

本实验使用的硬件配置为 Intel(R) Core(TM) i7-9700 CPU、NVIDIA GeForce RTX 2060 显卡，软件配置为 Windows 操作系统、CUDA 11.0，采用 PyTorch 1.12 深度学习框架。车牌检测模型参数配置如下：训练时初始学习率为 0.01，动量大小为 0.937，样本批次大小为 12，迭代次数为 60 次。车牌识别模型参数配置：训练时初始学习率为 0.01，动量大小为 0.9，样本批次大小为 128，迭代次数为 100 次。

3. 实验结果分析

1）车牌检测模型

对于车牌检测模型，以准确率作为评价指标，计算基于 YOLOv5s 算法的车牌检测模型在测试数据集中正确识别的样本数量占样本总数的比例。该模型在测试集中的性能如表 7.4 所示。

表 7.4　车牌检测模型在测试集中的性能

模型	测试集的数量/张	识别正确的数量/张	准确率/%
基于 YOLOv5s 的车牌检测	7425	7076	95.3

由表 7.4 可以看出，该模型在 7425 张测试集中能准确识别 7076 张图像，准确率达95.3%。该模型可以在车牌检测中做出准确的定位。

2）车牌识别模型

对于车牌识别模型，以准确率作为评价指标，计算基于 **LPRNet** 算法的车牌识别模型在测试数据集中正确识别的样本数量占样本总数的比例。该模型在测试集中的性能如表 7.5 所示。

表 7.5　车牌识别模型在测试集中的性能

模型	测试集的数量/张	识别正确的数量/张	准确率/%
基于 LPRNet 的车牌识别	6800	6412	94.3

由表 7.5 可以看出，该模型在 6800 张测试集中能准确识别 6412 张图像，准确率达 94.3%。该模型可以在车牌识别中达到较高的准确率。

3）测试案例

通过训练得到车牌识别模型，然后从高速公路出入口图像集中选取几张图像进行测试，测试结果显示能准确识别车牌信息，如图 7.13 所示。

图 7.13　测试结果

本节提出一种基于 YOLOv5s 模型的车牌识别方法，该方法分为车牌定位、图像预处理、字符分割和字符识别 4 个步骤。首先，通过查找筛选轮廓和车牌长宽比的特点实现车牌图像的精准定位。接着，将车牌图像进行预处理，包括矫正、颜色转换、灰度化和对比度增强，以提高识别准确率。然后，利用车牌投影及像素统计特征分割提取车牌的每个字符。最后，对字符进行标准化、细化处理，提取关键特征，利用算法模型进行识别，准确获取车牌信息。此外，还设计了基于 LPRNet 模型的车牌识别，该识别流程包括车牌检测和车牌信息识别两个部分。利用高速公路监控图像集中的车牌图像，先通过主干网络特征融合检测车牌位置，再裁切并标准化大小为 94 像素×24 像素的车牌图像，通过 LPRNet 网络的特征融合获取车牌信息，实现高效准确的车牌识别。

目前国内外学者在车牌识别研究上取得了不错的准确度，但大多数识别检测结果是在条件受限制的场景下获得的，缺乏考虑环境、道路等不良因素给车牌识别带来的影响，并且随着新能源的出现，车牌的颜色格式等方面也会影响车牌的识别。未来，车牌识别系统将会更加准确、更加快速，配备更智能化的功能，并应用于更广泛的领域。这项技术将成为智慧城市、智能交通、智慧物流等领域的重要组成部分，为人们创造出更加便利、高效的生活和工作环境。因此，车牌识别仍是一个具有研究价值的领域。

7.4　车　型　识　别

随着社会经济发展水平的不断提升，私家车的保有量在快速增长，随之而来的交通问题也越来越成为人们关心的焦点。车辆失窃、套牌、交通违法等不安全因素成为日益严重的社会问题，传统的依靠车牌进行车辆信息标识的方法局限性较大。所以，相关部门还需要对车辆型号、车辆颜色甚至行驶习惯进行检测识别。本节主要对在道路交通监控视频条件下的车辆型号（简称车型）识别检测进行研究。现阶段车型识别技术主要分为两大类：将传统图形图像处理与机器学习结合的车型识别方法、基于深度学习的识别算法。

传统图形图像处理与机器学习结合的方法主要包括基于模板匹配的识别方法、基于统计模式的识别方法、基于仿生模式的识别方法，以及基于支持向量机的识别方法。传统的图形图像处理算法对图像特征的提取和预处理有较高要求，但是汽车在高速移动的过程中，图像的捕捉易受光线反射及背景变化等因素的影响，无法保证获取的图像质量达到分析要求。在机器学习出现以后，引入了时空信息特征，大幅提高了车辆识别的准确率。使用 SVM 模型的车辆识别建立在统计学习理论的 VC 维（vapnik-chervonenkis dimension）理论和结构风险最小化原理之上，有较好的泛化能力，有效地减少了过拟合的现象[142]。

7.4.1　基于 YOLOv5s 算法的车型识别方法

基于深度学习的车型识别方法以交通摄像头拍摄的图像为研究对象，首先确定视频采集的图像里的车辆位置，然后进行识别。识别时，可以提取车辆的 3D 空间曲线，再利用既定车辆外形与之对比进行分类，缺点是计算量大[143]。还可以事先将数据集中的车型分类[144]，如将车辆分为轿车、货车、大巴、面包车等，然后使用单任务神经网络或多任务神经网络进行识别。其一般检测流程图如图 7.14 所示。

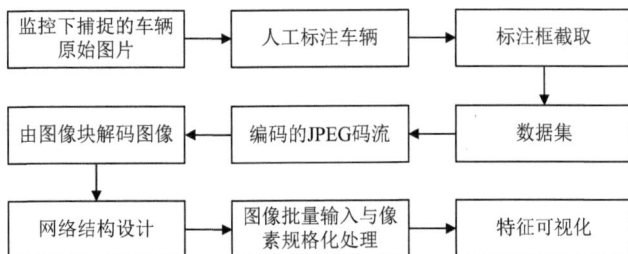

图 7.14　深度学习车型识别的一般检测流程图

7.4.2 模型设计

车型识别，指对一组图片 $I = \{I_1, I_2, \cdots, I_t\}$，$I_t$ 为任意一张图片 I，$t \in (1, \cdots, T)$。其中，每张图片包含 N 辆车，车型识别指的是准确识别每辆车的车型 $S = \{s^1, s^2, \cdots, s^N\}$，表示如下：

$$\{s^1, s^2, \cdots, s^N\} = Y(I) \tag{7.4}$$

式中，$Y(I)$ 为车型识别模型。

本任务基于 YOLOv5s 网络对每张图片进行识别，任务流程图如图 7.15 所示。任务具体实现步骤如下。

步骤 1：输入多张图片，每张图片包含不同数量和不同种类的车辆。

步骤 2：通过主干网络层获取车辆图片特征。

步骤 3：通过颈部网络层收集不同阶段中的网络层。

步骤 4：预测目标的种类和位置。

步骤 5：输出多张图片的锚点框及分类结果。

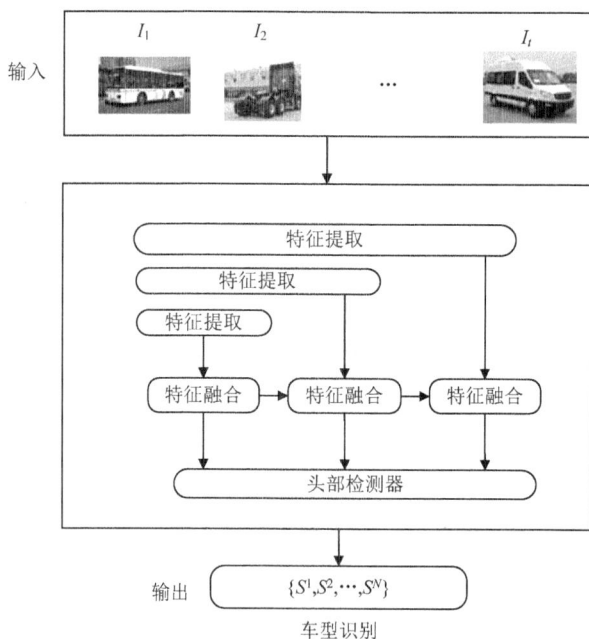

图 7.15 基于 YOLOv5s 网络的车型识别模型流程图

7.4.3 实验分析

1. 数据集

本实验的汽车类型数据集来自相关研究人员自建的公开数据集，所有的图片类型均为 JPG 格式。该数据集有 bigcar、midcar、tinycar、bigtruck、smalltruck、oiltruck、specialcar，共 7 种类型的车辆图像，共 2026 张图片，其中训练集有 1488 张图片，验证集有 507 张图片，测试集有 31 张图片。图片采集环境包括雾天、阴天、落日、清晨等，具体如表 7.6 所示。

表 7.6　汽车类型数据集表

数据集名称	数量/张	训练集/张	验证集/张	测试集/张
bigcar	303	222	76	5
midcar	220	162	55	3
tinycar	356	262	89	5
bigtruck	300	220	75	5
smalltruck	400	294	100	6
oiltruck	297	219	74	4
specialcar	150	109	38	3

2. 实验环境

本实验使用的硬件配置为 Intel(R) Core(TM) i7-8750H @ 2.20 GHz CPU、NVIDIA GeForce GTX 1050Ti 显卡，软件配置为 Windows 操作系统、CUDA 11.6，采用 PyTOrch 1.7 深度学习框架。模型训练过程中，训练轮次共 85 次，学习率为 0.01，样本批次大小为 16，权重衰减数为 0.0005。

3. 实验结果分析

对于车型识别任务，以准确率作为评价指标，计算基于 YOLOv5s 网络的车型识别模型在实验数据集中正确识别的样本数量占样本总数的比例。该模型在测试集中的性能如表 7.7 所示。

表 7.7　车型识别模型在测试集中的性能

模型	测试集的数量/张	识别正确的数量/张	准确率/%
基于 YOLOv5s 网络的车型识别	31	29	93.5

从表 7.7 中可以看出，该模型在 31 张测试集中能准确识别 29 张图像，准确率达 93.5%。该模型也可以在车辆颜色识别中做出更准确的判断。

4. 测试案例

通过数据集的训练得到识别车辆类型的模型，在测试结果中选取不同类型的图片，实验结果显示能够准确地识别车辆的类型，如图 7.16 所示。

针对道路交通监控视频条件下的车辆型号识别检测任务，采集了公开数据集中交通探头拍摄的图像，提出了基于 YOLOv5s 的车型识别方法。确定视频采集的图像里的车辆位置，从车辆顶部、侧方和正面提取特征以获得车辆有效信息，提取车辆的 3D 空间曲线并利用既定车辆外形与之对比进行分类。实验结果表明基于 YOLOv5s 的车辆类型识别模型能准确识别车辆类型，也可以在车辆颜色识别中做出更准确的判断。

图 7.16 测试结果

现如今车型识别的研究成果不在少数，但车型识别依旧是一个热门的课题。目前影响车型识别准确性的最大问题依旧是对信息处理的问题。中外学者都在致力于寻找一种更为高效准确的车型识别方法，相信随着机器学习与深度学习的不断发展，未来的车型识别算法会更加地智能高效。

7.5 车辆颜色识别

车辆是交通的要素之一，对车辆信息的精准识别是智能交通的基础，车辆信息除了车牌和车型外，还有车辆颜色。在众多领域中车辆颜色识别至关重要，如在车辆监管中车辆颜色是不可或缺的重要因素，对车辆颜色的准确识别可以辅助交通管理部门对目标车辆进行检索和跟踪，提高管理效率，这一点对交通管理部门来说尤为重要。所以对车辆颜色的准确识别显得越来越重要，而提高车辆颜色识别的准确率在于车辆颜色识别技术。在雾天、阴天、落日、清晨等情况下对车辆颜色的准确识别是一个巨大挑战，所以对车辆颜色识别技术的研究具有重要意义，可以解决智能交通系统中与车辆颜色有关的技术难点。

7.5.1　基于 YOLOv5s 算法的车辆颜色识别方法

传统的用于解决类似颜色识别任务的机器学习算法[145]主要有 SVM 和 KNN 等。在 SVM 算法中，不仅对核函数的选择通常没有明确的指导，而且需要调试的参数比较多；在样本数量非常大时，核函数中内积的计算，往往会引发求解模型中计算量过大的问题。KNN 算法的思路，是对比新数据的特征与样本集中数据对应的特征，然后选取前 K 个最相似数据的分类标签中出现次数最多的类别作为新数据最终的分类。KNN 算法虽然处理流程非常容易理解，但是随着特征维度增大，需要进行特征选择和特征降维，导致分类效果易受影响。总而言之，用传统机器学习算法解决这一问题，需要一定的先验知识进行特征选择和参数设定，并且在交通场景中，泛化能力不足，计算效率偏低，难以应用到实际的智能系统中。

深度学习方法在图像分析中具有广泛的应用。深度学习方法与传统机器学习方法的主要区别表现在特征处理阶段。深度学习方法提取特征的方式是通过自适应地对输入数据的低维特征进行多层次的过滤、提取与组合，得到用于表示输入数据的高维抽象特征。该方法能很好地弥补传统方法的不足，是实现深度学习方法的重要技术之一。经典的深度卷积神经网络模型主要有 AlexNet[146]、ResNet[147]、GoogLeNet[148]、VGGNet[149]等。

7.5.2　模型设计

车辆颜色识别的任务是给定一组在交通道路监控下的车辆图像集 $I = \{i_1, i_2, \cdots, i_t, \cdots, i_T\}$，$i_t$ 为图像集 I 中第 t 张图片且 $t \in (1, \cdots, T)$。车辆颜色识别的目的是准确地识别所有车辆的颜色类别 $C = \{c^1, c^2, \cdots, c^n, \cdots, c^N\}$，其中 c^n 表示第 n 车辆的颜色且 $n \in (1, \cdots, N)$，表示如下：

$$C = \text{VCR}(I) \tag{7.5}$$

式中，VCR 为车辆颜色识别模型。

车辆颜色识别技术的核心是车辆颜色识别模型，其基于 YOLOv5s 实现对车辆颜色的识别。利用深度神经网络（deep neural network，DNN）优势可以很好地识别车辆颜色。YOLOv5s 的车辆颜色识别模型流程图如图 7.17 所示。

首先，输入一个包含车辆的图像集。其次，通过车辆颜色识别模型对输入的图片进行特征提取、特征融合。最后，通过检测头输出模型识别的所有车辆颜色类别。从图 7.17 可以看出，整个过程主要分为以下 4 部分。

（1）在输入部分，采用 Mosaic 数据增强的方法，该方法能够丰富数据集，还能极大提升网络的训练速度。同时，输入端采用自适应锚框方法，针对不同的数据集均设定初始长宽的锚框，在初始锚框上进行输出，从而与真实框进行对比，反向更新。

（2）在特征提取部分，主要用于输入图像的特征处理。该部分是整个网络模型的主干部分之一。

（3）在特征融合部分，主要融合多尺度特征进行目标识别，用于提升特征的多样性。

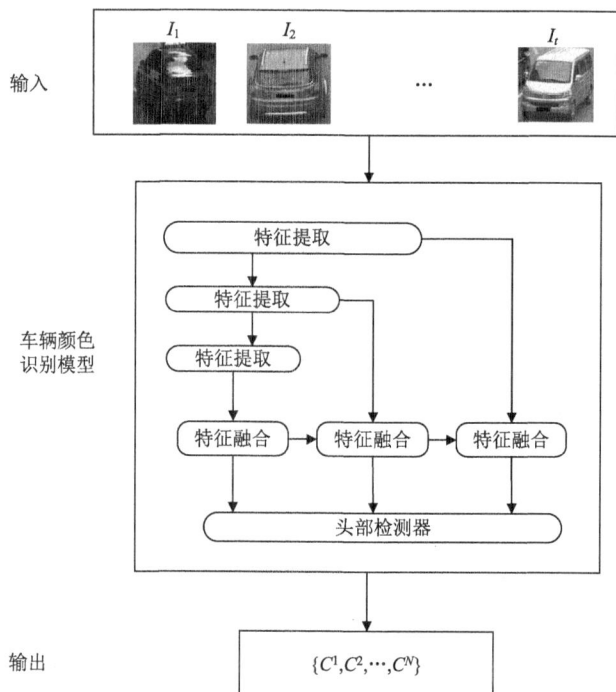

图 7.17　YOLOv5s 的车辆颜色识别模型流程图

（4）在输出部分，包含头部检测器，它可以对输出结果进行预测，还可计算类别概率和目标置信度得分。

7.5.3　实验分析

1. 数据集

本实验数据集包括采用网上公开的轻量级数据集和高速公路监控视频按帧截取的图片数据集两部分，所有的图片类型均为 JPG、图片大小均为 1352 像素×1080 像素。数据采用了 labelimg 工具标注。该数据集有黑色、白色、棕色、金色、灰色、绿色、红色、黄色、蓝色、橙色共 10 种颜色 2271 张车辆图片，其中训练集有 2030 张图片，测试集有 241 张图片。并且在数据集中包含了小型乘用客车、大客车、卡车、越野车、轿车等生活中的常见车辆，图像采集环境包括雾天、阴天、落日、清晨等。准备的数据集的条件越复杂，神经网络学习到的特征越准确，训练后的模型对车型、环境等干扰因素适应能力越强。

经过对数据的观察，发现该数据集存在颜色、数量分布不均衡的问题，所以采用数据增广的方法，如水平翻转、上下翻转、缩放等方法对数据集进行增广，使得各种颜色样本数量达到较为均衡的状态。详细的实验数据如表 7.8 所示。

表 7.8　实验数据

颜色类别	训练集/张	测试集/张
黑色	167	24
蓝色	216	24
棕色	212	24
金色	203	24
绿色	201	24
灰色	201	24
橙色	129	24
红色	225	23
白色	267	24
黄色	209	26

2. 实验参数

本实验使用的硬件配置为 AMD Ryzen 75800H CPU、NVIDIA GeForce RTX 3060 显卡，软件配置为 Windows 操作系统、CUDA 11.0，采用 PyTorch 1.7 深度学习框架；参数配置如下：训练时初始学习率为 0.01，动量大小为 0.937，样本批次大小为 16，迭代次数为 300 次。

3. 实验结果分析

对于车辆颜色识别任务，以准确率作为评价指标，计算基于 YOLOv5s 的车辆颜色识别模型在实验数据集中正确识别的样本数占样本总数的比例。该模型在测试集中的性能如表 7.9 所示。

表 7.9　本节提出的模型在测试集中的性能

模型	样本总数/张	识别正确的样本数/张	准确率/%
基于 YOLOv5s 的车辆颜色识别	241	230	95.4

由表 7.9 可以看出，该模型在拥有 241 张图片的测试集中能准确识别 230 张图片，准确率达 95.4%。该模型也可以在车辆颜色识别中做出更准确的判断。

4. 测试案例

使用通过数据集训练得到的车辆颜色识别模型，在测试结果中随机选取 10 种不同颜色的图片进行车辆颜色识别，实验结果显示能够准确地识别车辆的颜色，部分测试结果如图 7.18 所示。

针对交通管理部门对目标颜色车辆的检索和跟踪任务，本节采用了网络公开的轻量级数据集和高速公路监控视频按帧截取的图片数据集两部分构建车辆颜色识别数据集，提出了基于 YOLOv5s 的车辆颜色识别方法。采用深度学习方法提取特征，通过自适应地对输入数据的低维特征进行多层次的过滤、提取与组合，得到用于表示输入数据的高维抽象特征。实验结果表明，该模型在车辆颜色识别任务中能有效识别车辆的颜色。该模型适用于交通图像颜色识别场景。

图 7.18　部分测试结果

现如今车辆颜色识别是一个热门的课题，但模型仍存在不足，特征提取的效果不是很好，在特殊场景下很难提取到特征，这也是其识别准确率较低的原因之一。未来的车辆颜色识别应致力于探寻更有效的特征提取方案。

7.6　车辆行为识别

7.6.1　基于 TSAN 网络的车辆行为识别方法

交通事故的发生大多是由人为因素导致的。在这样严峻的形势下，尽管有政府部门的不懈努力，仍难制止事故的发生，仅依靠法律来加强道路安全已经到达瓶颈，需要寻求新的方法来突破这一瓶颈。在智能驾驶汽车的发展中可以了解到，智能驾驶系统中的一个关键技术是对外界车辆行为进行识别，如车辆存在直行、左右换道、左转右转、掉头等情况，然后将识别的信息反馈到系统中进行决策和执行。该功能能够有效地防止违反交通规则、疏忽大意等情况引起的事故。因此，发展车辆行为识别技术，能极大地提高识别的时效性和检测准确率。通过对前方车辆行为的识别，可以帮助驾驶人员或无人驾驶系统更好地获知外部环境状况，还可以优化交通秩序，减少交通事故的发生概率，提高道路交通的安全性，减少人力、物力的消耗，甚至消除人为因素造成的交通事故，给社会带来深远的经济效益。

随着行为识别技术的发展，出现基于深度学习的行为识别方法，并取得了较好的效果。CNN 和 LSTM[150-151]结合运用能够很好地提取目标特征和时序信息，具有较好的行为识别和分类效果。CNN 与 LSTM 融合的行为识别方法和三维卷积的行为识别方法多用于人类的行为识别，具有较好的分类结果。

7.6.2　模型设计

基于交通视频的车辆行为识别任务，指给定一段高速公路监控视频 $V = (v_1, \cdots, v_t, \cdots, v_T)$，$v_t$ 表示在 t 时刻的视频帧且 $t \in (1, \cdots, T)$。目标车辆的行为类别为 $C = (c_1, c_2, \cdots, c_N)$。根据交通视频数据及其对应的类别标签，以参数的形式在行为识别网络 f 中学习类内相似度和类间差异，如式（7.6）所示。给定交通视频帧序列 V，通过网络找到最有可能的车辆行为类别标签 c_n，表示如下：

$$f = \arg\max p(C \mid V) \tag{7.6}$$

$$c_n = f(\tilde{V}) \tag{7.7}$$

式中，p 为给定输入值 V 时目标 C 的真实条件分布；c_n 为概率最高的车辆行为类别，$n \in [1, N]$；$\tilde{V}$ 为交通视频数据。

在车辆行为识别技术中最核心的是车辆行为识别模型的设计。针对该任务设计一种用于交通场景下小目标车辆行为识别的网络模型，即双流注意网络（two stream with attention network，TSAN）。该网络以双流卷积网络为主要模块。为了解决网络训练过程中梯度爆炸和梯度消失的问题，对两个流分支均应用相同的残差结构[152]。TSAN 参照文献[153]的网络结构，在每一层中选取一个更小的卷积核，以提取更明显的车辆特征。TSAN 的整体结构如图 7.19 所示，RGB 图像流的输入为视频帧的 RGB 图像，目的是提取外观的空间信息；光流处理的单帧视频图像与上述不同，以图像堆栈输入，提取视频帧间的运动关系。光流是物体在三维空间中投射到二维平面上的图像像素亮度的变化，其中包含了观察者与场景之间的相对运动所引起的物体、表面和边缘的运动信息。

光流由计算 t 帧与 $t+1$ 帧之间的矢量位移场得到，$d_t(u,v)$ 表示矢量在点 (u,v) 处的位移，对应点在下一帧中的水平位移和垂直位移用 d_x 和 d_y 表示。为了表示连续 L 帧之间的运动关系，TSAN 使用 L 帧的水平光流和垂直光流作为 CNN 的输入，任意一帧 t 的水平和垂直输入表示如下：

$$I_t(u, v, 2k-1) = d_{x+k-1(u,v)}^t \tag{7.8}$$

$$I_t(u, v, 2k) = d_{y+k-1(u,v)}^t \tag{7.9}$$

式中，$u = [1, W]$，$v = [1, H]$，$k = [1, L]$，对于任意点 (u, v) 输入 $I(u, v, c)$，其中 $C = [1, 2L]$。并且该模型在时间流分支的第一层网络和最后一层网络中添加 CBAM*注意力单元，以防止身份映射结果在剩余结构中出现偏差。如图 7.20 所示，CBAM*选择使用卷积核大小为 1×1 的卷积来代替 CBAM 中 MLP 的线性层。最大池化操作和平均池化操作得到的特征图通道之间有很强的相关性。1×1 卷积核不仅可以实现跨通道信息交互与集成，还可以避免额外增加网络参数。CBAM*上层的输出特征 X 分别作为最大池化操作和平均池化操作的输入。

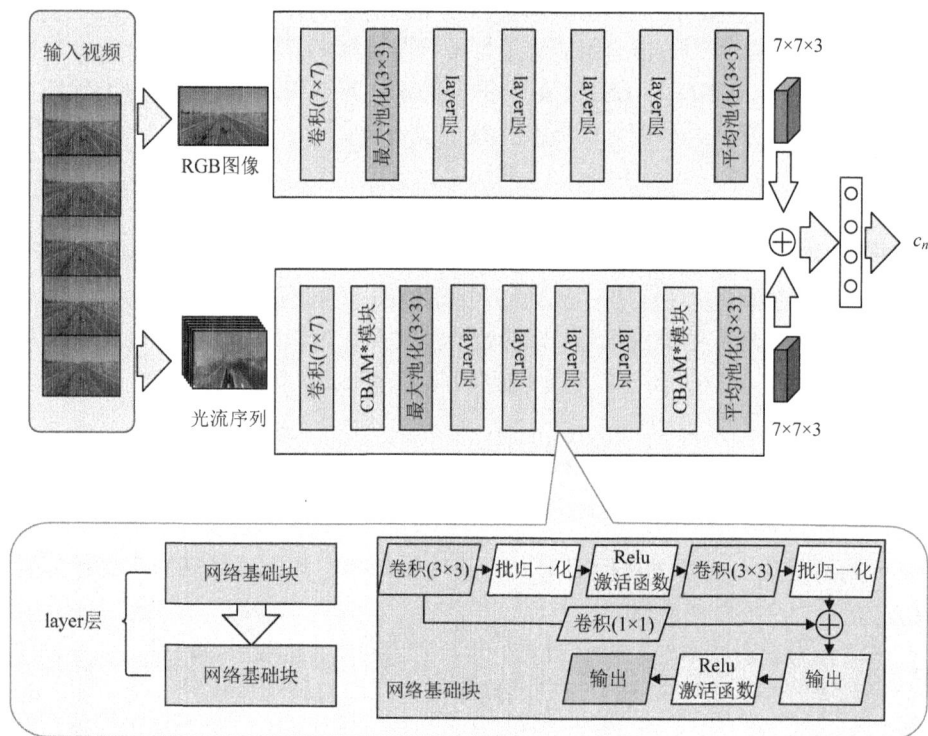

图 7.19　TSAN 整体结构图

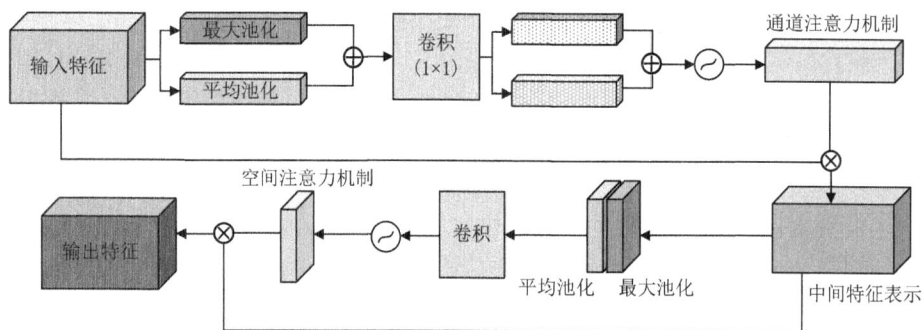

图 7.20　CBAM*注意力单元结构图

7.6.3　实验分析

1. 实验数据

在真实交通场景下，通过无人机采集车辆行为识别数据，构建 vehicle-3C 数据集。

该数据集包含 4 个不同交通场景下的 117 个视频片段。数据集中有 3 种类型的车辆行为：变道驾驶、U 形转弯驾驶和正常驾驶。vehicle-3C 数据集样本如图 7.21 所示。

（a）变道驾驶	（b）U形转弯驾驶	（c）正常驾驶

图 7.21　vehicle-3C 数据集样本

2. 实验参数

本实验在 NVIDIA Geforce RTX 2060 super 和 Tesla P100 两个平台上进行，算法设计基于 pyTorch 1.9.1。训练参数：训练轮次为 300，样本批次大小为 128，初始学习率为 0.0001，动量为 0.9。采用随机梯度下降法进行优化，衰减系数为 0.01。

3. 实验结果分析

对于多标签车辆行为识别任务，以准确率作为评价指标，计算 TSAN 模型在 vehicle-3C 数据集中正确识别的样本数占样本总数的比例。TSAN 模型在 vehicle-3C 数据集中的性能如表 7.10 所示。

表 7.10　TSAN 模型在 vehicle-3C 数据集中的性能

模型	准确率（小目标）/%	准确率（其他目标）/%	准确率（总目标）/%
TSAN	74.5	83.3	81.8

由表 7.10 可以看出，TSAN 模型在小目标测试集中的准确率达到 74.5%，在完整测试集中的准确率达到 81.8%。小目标问题是车辆行为识别场景的主要挑战之一，因此 TSAN 可以在车辆行为识别任务中做出更准确的判断。

4. 测试案例

通过数据集的训练得到车辆行为识别模型，然后在测试集中随机选取一段变道驾驶的视频进行测试，测试结果如表 7.11 所示。测试结果表明该模型能正确识别该车辆的行为。

表 7.11　测试结果

输入视频	实验结果

变道驾驶

　　针对交通视频监控视频数据中的车辆行为识别任务，本节采集了多种真实交通场景下的数据，构建了 vehicle-3C 车辆行为识别数据集，提出了基于双流卷积网络的 TSAN。在网络中嵌入 CBAM*注意力机制，提取小目标前景车辆的关键特征，利用剩余结构深化网络层次，以达到更好的训练效果。实验结果表明，TSAN 在车辆行为识别任务中能有效识别目标前景较小的车辆行为。该网络更适合交通监控视频场景，可广泛应用于各类交通视频理解系统平台。

　　在双流卷积网络的基础上，开发了 TSAN 算法，并嵌入了 CBAM*注意力机制来提取小目标前景车辆的关键特征。实验结果表明，改进了小型车辆目标的特征提取方法，识别效果有所提高，但仍有一定的改进空间。未来研究方向可以从视频中车辆尺度变化引起的特征提取问题并补充建立相关识别模型，以及细粒度车辆行为识别方面展开进一步研究。

7.7　车　速　检　测

7.7.1　基于虚拟线圈法的车速检测方法

　　人们从 20 世纪初期就开始研究传统的车速检测技术，随着计算机视觉、图像处理等技术的发展，人们也一直在寻求一种更简单、方便、成本低廉的车速检测方法。目前常用的车速检测方法有雷达测速、激光测速、感应线圈测速和视频测速[154]。

　　（1）雷达测速目前应用比较广泛，在较为常见的车速检测方法中，多普勒雷达（Doppler radar）测速因为准确率较高、可靠性较好而备受欢迎，已被广泛研究。这种方法依靠在车辆底部按照严格的角度安装多普勒雷达微波模块，车辆在运行时多普勒雷达向轨道面发射模块产生的雷达波，雷达波经由地面反射区域反射后再被雷达微波模块接收，检查雷达回波频率与发射信号频率之间的差异，就可以计算车辆的运行方向和速度[155]。

　　（2）激光测速使用二极管发射出一定频率的激光束对准被测车辆，通过计算红外线光波在测速设备与目标之间的传播时间来计算其速度。该方法适用于短距离测速，目前已经有不少国家在公路上大规模使用激光测速[156]。

　　（3）感应线圈测速是根据两个测速线圈之间的距离和计时器的时间差，用距离除以时间来计算车辆通过线圈区域的速度，若区域距离较短，则可视作瞬时速度[157]。感应线圈测速常用于汽车、火车等设备的车速检测，对环境影响小，不受天气、温度等环境因素的影响。

　　（4）视频测速是使用图像处理技术、计算机软件等对道路的监控视频进行处理，从中计算车辆速度的一种车速检测方法[158]。相比目前常用的各种车速检测方法，视频测速除了需要安装道路监控设备外，无须多余的设备，后续的维修养护也极其简单，成本很低，虽然监控设备清晰度受天气影响比较大，但是仍然是一种应用前景非常广泛的车速检测方法。

　　前 3 种车速检测方法虽然测量精准，但是也存在一些缺陷，如对硬件设备要求较高、测量区域比较有限、受环境因素影响较大。视频测速由于投入成本低、检测成本低、维护方便、使用区域广等优点，逐渐受到相关部门的广泛关注。目前视频测速已有多种不同成果，针对高速公路的直道场景，本节提出一种基于虚拟线圈法的视频车速检测方法。

7.7.2　模型设计

车速检测任务的核心是测量车辆单位时间内的位移，没有可以直接测量得出车速的装置，所有车速检测方法都必须基于下式来实现：

$$v = \frac{\Delta d}{\Delta t} = \frac{d_1 - d_0}{t_1 - t_0} \qquad (7.10)$$

式中，v 为平均速度，用 $\Delta d / \Delta t$ 求得；d_1 为车辆经过第二个测量点所处的位置；t_1 为车辆经过第二个测量点所处的时刻；d_0 为车辆经过第一个测量点所处的位置；t_0 为车辆经过第一个测量点所处的时刻。显然在 Δt 接近于 0 时，能够得到车辆的瞬时速度。在多数情况下，都可以方便地获得 Δd 和 Δt 其中的一个，利用其他方法就可以计算出另一个变量值，以此得到车速。

基于虚拟线圈的视频车速检测技术属于计算机视觉技术的范畴，利用虚拟感应线圈来替代真实的感应线圈，工作原理类似地埋式线圈检测器。该技术通过在视频中绘制一组虚拟线圈来描述物体的形状和运动轨迹，然后对这些线圈进行分析和处理，从而实现车速检测[159]。

在基于虚拟线圈法的视频车速检测方法中，虚拟线圈大小和灰度值阈值的设定非常关键。虚拟线圈用大小为 5 的数组来表示，这个数组规定了虚拟线圈的起始点横向位置、纵向位置、倾斜角度、宽、高。在这个方法中，使用检测线圈内灰度值的变化来表示检测到了车辆，若检测线圈过小或者灰度值阈值设定比较小，车辆检测会过于敏感，此时如果发生画面抖动或者有异物飞过，就可能导致误测；线圈过大，检测线圈会在画面中占比较大，而两个虚拟线圈的间距本来就较短，容易导致速度计算时误差过大；若灰度值阈值设定比较大，可能会导致白色车辆检测不敏感，某些颜色的车辆漏检。高速公路分道线为 69 线，白线 6m，间隔 9m，一个周期 15m，车速检测的时候将一组虚拟线圈放置在分道线的前后两端，中间可间隔若干周期的分道线，在计算车速的公式中距离是固定的，检测是否准确取决于两虚拟线圈检测车辆的时间差。所以说在虚拟线圈法中车速检测是否准确，很大程度上取决于虚拟线圈的表示和灰度值阈值的设定是否合理，如果能够选择一个大小合适的虚拟线圈和灰度值阈值，算法的准确率就能够得到极大提升。该算法的具体步骤如下。

步骤 1：确定两个虚拟线圈的位置、大小和倾斜角度，确保首帧序列的虚拟线圈内没有车辆，在视频序列中标注出虚拟线圈，假设视频帧率为 e。

步骤 2：计算首帧序列在 2 个虚拟线圈中的平均灰度值，记为 m、n。

步骤 3：逐一计算视频帧在 2 个虚拟线圈中的平均灰度值，记为 a、b，并与首帧的计算结果 m、n 进行比较。当 $|a-m|$ 大于某一阈值时，判断第一个线圈有车辆通过，记录当前帧的序号 a；当 $|b-n|$ 大于某一阈值时，判断第二个线圈有车辆通过，记录当前帧的序号 b。

步骤 4：当车辆通过第二个虚拟线圈时，由首帧序列在 2 个虚拟线圈中的平均灰度值 m、n，实际现实中两个虚拟线圈的间距 l，车辆经过两个线圈的视频帧率 a、b，视频的帧

率 e 等信息，即可估算出车辆经过两个虚拟线圈之间的车速，表示如下：

$$v = \frac{s}{t} = \frac{l}{(b-a)e} \qquad (7.11)$$

7.7.3 实验分析

1. 实验数据

在内蒙古高速公路数据集中进行实验。此数据集利用雷达波测距原理来获取车速。该数据库收集了 10 段 1h 的视频数据，视频采集帧率为 25 FPS。其中截取 6 段共 220s 左右小视频进行实验，共计 30265 张图片、158 辆车，累计车辆 35709 辆。

2. 实验参数

本实验在 NVIDIA GeForce RTX 2060 SUPER 和 Tesla P100 平台上完成，算法在 PyTorch 1.9.1 环境下设计。

3. 评价指标

用测得的车辆速度值与计算的车辆误差值进行对比获得评价指标，表示如下：

$$误差比例 = \frac{1}{M} \sum_{1}^{M} \frac{|v_{真}^{m} - v_{测}^{m}|}{v_{真}^{m}} \qquad (7.12)$$

式中，$v_{真}^{m}$ 为激光雷达标记的车辆车速值；$v_{测}^{m}$ 为任意车辆检测到的车速值。

4. 结果分析

虚拟检测区域距离选择实验：在内蒙古高速公路数据集中设计不同的虚拟检测距离实验来选取最佳车速检测距离，并分析相同条件下检测距离不同对车速检测结果的影响。根据高速公路分道线设计，一条虚线与一条实线为一组，一组实际距离为 15m，分别设计 45m、60m、75m、81m 距离的虚拟检测区域，并将车道由内至外依次划分为 a、b、c、d 共计 4 车道，车速检测结果如表 7.12 所示。

表 7.12 不同检测区域车速检测结果对比表

检测距离/m	车道号	车速实际值/（km/h）	车速测量值/（km/h）	误差/%
45	a	105	111.9	6.47
	b	102	105.3	2.83
	c	100	102.4	1.89
	d	98	94.3	3.38
60	a	105	108.5	3.24
	b	102	100.8	1.56
	c	100	99.3	1.19
	d	98	95.3	2.36

续表

检测距离/m	车道号	车速实际值/（km/h）	车速测量值/（km/h）	误差/%
75	a	105	112.3	6.85
	b	102	100.6	1.76
	c	100	98.4	2.09
	d	98	93.8	4.05
81	a	105	113.2	7.71
	b	102	98.5	3.81
	c	100	97.3	3.18
	d	98	92.1	5.64

对比实验表明该方法在高速公路场景下选用合适的位置可有效地提升车速检测准确率，本方法的准确度与虚拟区域的选择有很大关系，过近、过远都会影响车辆速度的检测。在本实验场景下，60m 的检测距离较为合适。

5. 案例测试

将提出的车速计算方法应用于内蒙古高速公路监控视频中，最终效果如图 7.22 所示。图左下方车辆车速检测结果为 103.7km/h，其实际值为 105km/h。右上方车辆车速检测结果为 101.7km/h，其实际值为 100km/h。证明所提的车速计算方法可以有效地应对不同车道线中车辆在实际状况下的行驶速度。

图 7.22　车速检测实例图

针对高速公路的直道场景的车速检测任务，本节提出基于虚拟线圈法的视频车速检测方法，虚拟线圈表示物体形状和运动轨迹，灰度值的变化反映车辆的通过。当检测到灰度变化，就记录时间点和位置，然后计算车速。本实验在内蒙古高速公路数据集上进行实验，利用了雷达波的测距原理来获取车速。关于采用的评价指标，实验通过比较测得的车辆速度与计算出的车辆误差得出。实验中还设计了不同的虚拟检测距离实验，以选择最佳的车速检测距离，并分析了检测距离对车速检测结果的影响。最后，实验结果分析表明，虚拟检测区域选择对实验准确度有显著影响，同时太近或太远的距离都会对车速的检测产生影响。在本次实验的场景下，60m 的距离被证明是最合适的。

基于虚拟线圈的车速检测技术具有一定的优势。例如，在选择合适的虚拟线圈后，在物体形状复杂、姿态变化较大的情况下，仍然能够准确地识别和跟踪物体。同时，该技术还适用于实现多目标跟踪、运动分析和行为识别等应用。但其在一些复杂场景下表现不佳，如雾天、雨天等。总而言之，基于虚拟线圈的车速检测技术是一种比较成熟的计算机视觉技术，具有广泛的应用前景。

7.8　高速公路车流量统计

7.8.1　基于 YOLOv5+DeepSORT 算法的高速公路车流量统计方法

近年来，车流量统计主要分为运动目标检测和跟踪计数两个阶段。针对运动目标检测和跟踪计数，国内外许多学者进行了相关的研究和实践，并取得了一定的成果。日本Takaba 等[160]通过样本点的处理来检测运动目标：在车道上选取一定数量的样本点，并对其进行帧差运算，通过对帧差结果的分析来判断样本点是否有车辆经过，然后根据样本点所在的位置进行车辆数目的统计，同时利用车辆经过样本点的时间差和距离计算车辆运行的速度。基于样本点的帧差法运动目标检测算法被应用于日本东京大学车辆检测管理系统中，车辆计数误差和车辆速度误差分别小于 5%和 10%。ViBe 算法[161]计算量小并且检测效果较好，但在车速过快或者环境突变的情况下无法及时更新背景，背景被误判为前景从而导致"鬼影"现象，影响了检测的准确性。

通过运动目标检测算法提取运动前景之后，还需要对运动目标进行计数，目前计数方法主要分为虚拟检测线法和运动目标跟踪法。虚拟检测线法是于 1984 年提出的一种车流量统计方法。该方法在各个车道上设置宽度为 3 个像素的检测线，同时设置检测区域来进行车辆的计数和车速的计算。但是该方法很容易受光线影响。均值漂移跟踪算法[162]是经典算法之一，基本思想是将目标区域用直方图特征进行描述，然后在下一帧中通过均值漂移算法不断迭代寻找特征概率密度最大的区域，作为匹配的目标区域。该算法计算量小但是跟踪窗口固定，无法根据运动目标的尺寸变化进行自适应调整，容易导致跟踪失败。

目前运动目标检测和跟踪计数并没有一个通用的适合所有场景的算法，都是在特定场景下才能发挥算法的优势，达到比较好的效果。因此，针对不同数据集进行合理的算法选择非常关键。

7.8.2　模型设计

基于高速公路的车流量统计任务指给定一段高速公路监控视频 $I = \{I_1, I_2, \cdots, I_t, \cdots, I_T\}$，$I_t$ 为视频 I 中第 t 段视频。其中该段视频中有 M 辆车向内行驶、N 辆车向外行驶，表示为 $O = \{(O_1, O_2, \cdots, O_m, \cdots, O_M), (O_1, O_2, \cdots, O_n, \cdots, O_N)\}$，$O_m$ 为该段视频向内行驶中第 m 辆车，O_n 为该段视频向外行驶中第 n 辆车。车流量统计的目标是准确求得 I_t 下 (M, N) 的数量。车流量统计可分为车辆检测、车辆跟踪、计数 3 个步骤。

车辆检测，指确定车辆在视频中的位置。$F(\cdot)$ 为车辆检测网络。车辆检测任务可描述为给定一段高速公路监控视频 $I = \{I_1, I_2, \cdots, I_t, \cdots, I_T\}$，求得任意车辆在任意帧中的具

体位置 L_t^m，表示如下：

$$L_t^m = \left\{ x_t^m, y_t^m, h_t^m, w_t^m \right\} = F(I) \qquad (7.13)$$

式中，$\left\{ x_t^m, y_t^m, h_t^m, w_t^m \right\}$ 分别为任意车辆在任意一帧中检测到边界框的中心点 (x, y) 坐标，以及长度与宽度。

车辆跟踪，指将车辆检测过程得到相邻帧的车辆位置进行关联，获得任意车辆的行驶轨迹。$G(\cdot)$ 为车辆跟踪网络。车辆跟踪任务可描述为给定一段高速公路监控视频 $I = \left\{ I_1, I_2, \cdots, I_t, \cdots, I_T \right\}$，利用检测到的任意车辆在任意帧中的边界框位置，以及 $\left(x_t^m, y_t^m, h_t^m, w_t^m \right)$，求得任意车辆的行驶轨迹 S^m，表示如下：

$$S^m = \left\{ l_a^m, \cdots, l_e^m \right\} = G\left(I, L_t^m \right) \qquad (7.14)$$

式中，$S^m = \left\{ l_a^m, \cdots, l_e^m \right\}$ 为任意车辆在视频中的轨迹；l_a^m 为任意车辆在视频中的起始帧位置；l_e^m 为任意车辆在视频中的结束帧位置。

计数，指设置两条虚拟检测线，根据车辆跟踪得到的车辆在视频中的轨迹，通过检测线的灰度变化来判断车辆经过。任务描述为给定一段高速公路监控视频 $I = \left\{ I_1, I_2, \cdots, I_t, \cdots, I_T \right\}$，利用检测到的任意车辆在视频中的轨迹 $S^m = \left\{ l_a^m, \cdots, l_e^m \right\}$ 经过检测线的灰度变化，求得视频中的车辆数目 (M, N)，表示如下：

$$(M, N) = \left\{ S^1 \cdots S^M, S^1 \cdots S^N \right\} \qquad (7.15)$$

式中，从黄色检测线驶入计为向内行驶，$M+1$；否则计为向外行驶，$N+1$。

传统的高速公路车流量统计设备精度较低，后期维护成本较高，本节针对这一问题提出一种基于高速公路的车流量统计设计方案。研究国内外车流量统计的技术发展现状，并针对目前主流的算法进行研究分析，设计一种利用 YOLOv5 进行目标检测，利用 DeepSORT 进行目标跟踪，利用虚拟检测线进行计数的高速公路车流量统计方案，其流程图如图 7.23 所示。

首先，用 YOLOv5 算法检测视频第一帧图像进行目标检测，求得任意车辆在任意帧中的具体位置 L_t^m，用 CNN 提取各目标特征进行输出，初始化卡尔曼滤波器。其次，根据上一帧目标检测框信息，由卡尔曼滤波器预测目标当前帧的位置，输出目标预测框。计算目标检测框与预测框的面积交并比进行级联匹配。最后，用匈牙利算法进行最优匹配，成功匹配则输出轨迹 S^m。如果匹配失败，则为目标生成暂时跟踪器。若后面连续 3 帧均匹配成功，则视为一个新目标；若后面连续 3 帧均匹配失败，则视为目标丢失并保留目标信息，接下来 60 帧没有匹配到该目标，则删除该目标跟踪器。经过检测线进行计数，输出对应 (M, N) 的数量。

7.8.3　实验分析

1. 实验数据

本实验采用高速公路监控中的 3 个 1h 视频制作数据集，视频类型为 MP4，大小为 1080 像素×1920 像素。对原视频进行事件提取并切割为短视频，共切割出 756 段事件短视频。其中 604 段视频作为训练集、76 段视频作为验证集、76 段视频作为测试集。

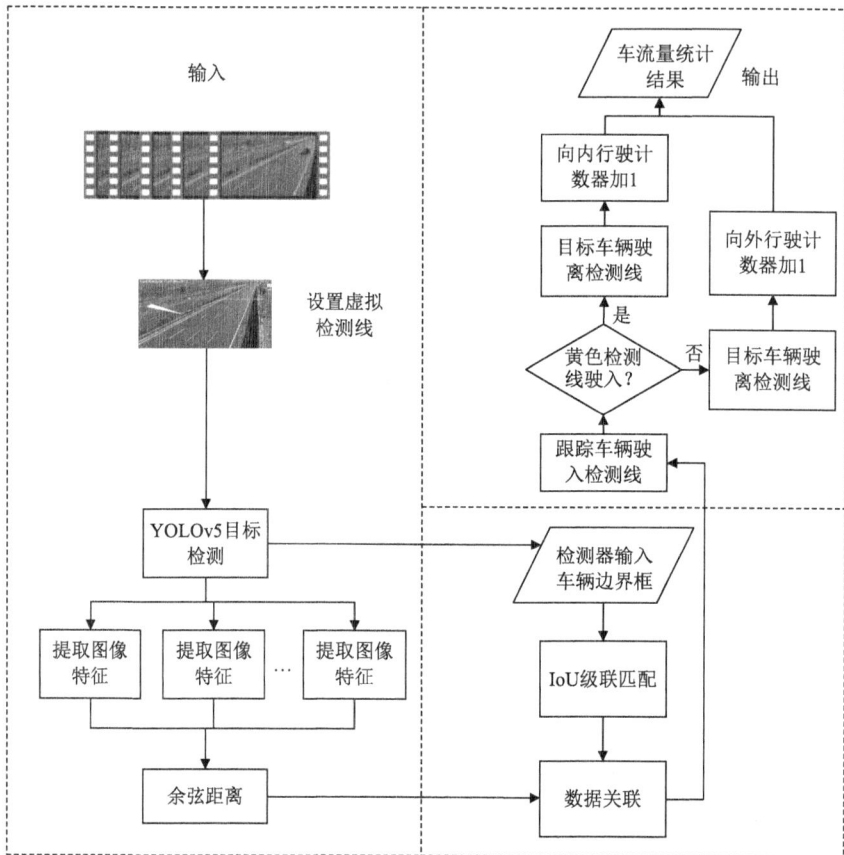

图 7.23 本节提出的车流量统计方案流程图

2. 实验参数

本实验使用的硬件配置为 i7-12700 CPU、NVIDIA GeForce RTX 3060 显卡，软件配置为 Windows 操作系统、CUDA 11.0，采用 PyTorch 1.7 深度学习框架。参数配置如下：训练时初始学习率为 0.1，动量大小为 0.937，样本批次大小为 16，迭代次数为 300 次。

3. 评价指标

评价指标包括多目标跟踪准确度（multiple object tracking accuracy，MOTA）、多目标跟踪精度（multiple object tracking precision，MOTP）、目标 ID 变换次数（ID switches，IDS）。目标 ID 变换次数通过上一帧的关联矩阵和当前帧估计的匹配矩阵相乘计算得到，跟踪准确度与跟踪精度计算公式表示如下：

$$\text{MOTA} = 1 - \frac{\sum_t (\text{FN}_t + \text{FP}_t + \text{IDS}_t)}{\sum_t \text{GT}_t} \tag{7.16}$$

$$\text{MOTP} = \frac{\sum\limits_{t,i} d_{t,i}}{\sum\limits_{t} c_t} \tag{7.17}$$

式中，FN 为跟踪算法未能检测到真实存在的目标；FP 为跟踪算法错误地将背景或不存在的目标标记为目标；IDS 为跟踪序列中目标身份的切换次数，即目标在跟踪过程中从一个身份切换到另一个身份；GT 为跟踪序列中真实存在的目标总数；d 为检测目标 i 和给它分配的 GT 之间在所有帧中的平均度量距离；c 为在当前帧匹配成功的数目。

4. 结果分析

将本实验用到的模型与 YOLOv5+SORT 模型在高速公路数据集中进行对比实验，实验结果如表 7.13 所示。

表 7.13　模型对比实验结果

模型	MOTA↑	MOTP↑	IDS↓
YOLOv5+SORT	55.3	72.8	83
YOLOv5+DeepSORT	57.9	74.7	67

注：↑代表数值越高跟踪性能越好，↓代表数值越低跟踪性能越好。

经过数据集训练得到的 YOLOv5+DeepSORT 模型在高速公路视频集中，跟踪准确度、跟踪精度和目标 ID 变换次数分别为 57.9%、74.7%、67%，优于 YOLOv5+SORT 模型。

5. 案例测试

本节提出的模型在高速公路监控视频中的最终实例图如图 7.24 所示。其中，图 7.24（a）为基于 YOLOv5 的车辆检测效果图，图 7.24（b）为基于 DeepSORT 的车辆跟踪效果图。

（a）基于 YOLOv5 的车辆检测效果图

（b）基于 DeepSORT 的车辆跟踪效果图

图 7.24　车辆跟踪最终实例图

针对高速公路的车流量统计任务，本节提出的模型使用 YOLOv5 进行目标检测，DeepSORT 进行目标跟踪，然后通过判断车辆经过虚拟检测线的灰度变化进行车辆计数。通过级联匹配和最优匹配方式，连续 3 帧匹配成功视为新目标，反之视为丢失目标。实验基于三段高速公路监控视频制作的数据集，包括 756 段事件的短视频，通过训练、验证和测试进行。评价指标包括多目标跟踪准确度（MOTA）、多目标跟踪精度（MOTP）和目标 ID 变换次数（IDS）。较小的目标 ID 变换次数和较高的跟踪准确度与跟踪精度意味着更好的性能。实验结果显示，经过训练得到的 YOLOv5+DeepSORT 模型在高速公路视频集中，跟踪准确度、跟踪精度和目标 ID 变换次数分别为 57.9%、74.7%、67%，这些数据优于使用 YOLOv5+SORT 模型的结果。总的来说，实验通过使用 YOLOv5+DeepSORT 模型，提高了车流量统计的准确性。

虽然模型在高速公路视频数据集上取得了不错的效果，但仍然存在一些需要解决的问题：一是车辆之间的遮挡和黏连问题没有很好地解决，导致出现车辆计数的漏检，可以考虑对多目标进行目标分割；二是对于严重拥堵的复杂交通场景，车辆出现静止时，车辆跟踪效果不佳，还须做进一步研究。

7.9 本章小结

本章主要介绍了基于道路监控图像的应用，基于道路监控图像的挖掘与应用是一项广泛应用于交通管理和安全领域的技术。该技术利用计算机视觉技术和机器学习算法对监控视频数据进行分析和处理，从而实现安全带检测、车牌识别、车型识别、车辆颜色识别、车辆行为识别、车速检测和车流量统计 7 个方面的应用。

通过学习本章的内容，读者可以了解道路监控图像的应用，以及在各个应用方面使用的机器学习算法。通过对道路交通监控视频数据的挖掘与应用，能够帮助交通管理部门和驾驶员实现更智能和高效的交通管理和安全驾驶。基于道路交通监控视频数据的挖掘与应用具有广泛的实际应用价值，它可以帮助交通管理部门实现智能化的交通监控和管理，提高道路安全性和交通效率。此外，它还可以提供重要的数据支持，为城市规划、交通管制和交通决策提供科学依据，为人们出行提供更加便捷和安全的交通环境。

第8章 交通大数据可视化

8.1 引 言

随着经济的快速发展，道路上的车辆数量不断增多，交通运输压力不断增大，道路交通拥堵状况及道路安全问题日益严重。在智慧交通背景的驱动下，交通系统信息化、智慧化程度不断提高，交通信息可视化应运而生。交通大数据可视化的核心是将海量复杂的交通数据通过图像绘制、智能算法等技术提取有利用价值的数据并以直观的方式展示，即将抽象的一维、二维、三维交通数据通过一系列可视化方法形象生动地展现数据的分布、特征等信息，协助交通管理部门提升管理效率；提高对紧急交通事故处理的决策速度及准确度，实现实时监控交通流量和对交通拥堵状况的预测，及时提醒通行者合理规划行驶线路，缓解道路交通压力，保障道路通行畅通，提高通行效率。此外，交通数据产生于日常生活，通过各种传感器及交通摄像头等设备采集的海量交通数据具有极强的时间性、空间性，尤为重要的是其背后隐藏着的城市发展规律[163-164]。因此，在有效地分析数据、筛选数据的同时开展对交通大数据的可视化分析就显得十分重要[165]。

8.2 基于 Excel 电子表格的可视化方法

Excel 作为广泛使用的电子表格程序，在数据可视化方面拥有强大功能，Excel 也能与其他插件整合得到更强大的可视化功能，能够把复杂的数据以直观、生动的可视化方式表达。Excel 电子表格作为交通领域保存数据的重要存储方式，其可以轻松地创建和组织数据表，利用 Excel 可视化方法将数据可视化表达，可以更好地理解交通大数据中的各个环节，进而进行整体性的数据分析和高效的管理等。

8.2.1 利用商业智能仪表盘实现可视化

商业智能仪表盘有时也被称为管理驾驶舱。它是一般商业智能都拥有的实现数据可视化的模块，是向企业展示度量信息和关键绩效指标（key performance indicator，KPI）现状的数据虚拟化工具。商业智能仪表盘可以将复杂的数据分析可视化，一般将多种图表予以组合，如折线图、柱形图、组合图、温度计图、散点图等，是定制化的交互式界面。

近年来，商业智能仪表盘已经成为标准商业智能工具的一部分，市场上有很多商业BI 工具可以制作商业智能仪表盘。兼具可视性和交互性的商业智能仪表盘能够让管理层在极短的时间内获得相关业务信息。因此，在职场上，商业智能仪表盘必将成为未来工作报告的一种趋势。在市场上，主要的商业智能仪表盘工具包括 Oracle 公司出品的 BIEE、SAP 公司出品的 Crystal Dashboard、微软公司出品的 PowerBI、Tableau 软件公司出品的

Tableau 等。国内比较著名的商业智能仪表盘有帆软公司出品的 FineBI 等。这些商业工具一般为收费软件，并且有一定限制，而人们日常办公所用的 Excel 也可以实现商业智能仪表盘的一般功能。

8.2.2 利用 Tableau 实现数据可视化

Tableau 是美国 Tableau 软件公司出品的一款专业的商业智能软件，能够满足企业的数据分析需求。在使用上，Tableau 方便快捷并且功能强大，利用其简便的拖放式界面，就可以自定义视图、布局、形状、颜色等，快速展现各种不同的数据视角。

Tableau 一共有 3 个版本，分别为 Tableau Desktop、Tableau Server、Tableau Online。Tableau Cloud 是 Tableau 商业智能套件当中的桌面端分析工具，即数据分析和可视化展现工具。Tableau Server 是 Tableau 的本地服务器，通过它可以展开协作并共享仪表盘。Tableau Cloud 是 Tableau Server 的托管版本，无须安装即可共享仪表盘。本节制作仪表盘使用的是 Tableau Desktop，它具有入门简单、上手快速的特点。

8.2.3 利用 Power View 插件实现可视化

Power View 是美国微软公司出品的一款用于实现数据可视化的插件，可以用于创建交互式图表、图形及地图等各类视觉效果。

相比其他的基于 Excel 电子表格的可视化技术，Power View 鼓励即时反映数据特点。Power View 是 Excel 2013 与 Microsoft SharePoint Server 2010（2013）的一项功能，是 Excel 中可用的三大数据分析工具之一。

8.2.4 利用 RawGraphs 实现 Excel 数据可视化

RawGraphs 是一个免费开源的可视化工具网站，主要用于为设计师与视觉设计工作者提供一款可以直接处理电子表格与矢量图形的数据可视化工具。RawGraphs 自 2013 年发布以来，被越来越多的数据工作者视为可视化领域内最重要的工具之一。

与其他"重量级"可视化工具相比，RawGraphs 是一款简单、高效，并且极易上手的可视化工具。2021 年 2 月，RawGraphs 推出了 2.0 版本，增加了弧线图、雷达图、矩阵图等图表形式，以及调整数值排列等新功能，使其成为数据可视化领域内不可忽视的一员。

8.2.5 利用 PowerBI 实现数据可视化

PowerBI 是微软发布的一套商业分析工具，包含桌面版 PowerBI Desktop、在线 PowerBI 服务与相应的移动端服务。它可以处理各类数据源，将提取的数据进行可视化整理，并且支持在计算机端与移动端进行共享。

作为微软发行的数据处理与可视化工具，PowerBI 不仅可以与 Excel 链接，直接处理电子表格，还可以处理包括 SQL Server、Oracle、IBM DB 数据库在内的三十多种数据来源。

PowerBI 号称是"傻瓜式"数据分析工具，极易上手，操作简单，是除 Excel 以外的最实用的数据分析与可视化工具。它还有易集成的优点,不仅可以与微软的所有 Office 产品集成,还可以导入 TXT 文件、CSV 逗号分隔文件和 XML 文件,满足绝大部分数据类型。

8.3　编程式可视化方法

编程式可视化方法与交通大数据之间存在密切的关系。交通大数据是指通过各种传感器、监控设备、智能交通系统等收集到的大量交通相关数据,如交通流量、车辆位置、路况信息等。这些数据量庞大、复杂多样,传统的数据处理方法往往难以有效处理和分析。编程式可视化方法充分利用编程技术和数据可视化工具,能够高效处理、分析和展示交通大数据。通过编程等方式,可以编写程序来处理数据,实现数据的整合、清洗、转换和分析。可视化技术能够将处理后的数据以图表、地图、动画等形式直观地呈现出来,更易于我们理解和解读数据。

1. Prefuse

Prefuse 是一款可扩展的软件框架,用于帮助软件开发人员创建交互式信息可视化应用。Prefuse 可以用来开发单独的应用,具有支持任意数据属性、数据索引、选择查询的 Table、Graph 和 Tree 类型数据结构,以及高效的内存利用率;具有布局、颜色、大小、形状编码、失真技术、动画等构件;具有用于普通交互、直接操控的交互控制库;支持平移和缩放的视图转换技术,包括几何和语义缩放;具有用于数据交互式过滤的动态查询技术,以及运用许多现有的搜索引擎的集成文本查找技术;用于动态布局和动画的物理仿真引擎;具有多视图灵活性,包括"预览+详细"和"多小图"显示;具有内置的如 SQL 的表达式语言,用于向 Prefuse 数据结构写查询和创建导出数据域;支持向 SQL 数据库请求查询和映射查询结果至 Prefuse 数据结构。Prefuse 信息可视化参考模型包括 Source Data,用于可视化的数据集,数据可以是图形的表、社会化网络图、文件目录结构或者任何其他数据集;Data Tables,用源数据构建的数据表,可能涉及数据转换;Visual Abstraction,用构建的数据表根据可视化映射建立可视化抽象,可视化抽象是一个包括可视化特征(如空间布局、颜色、大小和形状)的数据模型;Interactive Views,通过视图转换完成可视化抽象中数据的实际渲染,渲染构件将可视化抽象中的内容画到许多交互视图中,通过支持平移和缩放操作,这些视图能够向数据提供各种各样的视角,通过鼠标和键盘操作,用户能够与可视化交互。

(1)将需要可视化的数据载入 Prefuse 数据结构,可以从文件中读取数据、从数据库载入数据和通过一个定制的数据源载入数据。

(2)将载入的数据映射至新创建的 Visual Abstraction 中。Table、Graph 及 Tree 将被载入 Visualization,并且赋予它们唯一的数据组名用于之后的引用。

(3)创建一个 RenderFactory 并向 Visualization 注册,该工厂负责将 Renderers 赋予给可视化项目。

(4)创建一系列 Visual Abstraction 上的数据处理动作,常用的包括设置可视化项目的位置、颜色、大小和形状。动作实例可以组成 ActionList 的形式用于执行各种处理任务，能够直接触发的动作被加入 Visualization，并且赋予一个唯一的名称用于引用。

（5）初始化一个或者多个交互式 Display 用于查看和管理可视化项目，通过向 Display 添加 Control 可以描述交互行为，查找和过滤数据项目可以通过添加 dynamic query bindings 实现。

2. D3.js

数据驱动文件（data-driven documents）D3.js 是一个使用动态图形进行数据可视化的 JavaScript 程序库，与 W3C 标准兼容，并利用广泛实现的 SVG、JavaScript 和 CSS 标准，改进早期的 Protovis 程序库。2009 年，斯坦福可视化团队（stanford visualization group）用开发 Prefuse 和 Flare 的经验，使用 JavaScript 开发了可从给定数据产生 SVG 图形的 Protovis 程序库。2011 年，斯坦福可视化团队停止开发 Protovis，并开始开发新的数据可视化程序库，基于开发 Protovis 的经验，开发了 D3.js 程序库，在注重 Web 标准的同时提供了更丰富的平台，以及更好的性能。与其他程序库相比，D3.js 相对视图结果有很大的可控性。2011 年 8 月，其 2.0.0 版本发布，2018 年 4 月，其 5.5.0 版本发布。在 D3.js 开发之前出现过许多尝试数据可视化的包，如 Prefuse、Flare 和 Protovis 程序库，它们都可以视为 D3.js 的前身。然而 Prefuse 和 Flare 都有明显的缺陷，均无法只通过浏览器就可完成渲染，都需要额外插件的支持。例如，2005 年发布的 Prefuse 是一个可视化程序库，但是需要通过网页的 Java 插件才能在浏览器中呈现；2007 年发布的 Flare 是另一个数据可视化工具包，由于其使用 ActionScript 编程语言开发，也需要额外的 Flash 插件才能完成渲染。

D3.js 通过预先创建的嵌入网页中的 JavaScript 函数来选择网页元素、创建 SVG 元素、调整 CSS 呈现数据，并且可以设置动画、动态改变对象状态或加入工具来完成用户交互功能，使用简单的 D3.js 函数能够将大型的数据结构与 SVG 对象绑定，并且能够生成格式化文本和各种图表。

3. Ggplot2

Ggplot2 之所以成为 R 语言最强大的作图软件包，主要源于其自成一派的数据可视化理念。

（1）将数据相关的绘图与数据无关的绘图分离。众所周知，数据可视化就是将人们从数据中提取的信息与图形要素对应起来的过程。Ggplot2 将数据、数据到图形要素的映射，以及与数据无关的图形要素绘制分离，这类似 Java 的 MVC 框架思想。这让 Ggplot2 的使用者能清楚分明地感受到一张数据分析图真正的组成部分，有针对性地进行开发和调整。

（2）图层式的开发逻辑。在 Ggplot2 中，图形的绘制是一个个图层实现的。下面举例说明，起初决定探索身高与体重之间的关系，画了一个简单的散点图，其次决定最好是区分性别，图中的色彩对应不同的性别；再次决定最好区分地区，拆为东、中、西 3 幅小图；最后决定加入回归直线，直观地看出趋势。这是一个层层推进的结构过程，在每层推进中，都有额外的信息加入进来。在使用 Ggplot2 的过程中，上述的每一步都是一个图层，能够叠加到上一步并可视化展示出来。

（3）各种图形要素的自由组合。由于 Ggplot2 的图层式开发逻辑，可以自由组合各种图形要素，充分发挥想象力。Ggplot2 将一张图分为 3 个基本部分——数据、几何对象和图像属性，即图形(Plot)=数据(Data)+几何对象(Geometry)+图像属性(Aesthetics)。可以将其描述为绘图模板，Ggplot2(data=<DATA>)+<GEOM_FUNCTION>(mapping=aes(<MAPPINGS>))，若想生成一张图，只需将以上代码中的尖括号部分替换为数据集、几何对象函数和图像属性映射。其中，DATA 为数据框；GEOM_FUNCTION 为几何对象函数，用以指明需要绘制的图表（如饼图、条形图、折线图等）；MAPPINGS 为图像属性映射，用于指明数据框中变量与图形属性如何映射。Ggplot2 大致包含数据（Data）和映射（Mapping）、标度（Scale）、几何对象（Geometry）、统计变换（Statistics）、坐标系统（Coordinate）、图层（Layer）、分面（Facet）。数据和映射将数据中的变量映射至图形属性，映射控制两者之间的关系；标度负责控制映射后图形属性的显示方式，从具体形式来看是图例和坐标刻度，Scale 和 Mapping 是紧密相关的概念；几何对象代表人们在图中实际看到的图形元素，如点、线、正方形等；统计变换对原始数据进行某种统计计算；分面就是控制分组绘图的方法和排列形式。

4. Google Charts

Google Charts 是谷歌提供的一项动态生成图表的服务，可以随时自定义图表，以适应网站的外观和感觉。Google Charts 是一个纯粹的基于 JavaScript 的图表库，旨在通过添加交互式图表功能来增强 Web 应用程序，图表使用 HTML5/SVG 技术，为 iPhone、iPad 和 Android 提供跨浏览器兼容性和跨平台的可移植性。Google Charts 具有兼容性，可在所有主流浏览器和移动平台上无缝工作；支持基于触摸屏的平台上的多点触控，适用于 iPhone、iPad 和基于 Android 的智能手机、平板电脑；免费使用轻量级核心库；使用 JSON 定义图表的各种配置，易于学习和使用；动态修改图表；支持图表上的多个轴；提供工具提示内置格式化程序或回调格式化程序，以编程方式控制工具提示、日期时间支持（特别处理日期时间，提供针对日期明确类别的众多内置控件）；支持使用网页打印图表；支持从服务器动态加载数据，使用回调函数提供对数据的控制及文本转换的多种功能。Google Charts 包含折线图、区域图、饼图、Sankey 图表、散点图、阶梯区域图表、表格、时间轴、TreeMap、趋势线、气泡图、动态图、热图等多种图表类型。Google Charts 绘制图表需要 3 个库：谷歌 JSAPI 库、谷歌可视化库及 Charts 自身的库。

8.4　交互式可视化方法

交互式方法可视化与交通大数据之间存在密切的关系。传统的数据处理和呈现方式难以充分展现其内在的信息和关联。交互式可视化方法通过结合交互性和可视化技术，使用户能够主动参与和探索数据，从而更好地理解和分析交通大数据。它提供了一种灵活、直观的交互方式，使用户能够根据自身需求和兴趣，自由地探索数据，发现隐藏的模式和趋势，并进行深入的分析和决策。

8.4.1 交互的作用

可视化由视觉呈现和交互两部分组成。可视化中的交互，可以缓解有限的可视化空间与数据量过载之间的矛盾，如对于高维数据，交互上可以利用分组进行降维。交互能让用户更好地理解和分析数据并组织数据，展示数据的内涵。

8.4.2 交互原则

交互原则主要有以下 3 点。

（1）延时。交互延时指的是从用户操作开始到结果返回所经历的时间，延时的长短在很大程度上直接决定了用户的体验。选择合理的交互操作和视觉反馈的方法，并确保延时在可以接受的范围之内，才可以让用户正常、高效地与系统进行互动。

（2）场景。一般情况下，交互将引起可视化场景的变化。应用中，用户通过切换场景来反复对比，达到准确发现变化的目的。

（3）成本。交互本身在给用户带来便利的同时，也会带来额外的成本。一般情况下，可视化系统会采用自动化处理的方式来解决。用户分析和自动化分析是相辅相成的，用户需要权衡其作用和成本，以达到一个平衡。

8.4.3 交互操作

交互操作主要有以下 3 点。

（1）选择。标记区域以查看其特征或变化，通常是一些计算或操作的后续步骤。

（2）重配。通过显示不同的排列提供不同的角度，以及多种合理的布局方式。

（3）过滤。显示符合条件的某些数据子集，基于某些特定的条件改变显示的数据集。

8.4.4 交互空间

交互空间是用户与交互程序互动所需的视窗，主要由屏幕空间、数据值空间、可视化参数空间、数据-图表空间构成。

8.4.5 利用 Matplotlib 实现交通数据可视化

1. Matplotlib 简介

Matplotlib 是一个在 Python 下实现的类 MATLAB 的纯 Python 的第三方库，旨在用 Python 实现 MATLAB 的功能，是 Python 下最出色的绘图库。其风格与 MATLAB 类似，同时也继承了 Python 的简单明了。使用 Matplotlib 前须先安装 NumPy 库。

Matplotlib 对于图像美化方面比较完善，可以自定义线条的颜色和样式，可以在一张绘图纸上绘制多张子图，也可以在一张图上绘制多条线，可以很方便地将数据可视化并对比分析。

Matplotlib 模块依赖 numpy 和 tkinter 模块，可以绘制多种形式的图表，包括线图、直方图、饼图、散点图等，图表质量满足出版要求，是数据可视化的重要工具之一。

2. Matplotlib 特点

（1）使用简单绘图语句实现复杂图表的绘制。
（2）以交互式操作实现随需求变化的图表显示。
（3）可以对图表的组成元素进行更精细化的操作。

8.4.6　利用虚幻引擎 5 实现 3D 交互式可视化

虚拟引擎 5（Unreal Engine 5，UE5）是一款由 EpicGames 公司打造的游戏引擎，被称为"最强大的 3D 创造平台""最先进的实时 3D 创作平台"。UE5 可以创建各式各样的游戏，包括 PC 端、主机端游戏。其强大的 3D 建模能力当然也可以用于数据可视化领域，目前最常见的应用场景是利用 UE5 建立 3D 智慧城市。

8.4.7　利用 CartoDB 实现数据可视化

CartoDB 是一款开源的交互式地图制作工具，由 Vizzuality 公司于 2012 年 4 月推出。它可以与当前流行的云数据平台与分析工具，如 Google BigQuery、Amazon Redshift 等无缝集成，并且迅速生成一个不仅仅包含可视化地图的应用程序，以满足越来越多的需求。

CartoDB 以傻瓜式操作的一键式制图闻名。它简化了可视化制作流程，完全不需要设计人员有任何编程基础，CartoDB 可以自动分析上传的交通数据、地图信息等，在数据上传完成后，单击视图右上角的"可视化"按钮即可生成相应的可视化文件。

8.5　半交互式半编程可视化方法

与传统的数据仪表盘、图表等数据可视化方法相比，大数据时代下的数据可视化更加强调呈现数据的实时性与变化性，并且要以更加生动的方式呈现数据所隐含的信息。在交通大数据领域，可视化的实时数据能够以可视化屏幕的方式应用于交通管理、物流调动等业务中。

8.5.1　DataV 实现可视化

作为阿里巴巴推出的云服务产品之一，DataV 专精于业务数据与地理信息融合的大数据可视化，是基于 Vue 的数据可视化系统。DataV 可以提供 SVG 的边框及装饰、图表、水位图、飞线图等组件，简单易用。DataV 实现步骤包括购买阿里云 DataV 服务；建立 MySQL 数据库；进入 DataV 界面，添加数据库；编辑数据；新建可视化；填写 MySQL 语句。

8.5.2　利用 Leaflet 实现数据可视化

Leaflet 是一个开源的 JavaScript 函数库，主要适用于前端，可以用于建立基于移动设备地图的交通数据可视化。其于 2011 年首次发布。相比 DataV 这种专门服务于可视化大屏幕的技术，Leaflet 更加轻量化。并且作为专门适用于前端的库，Leaflet 可以完美兼容 IOS 与 Android 平台。在绘图方面，从热力图、堆轨迹图到镶嵌图，几乎大部分想要实现的地图效果可以通过引用 Leaflet 的插件来实现。

8.5.3　利用 Highcharts 实现交通数据可视化

Highcharts 是一个使用 JavaScript 语言编写的库，使用它可以简单地在前端添加有交互式作用的图表。由于使用 JavaScript 语言编写，因此使用它不需要像使用 Flash 那样需要事先安装相应插件，并且其运行速度较快，兼容性较强，适用于当前市面上绝大多数的浏览器。Highcharts 是开发者免费提供给个人、个人网站与非商业用途使用的。

Highcharts 具有丰富的图表类型，可以满足绝大多数交互式要求，其支持的图表类型包括气泡图、瀑布流、仪表图、极地图等 20 多种，并且支持图表嵌套。在 Highcharts 中实现可视化不需要较高级的编程水平，大部分配置 JavaScript Object Notation（JavaScript 对象表示法），也就是只包含用冒号连接的键值对、用逗号进行分割、用括号进行对象包裹，易于设计工作人员阅读与编程。

8.5.4　利用 Superset 实现可视化

Superset 是一款由 Airbnb 开源的 Web 应用程序，具有快速、轻量、直观的特点，并加载了选项，使所有技能集的用户可以轻松浏览和可视化其数据，从简单的饼图到高度详细的地理空间图。

Superset 可以从不同时间维度上观察数据，这一点在分析交通大数据的时空特性上尤为重要。Superset 提供了一种专门针对时间序列的图表，指定时间维度之后即可对时间维度进行分析操作。

与 Leaflet 和 Highcharts 基于 JavaScript 不同，使用 Superset 需要一些 Python 基础。Superset 在集成数据方面支持多种数据库，包括 MySQL、PostgreSQL、Oracle、SQL Server 等主流数据库。

8.6　本 章 小 结

本章主要介绍了数据可视化的工具，一共给出了基于 Excel 电子表格的可视化方法、编程式可视化方法、交互式可视化方法和半交互式半编程式可视化方法的四大类 16 种针对交通大数据可视化工具的讲解。此外，还介绍了不同可视化工具的基本操作方法、所具有的不同的特点及适合分析的数据类型。该部分主要包括了现有适合交通大数据的可视化工具，并按照不同的可视化方法展开了详细介绍。

通过学习本章内容，读者可以了解并使用数据可视化工具。市面上可供选用的可视化工具众多，可以根据自身的使用需求选择可视化工具。不同的数据可视化工具往往会导致最终数据分析结果的不同。选用合适的可视化工具，能够帮助最大限度地从数据中挖掘出有价值的信息。

第9章　交通大数据安全结合区块链技术

9.1　引　　言

交通大数据利用计算机技术进行协同管理，不仅相关部门的交通管理水平得到了提升，在一定程度上利用对车流量的监控及相关系统，减轻了城市交通拥堵问题。大数据为传统交通研究、分析技术与应用实践带来跨时代的变革，但是，由于当前技术水平的局限，交通大数据在安全问题上还存在许多不足。因此，我国智能交通的发展仍存在巨大压力和挑战。与此同时，区块链技术的兴起为我国交通大数据安全问题提供了新的解决方案。近年来我国区块链产业发展迅速，且保持高速增长。区块链关键技术持续取得突破，应用基础不断夯实完善，总体上呈现集成规模化提升、生态结构优化成形、技术融合稳步提升、标准化成效凸显等显著特点。在技术加持下，我国区块链应用也日益成熟，目前在政务、银行、工业、医疗、供应链管理、能源、高等教育、海关贸易等方面均有突破性发展。在交通领域，区块链因其去中心化、透明度高、不可篡改和公共审计等特点，也为交通大数据存在的安全性问题提供了解决方案。区块链可通过数据加密、时间戳和分布式共识等方法，在节点无须相互信任的分布式平台中实现基于去中心化的点对点交易、共享与协作，提高了交通大数据平台内部的安全性与私密性[166]。

区块链技术在协作与同步、安全与信任、数据共享等方面与传统方式相比，在效率方面有较大提升，因此也有学者研究其在边缘计算、即时支付、物流溯源和智慧停车等应用场景下的应用。通过将深度强化学习和机器学习等人工智能技术融合到区块链中，提高了区块链分链的选择和调整策略的智能性，以更好地适应网络需求，在现有带宽情况下提升网络吞吐量，进而与未来的应用场景做系统结合。

9.2　区块链技术

9.2.1　区块链定义

区块链最早作为比特币协议的底层技术存在，是一种使用默克尔树和哈希函数加密的分布式公共账本[167]。区块是一个一个的存储单元，记录了一定时间内各个区块节点全部的交流信息。各个区块之间通过随机散列（也称哈希算法）实现链接，后一个区块包含前一个区块的哈希值，随着信息交流的扩大，一个区块与另一个区块相继接续，形成的结果称为区块链。区块链的结构如图9.1所示。区块链可以将用户操作的历史记录永久地记录在区块链上。区块链技术集数据存储、点对点传输、共识机制、加密算法等计算机技术于一身,其中每一个节点都维护着一个区块链的副本,并且通过共识算法实现分类账本的一致性[168]。区块链具有共享性、数据不可篡改和透明公开等特点,可以保证用户的数据隐私安全。另外,区块链允许不受信任的参与者以安全的方式相互通信并发送状态更新消息,而无须完全信任的第三方或授权的中央节点[169]。

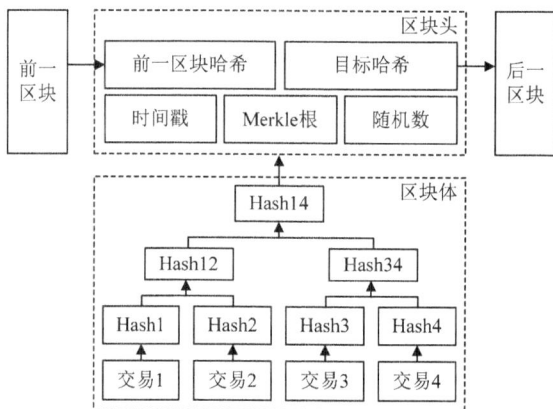

图 9.1　区块链结构

区块链的发展经历了以下 3 个阶段。

(1)区块链 1.0,以比特币为代表的虚拟货币时代,是虚拟货币交易的公共账本。

(2)区块链 2.0,去中心化数据库,将智能合约与货币结合,广泛应用于金融领域。

(3)区块链 3.0,区块链的应用场景推广到金融行业之外的各行各业。

区块链技术可以有效解决传统集中式信息共享平台面临的诸多问题,其发展更具实用性,并赋能各行业,可提高整体系统的工作效率[170]。

按照区块链的开放程度,可以将其分为公有链、私有链和联盟链 3 种类型[171]。公有链可以看作由所有人共同记账的公共账本,任何人都可以参与区块链数据的维护和读取,公平、公正、公开且不可篡改,去中心化性质最强。联盟链的开放程度低于公有链,因为它仅限于特定的联盟成员使用。私有链的开放程度最低,是一个不对外开放、仅供内部人员使用、需要注册和身份认证的区块链系统,因此也称为许可区块链。

区块链作为一个分布式账本,同样也离不开节点间的共识、激励和智能合约的执行。目前在车联网中常用的共识机制有工作量证明(proof of work,PoW)[172]、权益证明(proof of stake,PoS)[173]、股份授权证明(delegated proof of stake,DPoS)[174]和实用拜占庭容错(practical byzantine fault tolerance,PBFT)[175]等。激励机制是建立在共识层上的另一核心机制,通过鼓励节点共同参与区块链维护防止隐私泄露和信任缺失,以长期维持区块链网络的安全运行。

9.2.2　区块链特征

区块链技术的主要特征如下,这些特征在保障交通大数据安全方面表现出独特的特点和卓越优势[176]。

(1)去中心化:区块链技术颠覆了传统的中心化管理模式,将数据存储和管理变得更加分散和透明。这样的设计，使得网络中的每个节点都能够公平地参与数据的存储和管理，有效地降低了单点故障的风险。即使某个中心节点被攻击，也不会对整个网络的正常运转造成任何负面影响。

（2）加密技术：区块链基于密码学加密算法，对上链的数据进行全方位的加密处理。这种加密方式以其极高的安全性和可靠性，为数据的保密和防篡改提供了稳固的保障。在这种加密算法的保护下，数据的泄露和篡改成为不可能的任务，有效提升了交通大数据的安全性。

（3）数据不可篡改：在区块链中，如果一个节点发生变化，需要修改一整条哈希路径直至最后的默克尔根。另外，如果某一个区块被修改，后续区块中"前一区块的哈希值"也会变化，这样经过区块链的传导，修改区块之后的所有区块都要修改。篡改区块链中的交易需要同时控制系统中超过 51% 的节点，否则单个节点上对数据库的修改是无效的。这样的设计，为交通大数据的安全提供了充分的保障，确保了用户的权益不会受到损害。

（4）匿名性：区块链技术具有一定的匿名性，能够有效保护用户的隐私。区块链算法是通过地址寻址的方式，而不是以个人身份实现的，交易者不用通过公开身份的方式让对方产生信任。在这种匿名性的支持下，用户的个人信息和交易数据得到了充分的保密，避免了数据泄露的风险，这对于交通大数据的安全性来说至关重要。

（5）智能合约：智能合约是区块链系统中预定义的一系列旨在以信息化方式传播、验证或执行合同的计算机协议，允许在没有第三方参与的情况下进行可信交易自动执行且交易不可逆。这种自动执行的方式，可以极大地降低人为操作的风险，从而进一步提高交通大数据的安全性。智能合约的应用，有效地减少因人为疏忽而导致的数据安全问题，为交通大数据的安全和稳定提供了有力保障。

9.2.3　区块链架构

区块链架构如图 9.2 所示，区块链架构从上而下由应用层、合约层、激励层、共识层、网络层和物理层构成。

（1）应用层。应用层作为区块链系统的顶层，提供用户与区块链交互的接口，包括钱包、智能合约、去中心化应用等。应用层是区块链技术落地的最终依托，也是最贴近用户和商业应用的层次。

（2）合约层。合约层承担了区块链技术中智能合约的实现、数字资产的管理和交易、去中心化应用的部署和调用等重要任务，是区块链技术落地和运营的关键所在。

（3）激励层。激励层是区块链中的经济模型，促使节点遵守协议和保护网络安全。激励层包括代币（Token）经济模型、挖矿机制、分红机制、股权激励等不同的激励方式。

（4）共识层。共识层是保证节点访问全网数据的可靠性和真实性的基础，负责验证交易的正确性并决定哪些交易可以加到区块中。共识层包括 PoW、PoS、DPoS、PBFT 等不同的共识算法。

（5）网络层。网络层是连接节点和实际硬件的层次，指物理和逻辑网络结构。网络层包括硬件设备、网络拓扑结构、路由协议等。

（6）物理层。物理层通过硬件设备的互联和管理来维护网络稳定，从而保证区块链网络的快速传输和数据安全。同时，物理层也为其他不同层的组件传输提供支持。

区块链因其较高的安全性和可靠性适用于交通大数据等众多应用场景，被认为是解决这些问题的关键技术之一。

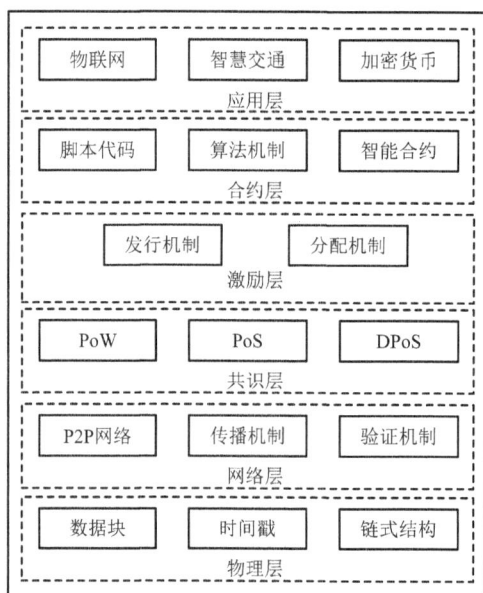

图 9.2　区块链架构

9.3　基于区块链技术的车辆身份认证

9.3.1　传统车辆身份认证现状

近年来，交通大数据的应用服务数量和普及速度呈上升趋势，是一项迅速发展的互联网新兴技术。当交通大数据中的各个模块进行数据共享时，最基本的要求就是保障消息在传递过程中的不可篡改性、完整性和真实性，所以必须使用安全的身份认证机制来保护数据和用户的私密信息。当数据传输环境不具备安全性时，用户数据的隐私信息遭受泄露，进而给用户的安全、交通的治理及社会的安稳带来巨大的风险隐患。因此，交通大数据中的车辆身份认证机制在可追溯、匿名通信等安全方面的问题更加值得重视。

身份认证是通过一定技术手段，对用户身份进行确认，确保只有合法用户才能访问相应服务的一种安全机制。目前在交通大数据领域已经出现了一些主要依赖绝对安全可靠的第三方对身份相关信息进行统一认证的身份认证方案，包括基于公钥基础设施（public key infrastructure，PKI）的认证[177]、基于对称密钥的认证和基于身份标识密码（identity-based cryptograph，IBC）的认证[178]及无证书签名（certificateless signature，CLS）的认证机制[179]等，其中以 PKI 最为典型。PKI 能够使用公钥对传输中的数据流进行加密操作，防止通信过程中被非法恶意窃取或监听，并且借助私钥唯一性这一特点，有效保证只有接收方才能正确成功解密相应数据流信息。这些认证方案仅仅适合交通大数据中简单的通信场景，很难适应复杂通信环境下的多重信道和低时延的需求。传统的基于PKI 的认证机制在交通大数据中多域环境下有以下弱点：①不同大数据系统之间的身份数据缺乏有效的共享机制，使得在多域环境下的车辆身份认证结果不够全面可靠；②在各个 PKI 系统中很容易出现单点故障，一旦一个节点宕机，其他节点并没有此宕机节点的数据，那么对这个节点的区域影响很大；③多个不同的 PKI 系统中，缺乏统一的认证标准。传统 PKI 车辆身份认证流程图如图 9.3 所示。

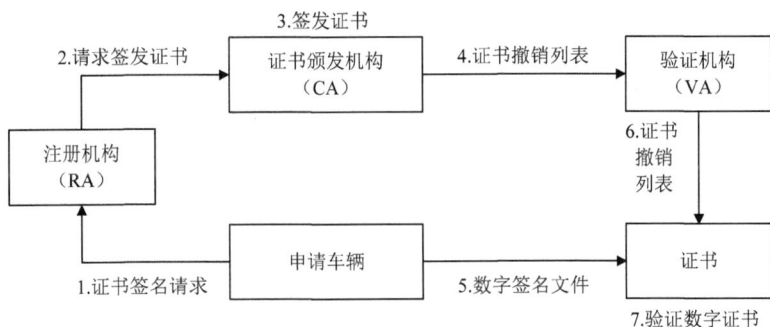

图 9.3　传统 PKI 车辆身份认证流程图

目前，交通大数据的身份认证方案在一定程度上可以解决车辆用户身份信息的安全问题，但是仍然面临着过度中心化带来的数据大量存储、响应时间慢、抗攻击能力弱、计算开销大等问题，无法提供分布式安全。目前还面临着交通大数据中海量设备接入、车辆交互信息频繁、整体数据存储量过大等问题，无疑给此类系统带来了严重的负荷，因此寻找一个能解决集中式系统存在问题的方案极为重要。

9.3.2　交通大数据车辆身份认证特点

随着区块链技术的发展，因其具有去中心化、不可篡改性、公开验证等优势已经被广泛应用于各大领域。将区块链技术运用于交通大数据安全通信受到国内外许多学者的关注。交通大数据本身就是典型的时空数据，包括时间和空间两个维度，采用传统的集中式方式处理虽然具有一定的便捷性，但是不能充分满足时空数据存储及安全性等要求。区块链技术采用去中心化的分布式存储，并通过共识机制等技术来保证数据的安全性，适合作为车辆身份验证安全问题的新型解决方案。与传统车辆身份认证相比，基于区块链的车辆身份认证技术主要针对以下 3 方面实现技术的飞跃发展。

（1）身份证书批量配置效率低。针对此问题，可以利用区块链的智能合约及共识机制，实现车辆身份数据的在线审核。颁发给车辆的证书是车联网中每辆车的通信身份，身份证书可以先产生数字证书，由多个参与方共同对这些数字车辆信息进行审核验证，验证通过之后才能记录到区块链中。将传统的先申请证书再配置证书的应用逻辑，改为先产生配置证书再颁发证书。这种经区块链节点多方验证并达成共识之后再颁发证书的方式，可有效提升车辆身份批量配置的效率。

文献[180]提出，通过建立证书颁发机构之间的信任关系，并根据对公钥证书的信任来计算分区，以统一的方式在区块链之外构建认证路径，由区块链来保证认证路径的有效性，加快了证书配置的速度。同样地，为了提高证书配置效率，文献[181]提出了一种基于区块链的 PKI 证书管理系统，在简化证书提供和证书管理过程的同时，降低了部署和维护机构的成本。将基于区块链的 PKI 身份认证系统与传统解决方案进行实验对比，结果表明基于区块链的车辆证书管理系统能够有效提高证书配置和管理的效率。

（2）多机构复杂。区块链具有去中心化的特性，促使多个可信参与方共同形成交通大数据联盟链，多个参与方共同对车辆数字证书进行验证，并将通过参与方验证的数字身份证书记录到区块链中，这些车辆数字证书就可以被区块链中的所有参与方认可。在多机构之间建立联盟链，打通多信任域，通过对多机构证书全生命周期的记录管理，可实现跨域证书的快速查验，解决多机构、多节点互信复杂的问题。

文献[182]提出了在车辆边缘计算和网络中安全高效地共享数据的区块链，用于解决多证书授权中心（certificate authority，CA）之间建立互信关系时所面临的复杂性问题。文献[183]在此基础上提出了一种用于联盟区块链的轻量级阈值 CA 和区块链强制交通大数据中基于车辆位置的高效隐私保护服务协议。在该协议中，通过设计阈值代理签名，只需为每个合法用户车辆生成一次代理签名密钥，就可以每次在在线阶段生成更新的区块链地址自行进行身份认证，而无须涉及在线 CA。

（3）单点故障。由于区块链不依赖中心化第三方，区块链中的数据以分布式的方式存储于多个节点之中，破坏任意节点均不会导致区块链数据丢失，因此，在区块链基础上构建车辆身份认证系统，将数字证书及其状态信息记录到区块链中，通过自身分布式节点进行数字身份证书的存储、验证、传递和使用，可以有效避免传统身份认证带来的单点故障问题。

文献[184]提出了一种分布式证书方案，将证书视作货币，并记录到区块链上，从而消除了单点故障问题。节点可以验证有效的证书，遵循一系列的规则，以确保所有权的一致性，并允许身份绑定多个公共密钥证书。为了有效地检索和验证证书并快速操作，引入了修改后的默克尔树，并用它来实现分布式证书库。与此相似的是，文献[185]针对集中式认证架构带来的单点故障问题进行研究，解决了单点故障问题。为了防止系统中 CA 的恶意治理导致的隐私泄露，他们通过改进原有系统，提出了一种基于隐私感知区块链的身份认证系统，在缓存中删除和添加属性，尽可能地减少可访问的信息。

9.3.3　基于区块链技术的车辆身份认证优势

基于区块链技术的车辆身份认证可以实现去中心化，即不依赖任何中心化的机构或组织来验证车辆身份，而是通过分布式的网络来验证身份信息。与传统的车辆认证机制相比，基于区块链的身份认证机制既可以提高认证效率，又可以抵抗分布式拒绝服务（distributed denial of service，DDoS）攻击。这是因为区块链的节点是相对分散的，且每个节点具备完整的区块链信息，并能对其他节点的数据有效性进行验证，即使出现网络攻击，剩余节点也可以正常维持整个区块链系统，增加了车辆身份认证的安全性和可靠性[186]。

区块链车辆身份认证具有高度的隐私性。传统的车辆身份认证需要向第三方机构提供个人数据信息，存在信息泄露和滥用的风险，而基于区块链技术的身份认证则是将个人数据和身份信息存储在区块链上的加密账户中，通过区块链技术实现身份验证的过程。其原理是通过去中心化的共识机制，确保数据不被篡改和伪造。当车辆进行身份认证时，可以通过私钥或数字签名等方式证明自己的身份，身份信息会以加密的形式存储在区块链上，确保了数据的安全性和隐私性。只有拥有私钥的用户才能查看和使用车辆身份信息，从而保障了交通数据中的隐私。

传统认证机制需要用户和数据中心之间的多次交互，这是车辆有效访问数据节点的一个障碍[187]。区块链作为一个分布式系统，多个网络节点可在不需要中央授权的情况下维护相同的信息，有效降低了数据中心、区域、域管理器之间的通信开销。此外，基于区块链的身份认证可以简化身份认证过程，减少中间环节，从而降低了成本，提高了车辆身份认证的效率和便捷性。

9.4　基于区块链技术的车辆访问控制

9.4.1　传统车辆访问控制现状

目前智能出行和交通数字化管理逐步受到重视[188]，整个交通大数据系统承载了巨量的车主隐私数据，如车辆信息、驾驶员信息、日常行驶路线、车况信息、用户密码等，这些信息如果被恶意访问将会对车主和周边车辆产生安全隐患。所以，为了避免恶意节点获取并篡改车主隐私数据，访问控制研究格外重要[189]。从国内的"三跨""四跨""新四跨"等互联互通应用实践活动来看，目前最影响访问控制模型应用到当下交通系统的是各个车厂商，包括整车零部件、模组、车辆终端设备，以及安全设施的相互支持和遵守同样的标准和规范。例如，2022 年 5 月，某用户在社交媒体曝光，其使用某智能纯电品牌汽车的"车车互联"功能，能看到多位同品牌汽车用户的行车记录仪实时画面，涉嫌未经用户同意使用用户的隐私信息，也存在泄露国家相关机密的可能。2022 年 10 月，某日本知名汽车集团因数据安全管理不善，导致其智能车联网系统服务中的 296019 条客户信息疑被泄露，内容包含客户电子邮件地址和客户号码等。因此对交通大数据中的消息验证、信任管理、证书管理、数据管理和隐私保护需要足够的安全性保障[190]。

区块链作为新一代安全性保护技术，因其自身所具有的去中心化、匿名性和不可追溯性等特点，可用于解决当前交通大数据中访问控制不足的问题，从而更好地保障交通大数据安全。为用户的访问请求提供分布式存储方式，方便了数据存储，区块链网络在交通大数据中可用于用户的请求访问、数据存储和用户访问请求撤销。

9.4.2　交通大数据车辆访问控制特点

交通大数据车辆访问控制不同于其他访问控制，有其独特之处，主要体现在以下 5 个方面。

（1）节点移动速度快：与物联网不同，车辆节点移动速度快，拓扑频繁变化，路径寿命短暂，且干扰因素更多，包括路边的建筑物、天气状况、道路交通等。车辆处于不断运动状态，信息不能保证全面覆盖，所以车辆在某些时段可能处于交通大数据系统之外，即使车辆处在交通大数据系统之内，也不能保证是由同一家通信公司运营，所以在交通大数据中要允许车辆自身数据动态加入。

（2）应对安全性攻击：整个交通大数据的鲁棒性极其重要，一方面要能应对恶意节点对大数据的网络攻击，另一方面也要能抵抗对车载单元和智能设备等终端的攻击。同时排除设备和传感器老化的因素，所以在安全性允许的范围内可以有一定的安全性预测偏差。

（3）网络拓扑变化快：网络拓扑高度动态且交通状况处于不稳定状态，因此，对于交通大数据来说，访问控制过程的时效性要求会更高。

（4）节点间链路持续时间短暂：由于车辆移动速度快，导致交通道路网络拓扑结构变化剧烈、信道资源不均衡，为车辆通信的实时性和可靠性带来了诸多隐患。故与物联网相比，车辆通信节点间链路维持时间略短，针对交通大数据而言，提高信道接入效率和并发通信能力才是关键。

（5）移动模型在路网拓扑中有限制：完整的路网结构应包括红绿灯、路标等个性化交通元素；复杂的交叉路口和多车道等路网情况；也要反映不同城市区域，如生活区、商业区等。移动模型包括车辆属性、驾驶员行为偏好等，不同类型的车辆有其独特的驾驶轨迹与限制，例如，公交车只允许在公交车道上行驶。车辆的移动方式很大程度上受到驾驶员个性喜好的影响，主要反映在车辆的原始动作和车辆的移动路线。同时，不同驾驶风格、对交通状态的处理，以及驾驶员在不同时刻的身体状态，都需要在移动模型中得以体现。

9.4.3 基于区块链技术的车辆访问控制优势

交通大数据利用区块链独特的优势得到更安全的访问控制，经过调研提出 5 个突出方面，分别为消息验证、信任管理、证书管理、数据管理和隐私保护。

（1）消息验证：交通大数据发展至现阶段，许多应用程序可以直接在车辆终端中使用，越来越多的信息在智能交通系统中共享、引入区块链共识机制。例如，事件证明（proof of exsitence，PoE）可以实现消息发布的可靠性。

文献[191]提出了基于区块链的交通事件验证框架（blockchain-based traffic event validation，BTEV）。在 BTEV 中，根据地理区域将区块链上的交易分为两个连续阶段，首先同步本地区块链，然后同步全球区块链，这有助于传递警告消息和维护区块链。此外，BTEV 引入默克尔压缩前缀树（Merkle patricia tree，MPT）结构，使路侧单元（roadside units，RSU）更高效地将已确认事件提交至区块链。最后，通过 PoE 共识机制提高消息发生的可靠性。为了解决车载随意移动网络（vehicular ad-hoc network，VANET）系统中的消息传播问题，文献[192]提出了基于区块链的 VANET 系统。他们将事件消息与车辆信任等级结合起来，以适配工作量证明（proof of work，PoW）共识机制。作者引入了一种适用于交通大数据的新型区块链，其基于比特币交易的事件消息构建而成，每个区块的哈希值按顺序链接在一起以形成区块链。

（2）信任管理：由于网络不稳定和网络攻击，第三方权威机构不一定是可信的。因此，需要一种无信任架构来解决这个问题，网络中每个车辆的信任值会根据其行为动态更新，车辆的信任值可用来评估车辆的行为。

为了解决车辆消息的可信度问题，文献[193]提出了区块链技术支持的 VANET 系统去中心化信任管理框架。使用贝叶斯推理数学模型验证车辆从相邻车辆接收到的消息。在他们提出的协议中，RSU 充当矿工，研究者同时使用 PoW 和权益证明（proof of stake，PoS）共识机制。对于块验证，他们将车辆的信任值与车辆的消息综合进行分析。

文献[194]提出了多层的、基于区块链的信任构建和认证框架，以维护网络实体之间的信任关系。信任值大于阈值的车辆被选为节点。上述方案的好处是采用以实体为中心的信任模型来确保数据所有权。

（3）证书管理：通过颁发证书保证交通大数据中每辆车的通信身份，利用区块链充当证书颁发和撤销机构来代替公钥基础设施（PKI）功能，可以解决单点故障并增加网络安全性。

文献[195]为 VANET 提供了基于区块链的隐私保护认证方案。该方案假设可信授权机构是半可信的，在发生争议时不会恶意跟踪或泄露公钥与目标车辆真实身份之间的联系。此外，半可信授权机构是透明和可验证的，因为所有证书和交易都永久且不可更改地记录在区块链中。最后采用时序默克尔树（chronological Merkle tree，CMT）和 MPT 来扩展传统的区块链结构，从而提高了效率和可扩展性。

（4）数据管理：区块链可以通过合适的激励机制促进链上和链下的数据管理，确保链上和链下数据相互信任，可以说区块链不仅充当设备与大数据中心之间的信息交换媒介，还充当数据库以确保相关数据的安全性。

为了有效管理链上和链下的数据，文献[196]提出一种拍卖激励机制。该激励机制基于联盟链的驱动来保证链上和链下数据可信度过滤消息的过程被描述为逆向拍卖，其中服务器充当拍卖师，从用户那里购买数据。对于链下数据，研究者提出一种基于期望最大化算法的数据质量评估方法，以评估实际任务数据和数据质量。此外，设计基于区块链数据质量驱动拍卖模型，以低成本实现福利最大化。最后，设计智能合约来自动共享数据和计算成本。

（5）隐私保护：智能车辆会存储用户高频率通行路线、个人隐私、驾驶喜好和习惯等，车辆可以看作个人隐私数据库，因此需要引入区块链辅助来确保隐私安全。

考虑共享数据的安全性和隐私保护，文献[197]提出一种基于密文策略属性基加密（ciphertext-policy attribute-based encryption，CP-ABE）和区块链的轻量级去中心化多授权访问控制方案，通过该方案，去中心化多授权节点通过执行轻量级计算来支持车辆用户和车辆云服务提供商（vehicle cloud service provider，VCSP）的协助。使用区块链来记录存储和访问交易，实现用户自我验证和密文不可篡改。使用智能合约减少用户验证的工作量，并通过隐藏策略实现隐私保护。

现有方案大多在单一行政域内考虑车辆安全和认证，缺乏对智能交通系统中权力和实体的监管。利用区块链去中心化、不可修改、可追溯和匿名性等特点，以及区块链中共识机制和智能合约等算法与技术，针对车辆单点故障、链路持续时间短暂造成的消息不可靠、网络拓扑变化快造成的延迟敏感、道路情况须紧急处理等问题做出解决方案。区块链智能合约技术可以自动做出访问控制决策,对智能合约的访问策略审查至关重要,避免访问和权限漏洞、访问控制策略冲突等逻辑问题。

9.5 基于区块链技术的数据隐私保护

9.5.1 区块链数据隐私保护现状

数据隐私一直是数字时代的一个重要挑战,随着人们在互联网上产生和共享越来越多的数据,保护个人隐私变得尤为关键。在这个背景下,区块链技术崭露头角,被认为可能为数据隐私带来新的解决方案[198]。

区块链的核心特征之一是去中心化,它通过分布式账本技术,将数据存储在网络中的多个节点上,而不是集中存储在单一实体的服务器上[199]。这种分布式特性使得数据更加安全,难以篡改,因为要修改一条数据,需要同时改变整个网络上的多个副本,这几乎是不可能的。

此外,区块链还采用了强大的加密技术,确保只有授权用户能够访问和验证数据。这为数据隐私提供了一层额外的保护。此外,区块链可以支持匿名交易和身份验证,使得用户在进行交易或共享数据时能够保持更高的隐私。

日趋成熟的区块链技术也为隐私保护带来了新的契机。文献[200]提出一种基于区块链技术的大数据访问控制方案,将访问策略以事务的形式存储在区块链中,利用智能合约自动化判决数据访问过程。文献[201]利用区块链设计出一种分布式物联网访问控制方案,用于解决数据管理中单点化和中心化的问题。虽然区块链技术在解决访问控制中心化问题中有较大的潜力,但区块链技术公开透明的特点并不利于数据隐私保护的展开,需要结合其他技术进一步加强数据共享时的隐私性。例如,通过代理重加密技术来完成医疗数据隐私保护,用户可以自主定义授权列表实现数据受控共享。对数据进行隐私保护的基础理论如下所示。

1. 双线性映射

令群 G_1 和 G_2 为两个阶为素数 p 的乘法循环群,定义一个双线性映射 $e:G_1 \times G_1 \to G_2$ 满足以下性质。

(1)双线性:对于任意的两个随机数 $a,b \in Z_p^*$, $g,h \in G_1$ 存在 $e(g^a, h^b) = e(g,h)^{ab}$。

(2)非退化性:存在 $g,h \in G_1$,使得 $e(g,h) \neq 1$。

(3)可计算性:对于任意的两个点 $g,h \in G_1$, $e(g,h)$ 是容易计算的。

2. 判定性双线性问题

令判定性双线性(decisional bilinear Diffie-Hellman,DBDH)问题:定义五元组 $(g, g^a, g^b, g^c, e(g,g)^{ak})$,敌手计算 $Z = abc \bmod p$,当且仅当 $|pr[A(g, g^a, g^b, g^c, e(g,g)^{abc}) = 0]| - |pr[A(g, g^a, g^b, g^c, e(g,g)^z) = 0]| \leqslant \varepsilon$ 时,A 具有优势 ε 解决 DBDH 问题。

3. 代理重加密

代理重加密（proxy re-encryption，PRE）在公钥加密的基础上支持解密权限的转移，由 Blaze 等[202]在 1998 年的欧洲密码学年会上首次提出。用户对数据进行初始加密，代理者基于初始密文针对不同共享用户生成重加密密文，在共享数据时不用对数据进行重复加密[203]。该算法的具体定义如下。

Setup$(x) \to (pp)$：输入安全参数 k，输出系统公开参数 pp。

KeyGen$(pp) \to (sk_A, pk_A)$：输入系统公开参数 pp，输出用户公私钥对 (sk_A, pk_A)。

Enc$(m, pk_A) \to C_A$：输入待加密的数据明文 m、数据拥有者公钥 pk_A，输出数据密文 C_A。

Re keyGen$(pk_A, sk_A, pk_B) \to rk_{A \to B}$：输入数据拥有者公钥 pk_A、私钥 sk_A、数据使用者公钥 pk_B，输出重加密密钥 $rk_{A \to B}$。

Re En$(C_A, rk_{A \to B}) \to C_B$：输入密文 C_A、重加密密钥 $rk_{A \to B}$，生成重加密密文 C_B。

Dec$(sk_B, C_B) \to m$：输入数据使用者私钥 sk_B、密文 C_B，得到数据明文 m。

9.5.2　区块链数据隐私保护系统

区块链数据隐私保护系统主要由用户、接收机构、研究机构、半诚实代理服务器、密钥生成中心（key generation center，KGC）等实体组成，如图 9.4 所示。

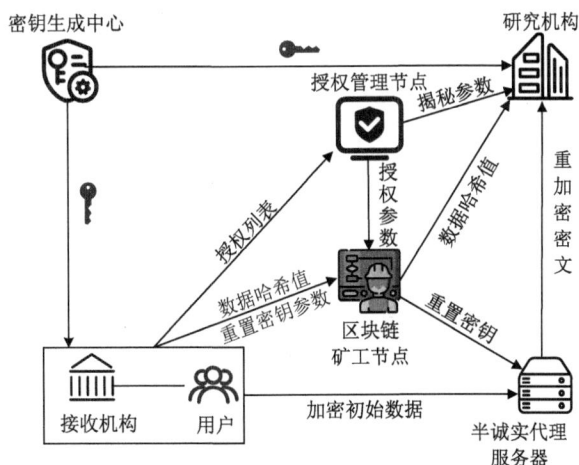

图 9.4　区块链数据隐私保护系统模型图

（1）用户：实际数据拥有者，自主决定各个接收机构对其数据的访问权限，可有条件地共享数据。对数据进行初始加密生成初始数据密文，并把数据初始密文上传到半诚实代理服务器；规定数据访问权限，构造授权列表发送给区块链系统授权管理节点；构造代理重置密钥参数和数据哈希值，并将其广播到区块链网络。

（2）接收机构：数据的管理者，不完全受信任，可在用户的授权委托下作为数据拥有者来执行数据共享任务。

（3）研究机构：需要用户数据进行研究的数据使用者，从代理服务器上获取数据重加密密文，可用其私钥和区块链系统授权管理节点发送的解密参数对重加密密文进行解密，获取数据明文；从区块链上获取数据哈希值，进行数据的完整性验证。

（4）半诚实代理服务器：存储和转换用户数据初始密文。存储由数据拥有者进行初始加密的数据密文；对于合法研究机构的数据请求，从区块链上获取代理重加密密钥，对初始密文进行代理重加密后，把数据重加密密文发送给研究机构。

（5）密钥生成中心：在系统建立阶段进行系统参数初始化，生成用户的公私钥对，完成密钥分发。

（6）区块链矿工节点：对于合法用户，利用用户上传的重加密密钥参数及授权管理节点发送的授权参数生成代理重加密密钥，发送给半诚实代理服务器；将一段时间内的交易信息广播给各个节点进行验证，验证通过后加入区块链账本。

（7）授权管理节点：根据用户给定的授权列表验证研究机构的数据访问权限，对于合法数据访问请求，把授权参数发送给矿工节点来构造针对合法研究机构的代理重加密密钥，同时发送解密参数给研究机构，完成数据共享；通过与用户交互，更新授权列表。该节点是可信的参与实体，可利用区块链共识算法进行选取。

9.5.3　隐私保护交互过程

本章所提方案的安全模型由以下游戏定义，该游戏在随机预言机模型下进行，敌手 A 与挑战者 C 之间的交互过程如下。

初始化阶段：挑战者选择安全参数，生成系统公开参数 pp 发送给敌手。

查询阶段 1 做出如下询问：询问 KeyGen、ReKeyGen、ReEncrypt、Decrypt；KeyGen 生成的密钥查询 ReKeyGen、ReEncrypt、Decrypt。

挑战阶段：提交消息 $(m_0, m_1) \in M$ 给挑战者，以及解密参数 S_j^*，重加密参数 β^*，公钥 pk^*，公钥由 KeyGen 产生，并且私钥未被泄露。当敌手以 (β^*, β', S_i^*) 查询 ReKeyGen 时，β' 对应的私钥不能泄露。挑战者选取 $b \in (0,1)$，运行初始密文生成算法来生成挑战密文 $C_b = \text{Encrypt}(m_b, pk^*)$ 发送给敌手。

查询阶段 2：与查询阶段 1 相同，并且有以下条件。

（1）当敌手以 (β^*, β', S_i^*) 对 ReKeyGen 查询时，β' 不能泄露。

（2）当敌手以 $(C_b, \beta^*, \beta', S_i^*)$ 对 ReKeyGen 查询时，pk' 不能泄露。

（3）当敌手以 (β^*, β', S_i^*) 对 ReKeyGen 查询时，不能用 C_b' 查询 Decrypt，C_b' 是运行 $\text{ReKeyGen}(C_b, \beta^*, \beta', S_i^*)$ 生成的。

猜测阶段：敌手输出 $b' \in (0,1)$，如果 $b' = b$，则敌手赢得游戏。

若敌手赢得上述挑战的优势定义为 $\varepsilon = |\, pr[b' = b] - \dfrac{1}{2} \,|$，且对于任意的概率多项式时间敌手赢得以上安全游戏的优势是可忽略的，则本方案在选择密文攻击下是安全的。

9.6　未来应用场景

目前，区块链在交通大数据平台的应用还主要集中在理论研究层面，本节以该领域的典型研究为例，探讨区块链在交通大数据领域未来可能实现的应用场景。

9.6.1　区块链+边缘计算

区块链与边缘计算的协同应用系统结合了这两种技术的优点，这使得它能够在充足的基础资源下为安全且高效的数据同步和共享提供机制。事实上，边缘协同计算服务已经成为交通大数据平台降低终端部署成本、提高系统处理能力和效率的核心要素[204]。因此，将区块链与边缘计算应用于交通领域就顺理成章地成为提高平台安全性和协同共享能力、推动交通大数据产业持续稳定发展的新动力。

结合区块链与边缘计算协同应用的特点，不难发现区块链在交通大数据领域的应用主要体现为以下 3 个方面。

（1）协作与同步：借助叠加在边缘节点上的区块链服务，交通大数据平台中不同边缘节点之间的信息孤岛将被连接起来，形成异构节点的跨网合作，为车辆提供无缝服务。

（2）安全与信任：区块链的完整性保证和防篡改特性能够为交通大数据平台建立数据安全信任机制，形成去中心化的身份认证，防范恶意攻击，实现数据安全传输。

（3）数据共享：区块链可以保证多个参与者数据的一致性，在边缘计算的组织生态中形成互联互通，在交通大数据平台上实现可信传输、数据同步和资源共享。典型的区块链在交通大数据平台应用的架构模型如图 9.5 所示。

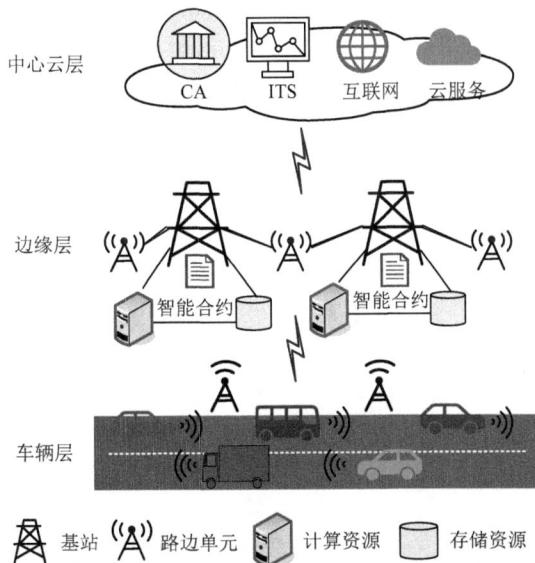

图 9.5　区块链在交通大数据平台应用的架构模型

针对交通数据共享问题，Kang 等[205]结合联盟区块链和智能合约技术，实现了车辆边缘网络的安全数据存储和共享，有效防止了未经授权的数据共享问题。此外，他们还提出了一种基于信用的数据共享方案，并利用三权主观逻辑模型对车辆的信用进行精确管理，在车辆边缘计算网络中实现了高效率和高安全性的数据共享。

为实现动态无线环境中高效和安全学习，Fu 等[206]提出了一个基于区块链的针对网联自动驾驶车辆的群体式学习框架。该框架使各个分布式的自动驾驶车辆能够在本地训练机器学习模型，并利用边缘计算节点上传到区块链网络，以实现所有网联车辆的"群体智能"，在避免了大量的数据传输的同时应用区块链来保障模型共享过程中的安全和隐私，提高了自动驾驶车辆的模型训练效率。

考虑网联车辆的定位校准问题，Li 等[207]从保证合作者和数据的安全性与可信度出发，提出一种基于区块链的车辆 GPS 定位误差演化共享框架来提高车辆定位精度。通过对 GPS 误差的分析，在搭载多种传感器的车辆和普通车辆之间共享特定时间与地点的定位误差演化来实现协作，并通过运行在边缘服务器上的基于 DNN 的预测算法获得定位误差演化。他们还设计了相应的智能合约，以自动高效地执行存储和共享任务，并解决时间尺度的不一致问题，有效提升了车联网定位纠错和数据共享方面的准确性与安全性。

进一步将区块链与自动驾驶应用结合，Jiang 等[208]提出一种基于区块链的模型共享方法来提高自动驾驶系统目标检测的跨域适应性能。基于区块链和边缘计算技术，跨节点训练了一个跨域自适应的目标检测模型，显著降低了不同对象类别的领域差异。此外，他们还开发了智能合约来高效完成数据存储和模型共享任务，并通过区块链共识保证了模型共享的可靠性。这种基于区块链的跨域模型共享方法将有助于提高自动驾驶车辆的目标检测能力，降低其大规模部署成本。

可见，结合交通大数据的边缘计算技术，基于区块链的安全同步与共享机制正广泛应用于交通系统数据、模型等目标元素的安全共享研究中，用以提高车联网大规模部署下的系统协同能力与安全性水平。

9.6.2 区块链+即时支付

在区块链系统中可以使用分片方法来提升系统性能。分片技术又可分为静态优化方法和动态优化方法。静态优化方法即当进行区块链分片时，分片的策略一直是相同的[209-210]。动态优化方法即当进行区块链分片时，根据不同的情况选择不同的分片策略。动态优化方法更适合变化的区块链环境，因此将分片技术与深度强化学习进行结合，能够在变化的区块链环境下寻找最优的分片策略。

天空链（skychain）由 Zhang 等[211]将深度强化学习与区块链技术结合提出。为了解决区块链的可扩展问题，他们提出一种基于动态分片的方法应用于区块链系统，具体如图 9.6 所示。

skychain 模型利用深度强化学习动态设计分片方法，通过神经网络动态调整分片的间隔、分片数量和区块大小来优化高维度系统状态上的区块链分片策略。深度强化学习智能体根据环境状态产生区块链分片行为，执行新的分片行为后的区块链系统会产生新的环境状态。当每个 epoch 结束时，事务池和下一个 epoch 的节点状态将成为深度强化

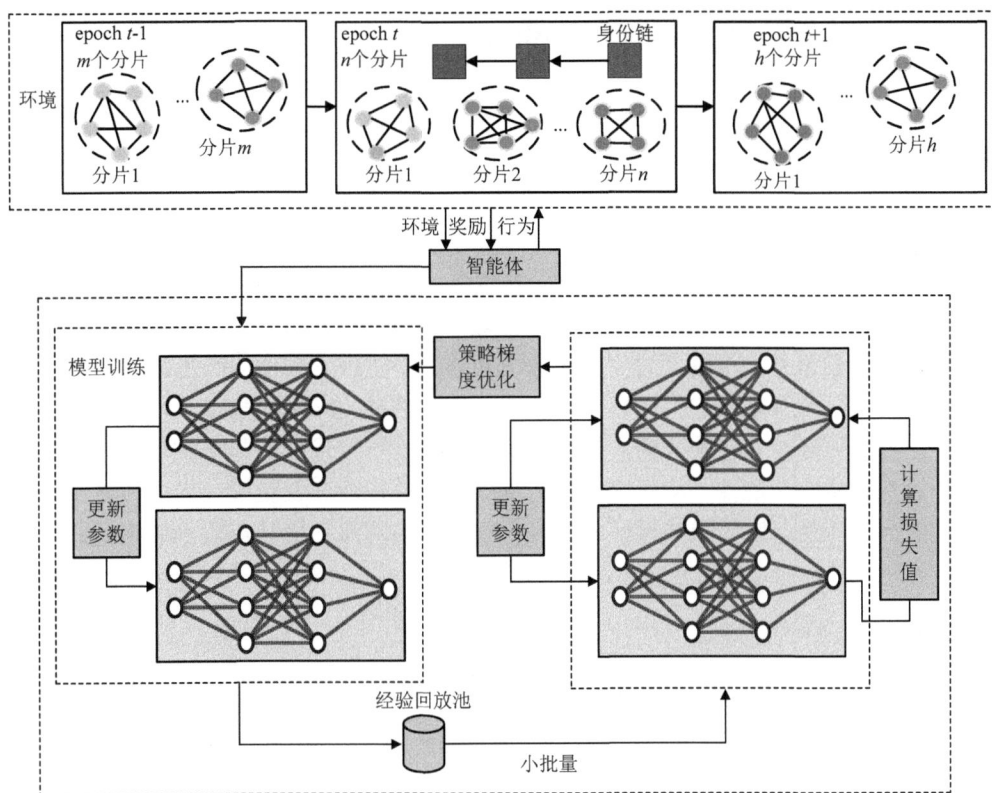

图 9.6 深度强化学习优化区块链分片技术

学习（deep reinforcement learning，DRL）的新的环境输入。智能体与区块链系统产生的数据会存储到经验回放池中，通过不断地训练寻找最优的分片方案。skychain 模型 epoch t 的关键部分（状态空间 S_t，行为空间 A_t，奖励 R_t）定义如下：

$$S_t = [q, m]_t \tag{9.1}$$

式中，m 为区块链分片中的节点数；q 为尚未处理的交易。

$$A_t = [T_{\text{epoch}}, k, S^B]_t \tag{9.2}$$

式中，T_{epoch} 为 epoch 的长度；k 为分片数量；S^B 为区块大小。

$$R_t(S_t, \ A_t) = \begin{cases} \dfrac{k}{T_{\text{epoch}}} \dfrac{S^B}{S^T} R_C \dfrac{1}{R_r + 1}, & \text{满足 } \varphi_1 \text{、} \varphi_2 \text{、} \varphi_3 \\ 0, & \text{不满足} \end{cases} \tag{9.3}$$

式中，S^T 为交易的平均大小；R_r 为分片中平均冗余交易数；R_C 为共识过程中的周期；φ 为约束条件。

Yun 等[212]提出基于分片的可扩展区块链系统，通过基于深度 Q 网络的分片区块链（deep Q network shard-based blockchain，DQNSB）来获取动态环境中的最佳配置方案。通过分析方程估计恶意程度，根据网络状态调整区块链参数，在保证系统安全性的前提下自适应地优化系统的吞吐量。在 DQNSB 提出后，温建伟等[213]提出基于分片的分支决斗网络区块链模型（branching dueling Q-network shard-based blockchain，BQNSB），使用强化学习中的 Branching Dueling Q-Network 算法来对区块链的分片过程进行优化，将分片的效率进一步提高。

文献[214]提出一款能够支持分片区块链的物联网负载平衡优化框架。在物联网领域结合深度强化学习对区块链节点分片，对内部分片达成共识和最终形成的共识进行理论分析，形成马尔可夫决策过程。在 DRL 智能体中联合训练事务池分配、区块间隔与区块大小，该框架可以有效提高物联网分片区块链系统的可扩展性。

深度强化学习方法不需要建立系统去分析模型，使用系统分片产生的历史数据就可以得到最优的分片策略，从而提高了区块链系统的性能。将深度强化学习融合到区块链分片中，为区块链技术带来了两大显著优势：①通过智能代理的强化学习，提高了分片选择和调整策略的智能性，从而增强了区块链网络的性能和安全性；②这一融合加强了区块链的自适应性，使其能够更好地适应不断变化的网络环境和需求，从而更好地支持大规模应用。

9.6.3　区块链+物流溯源

物流是指物品从供应地向接收地的流通过程，将运输、储存、装卸、搬运、包装、流通加工、配送等环节有机结合起来实现用户的要求[215]。物流不仅是全球经济大环境下诞生的产物，也是促进经济在全球范围内发展的重要的服务业。根据国家发展和改革委员会提供的数据显示，2018 年我国经济和社会物流规模已达到 283.1 万亿元，我国已经成为全球最大的物流市场。虽然近年来物流取得了很大发展，但是仍面临几大挑战。

（1）在整个物流过程实现中，很容易造成去程或者返程的实际容载率比较低，甚至可能会出现空载现象。物流运输公司一直在寻找需要运输的货物，但往往这类数据会被重复或混淆，造成一定程度上的物流资源浪费。

（2）参与整个物流运输过程的利益相关者较多，不仅包括产品的生产者、产品的加工运输者，还包括产品的销售者及产品消费者。这些利益相关者不够重视产品的可追溯程度，一旦产品出现质量问题，很容易出现各方相互推诿的现象。

（3）在现代化运输过程中，实时跟踪货物位置等动态信息早已成为服务的必选项，但目前使用的传统 GPS 系统容易被恶意操控，不利于整个物流体系的发展。我国物流运输业存在规模小、数量多、组织一体化差等特点，这些问题在公路运输中尤为显著。

文献[216]中提出一种与区块链海上货运供应链管理系统集成的数字身份管理方案，以减少信息不一致性。具体来说，参与海上货运的一方 P 使用一个公钥/私钥对作为其数字身份。P 生成一个公钥/私钥对，为公钥颁发证书，其他人使用该证书来识别 P。与经典的 PKI 系统不同，证书的生成涉及多个机构并包含了审查程序。每个机构可以依次检查 P 的信息，并决定是否签署。然后，证书授权中心 CA 可以收集 P 的公钥的所有签名，生成一个组合证书。当 P 参与某些需要在区块链中记录的操作时，P 会签署相应的消息。当另一方需要验证记录是否有效时，他会通过检查所包含的签名来验证数字身份。

文献[217]中提出一个区块链技术与数据分析相结合的智能港口管理框架，以提高港口船舶物流运输效率。船舶代理、码头、拖船公司、引航站和政府这五方都在该框架中共享信息，并将这些信息存储在区块链中。为了维护系统安全，该框架基于私有区块链构成，只有通过政府检查验证的参与者才能加入和访问区块链网络。在区块链系统中，所有各方都可以访问存储的信息。然而该方案的共享信息并不包括敏感信息，因此不存在隐私泄露的问题。

　　文献[218]中研究了区块链技术在饲料企业物流领域中的应用，并提出相应的体系架构。产品的相关信息，包括生产该产品的工厂数据、产品的质控指标、产品的物流配送等信息全部存储在区块链上。区块链技术贯穿产品生产所需的材料运输、产品完成生产以后的售卖及运给客户等物流过程的全部环节，起着验证追溯的作用。由于区块链不可篡改的特点及区块链技术可追溯的电子凭证，它可以明确界定物流运输过程中各个参与方所承担的责任，从而提高了物流运输的工作效率和安全。区块链技术正被广泛应用于饲料企业的物流系统，不仅可以最大限度地提高饲料企业的物流数据和信息传输的安全性，还使物流数据的传递更加富有时效和客观价值。该方案在提高物流运输效率的同时未涉及用户的隐私保护，这仍是该方案未来需要努力的方向。

　　总结以上讨论的基于区块链技术的物流运输解决方案后，可以了解到区块链技术是如何应用于物流运输领域中的。区块链上的各个节点由整个物流运输主体共同组成，包括产品生产、质量指标、工厂资料和配送等信息均存储在区块链中，利用共识算法和时间戳等技术来确保上传信息的真实性和及时性。一些解决方案建议使用区块链技术来跟踪电子证据，一旦某个物流环节发生了问题，该区块链的电子证据就无法被篡改，因此可以凭这个问题来界定每一方的权限及应该负责的业务。另一些方案提倡通过物联网与区块链技术相结合，及时记录产品从出产地到具体的运输过程中的环境温度及产品质量，并对交货时的细节进行检验，全方位保证物流运输过程中产品的质量。

9.6.4　区块链+智慧停车

　　目前我国大型城市中，汽车与停车位的平均比例约为 1∶0.8，而发达国家约为 1∶1.3。"停车难"直接导致司机寻找停车位平均用时 18~20min，由此造成拥堵、空气污染等一系列问题。2019 年 4 月，在广州黄埔区，4 个基于区块链技术的 5G 智慧停车场投入使用。同月，跑车制造商保时捷决定采用区块链技术，记录和收取停车费[219]。利用区块链技术中的分布式记账、智能合约、信用系统、不可篡改、可追溯等特点，结合 5G 的高速率、大容量和低时延等优势，通过图像识别技术、动态查询、停车位导航等新技术，对停车场进行智能化改造升级已经成为可能。

　　智慧停车场服务包括车位查询、车位预约、车位导航、停车费支付等服务。用户可以通过手机软件查看停车场车位使用情况，提前预约车位，无须排队等待。经过预约的车辆，系统将通过智能识别技术自动识别车辆，自动抬杆。在停车场内，系统通过手机导航向用户指引车位方向，并自动分配最优的位置停车。车位安装智能地锁设备，确保用户预约的停车位不会被占用，也不会被系统自动分配，实现预约专享功能。

　　使用区块链技术对停车用户进行身份认证和信用识别，如果用户超时或者违规停车，将会降低信用评级。同时，对于信用良好的优质客户，也可以通过激励获得在高峰期优先预订紧张车位、停车费用优惠等增值服务，实现价值流转。通过区块链技术，将用户车位预约信息、停车时间、车辆信息、缴费信息等进行虚拟货币计算，让车位资产数字化。车位实施差异化的定价策略，靠近出入口的位置或者在高峰时段，收费略高；非热门区域或者在非高峰时段，收费略低。通过给用户停车优惠或者增值服务，引导停车用户分流，实现停车资源的优化配置。另外，使用区块链技术可以解决停车场运营单位在服务过程中存在的风险点的存证问题。例如，在与交通行政执法有关的监督和存证方面，可以通过对停车场进出口的车辆数据进行存证，避免停车期间车辆擦碰产生的司法纠纷；可以通过跨链技术与司法区块链的对接，实现交通相关的数据存证；在发生事故、投诉时，可以为有关部门提供司法、公证等方面的证据。

9.7　本章小结

本章首先简要介绍区块链技术的定义、特征和架构，其次从车辆身份认证、车辆访问控制和数据隐私保护3个角度分析引入区块链技术为交通大数据安全带来的优势，最后讨论在现有相关政策背景下，区块链和交通大数据相结合的未来可能的应用场景，包括区块链技术结合边缘计算、即时支付、物流溯源和智慧停车等。

通过学习本章内容，读者在了解区块链技术的定义、特征和架构的同时，也可以认识到传统交通大数据研究存在的安全问题，以及如何应用区块链技术从车辆的身份认证、访问控制、数据隐私保护3个方面提高整个系统的安全性和私密性。当然，区块链技术结合交通大数据领域的相关研究，目前都处于理论层面，但未来可能应用的场景，一定不止于边缘计算、即时支付、物流溯源和智慧停车等。实现未来技术并改进现有技术的实现方式需要克服很多挑战，随着区块链相关技术的不断更新迭代，期待看到在与交通领域的更多融合创新和实际应用。

参 考 文 献

[1] 王正武, 宋名群. 多换乘点响应型接驳公交运行线路的协调优化[J]. 中国公路学报, 2019, 32(9): 164-174.

[2] 陈峻, 王斌, 张楚. 基于时空容量的配建停车资源共享匹配方法[J]. 中国公路学报, 2018, 31(3): 96-104.

[3] 王雪松, 袁景辉. 城郊公路路网特征交通安全影响研究[J]. 中国公路学报, 2017, 30(4):106-114.

[4] Xia F, Rahim A, Kong X J, et al. Modeling and analysis of large-scale urban mobility for green transportation[J]. IEEE Transactions on Industrial Informatics, 2017, 14(4): 1469-1481.

[5] Zong F, Wu T, Jia H F. Taxi drivers' cruising patterns: insights from taxi GPS traces[J]. IEEE Transactions on Intelligent Transportation Systems, 2018, 20(2): 571-582.

[6] 邱少宁, 朱杰, 郑加柱, 等. 出租车轨迹数据的南京人群出行模式挖掘[J]. 测绘科学, 2021, 46(1): 203-212.

[7] Jiang S X, Guan W, Zhang W Y, et al. Human mobility in space from three modes of public transportation[J]. Physica A: Statistical Mechanics and its Applications, 2017, 483: 227-238.

[8] 高楹, 宋辞, 舒华, 等. 北京市摩拜共享单车源汇时空特征分析及空间调度[J]. 地球信息科学学报, 2018, 20(8): 1123-1138.

[9] 逯琳, 邵世维, 刘辉. 利用浮动车数据挖掘城市职住空间关系[J]. 测绘地理信息, 2021, 46(3): 110-113.

[10] 贾若, 戴昇宏, 黄霓, 等. 交通拥堵判别方法研究综述[J]. 华南理工大学学报（自然科学版）, 2021, 49(4): 124-139.

[11] 李桂毅, 胡明华, 郑哲. 基于 FCM-粗糙集的多扇区交通拥挤识别方法研究[J]. 交通运输系统工程与信息, 2017, 17(6): 141-146.

[12] Song J C, Zhao C L, Zhong S P, et al. Mapping spatio-temporal patterns and detecting the factors of traffic congestion with multi-source data fusion and mining techniques[J]. Computers, Environment and Urban Systems, 2019, 77: 101364.

[13] 李宇轩, 韦凌翔, 陈红, 等. 基于支持向量机的城市快速路交通拥堵识别方法[J]. 交通工程, 2018, 18(1): 43-47.

[14] 李雨倩. 基于天气和时空特征的城市道路交通拥堵态势评估与预测研究[D]. 西安: 长安大学, 2021.

[15] 李佩钰. 短时交通流预测与城市路网交通拥堵识别方法研究与应用[D]. 西安: 长安大学, 2019.

[16] 毛应萍, 于丰泉, 孙烨垚, 等. 道路交通事故数据挖掘分析技术及应用研究[J]. 交通与运输, 2020, 33(z2): 106-111.

[17] 崔海蓉, 费金峰, 田华, 等. 基于 K-means-RM 的气象条件对交通阻断的影响评估[J]. 公路, 2021, 66(11): 227-233.

[18] 强添纲, 刘涛, 裴玉龙. 地铁进站客流量 SARIMA 与 GA-BP 神经网络组合预测模型[J]. 铁道运输与经济, 2021, 43(12): 134-142.

[19] 崔洪瑞, 杨晓霞, 余阳立. 基于 EMD-GRU 模型的旅游客流量预测: 以重庆市黑山谷景区为例[J]. 西华师范大学学报（自然科学版）, 2023(2): 179-185.

[20] 黄益绍, 韩磊. 基于 RS-IPSOSVM 的公交客流量预测方法[J]. 重庆交通大学学报（自然科学版）, 2020, 39(11): 11-19.

[21] 李洁, 彭其渊, 杨宇翔. 基于 SARIMA 模型的广珠城际铁路客流量预测[J]. 西南交通大学学报, 2020, 55(1): 41-51.

[22] 于滨, 邬珊华, 王明华, 等. K 近邻短时交通流预测模型[J]. 交通运输工程学报, 2012, 12(2): 105-111.

[23] 古圣钰, 吴英伟. 节假日乡村旅游客流量预测: 基于季节性调整的支持向量机模型研究[J]. 林业经济, 2021, 43(9): 86-96.

[24] Zhou L X, Zhang S C, Yu J R, et al. Spatial temporal deep tensor neural networks for large-scale urban network speed prediction[J]. IEEE Transactions on Intelligent Transportation Systems, 2019, 21(9): 3718-3729.

[25] Ma X L, Zhong H Y, Li Y, et al. Forecasting transportation network speed using deep capsule networks with nested LSTM models[J]. IEEE Transactions on Intelligent Transportation Systems, 2021, 22(8): 4813-4824.

[26] Zhang S, Yao Y, Hu J, et al. Deep autoencoder neural networks for short-term traffic congestion prediction of transportation networks[J]. Sensors, 2019, 19(10): 2229.

[27] 吕鲜，戚湧，张伟斌. 基于长短期记忆模型的交通拥堵预测方法[J]. 南京理工大学学报，2020，44(1): 26-32.

[28] 杨高飞，徐睿，秦鸣，等. 基于 ARMA 和卡尔曼滤波的短时交通预测[J]. 郑州大学学报（工学版），2017，38(2): 36-40.

[29] Kanchymalay K, Salim N, Sukprasert A, et al. Multivariate time series forecasting of crude palm oil price using machine learning techniques[C]//IOP Conference Series: Materials Science and Engineering. Melaka: IOP Publishing, 2017, 226(1): 012117.

[30] 卢建中，程浩. 改进 GA 优化 BP 神经网络的短时交通流预测[J]. 合肥工业大学学报（自然科学版），2015，38(1):127-131.

[31] Tedjopurnomo D A, Bao Z F, Zheng B H, et al. A survey on modern deep neural network for traffic prediction: trends, methods and challenges[J]. IEEE Transactions on Knowledge and Data Engineering, 2022，34(4): 1544-1561.

[32] 滕建，滕飞，李天瑞. 基于 3D 卷积和 LSTM 编码解码的出行需求预测[J]. 计算机科学，2021，48(12): 195-203.

[33] 林友芳，尹康，党毅，等. 基于时空 LSTM 的 OD 客运需求预测[J]. 北京交通大学学报，2019，43(1): 114-121.

[34] 王寅朴. 基于监督式学习的城市路网动态 OD 估计方法研究[D]. 南京：东南大学，2019.

[35] 刘洋. 城市轨道交通线网客流 OD 动态估计[D]. 南京：东南大学，2017.

[36] 刘婧. 基于 ANPR 数据的城市路网动态 OD 预测方法研究[D]. 重庆：西南交通大学，2019.

[37] 童小龙，卢冬生，张腾，等. 基于时间序列法的公交车站间行程时间预测模型研究：以苏州 1 路公交为例[J]. 交通运输工程与信息学报，2017，15(4): 114-119.

[38] O'Sullivan A, Pereira F C, Zhao J, et al. Uncertainty in bus arrival time predictions: treating heteroscedasticity with a metamodel approach[J]. IEEE Transactions on Intelligent Transportation Systems, 2016, 17(11): 3286-3296.

[39] Li F, Yu Y, Lin H B, et al. Public bus arrival time prediction based on traffic information management system[C]//Proceedings of 2011 IEEE International Conference on Service Operations, Logistics and Informatics. Beijing: IEEE, 2011: 336-341.

[40] Bai C, Peng Z R, Lu Q C, et al. Dynamic bus travel time prediction models on road with multiple bus routes[J]. Computational Intelligence and Neuroscience, 2015(2): 432389.

[41] 成佳磊. 两种算法结合的公交到站时间预测[J]. 交通与运输，2019，35(1): 9-12.

[42] 张孝梅，陈旭梅，张溪. 基于非参数回归-粒子滤波模型的公交到站时间预测[J]. 公路交通科技，2020，37(4): 118-124.

[43] 徐凤兰. 智能交通大数据处理平台的构建[J]. 四川水泥，2017 (6): 317.

[44] 郭悦，卢凯文，郭大为. 智慧公共交通大数据云平台一体化建设及应用研究[J]. 魅力中国，2021(31): 207-208.

[45] 邱卫云. 智能交通大数据分析云平台技术[J]. 中国交通信息化，2013(10): 106-110.

[46] 鲁涛. 智能交通大数据综合平台的应用探究[J]. 科学与财富，2020(1): 318.

[47] 杨东援. 关于城市交通大数据分析平台建设的两点思考[J]. 交通与港航，2019，6(1): 5-8.

[48] 徐玉凤. 城市综合交通大数据平台设计与应用[J]. 数字化用户，2017(11): 40-41.

[49] 中国共产党中央委员会，中华人民共和国国务院. 交通强国建设纲要[Z]. 北京:中国共产党中央委员会，中华人民共和国国务院，2019.

[50] 伍朝辉，武晓博，王亮. 交通强国背景下智慧交通发展趋势展望[J]. 交通运输研究，2019，5(4): 26-36.

[51] 吴忠泽. 新基建新技术引领智能交通产业高质量发展[J]. 中国科技产业，2021(1): 6-9.

[52] 陈楠枰，钟南. "新基建"风口下，智慧交通的"破"与"立"：专访中国交通通信信息中心智慧交通事业部副总经理钟南[J]. 交通建设与管理，2021(4): 22-25.

[53] 佚名. 数字交通"十四五"发展规划出炉[J]. 河南科技，2021，40(36):1.

[54] 程学旗，靳小龙，王元卓，等. 大数据系统和分析技术综述[J]. 软件学报，2014，25(9): 1889-1908.

[55] 张延松，焦敏，王占伟，等. 海量数据分析的 One-sizefits all OLAP 技术[J]. 计算机学报，2011，34(10):1936-1946.

[56] 叶惠仙，贾如春. 大数据架构关系分析及应用[J]. 计算机时代，2016(12): 42-45.

[57] 汪光焘，王婷. 贯彻《交通强国建设纲要》，推进城市交通高质量发展[J]. 城市规划，2020，44(3): 31-42.

[58] 周波，钱鹏. 我国科学数据元数据研究综述[J]. 图书馆学研究，2013(2): 7-10.

[59] 亢亮. 泉州市水路运输业发展中的政府行为研究[D]. 泉州：华侨大学，2017.

[60] 孔祥盈. 我国水路危险品运输安全监管问题研究[D]. 大连：大连海事大学，2016.

[61] 何承，朱扬勇. 城市交通大数据[M]. 上海：上海科学技术出版社，2015.

[62] 康立达. 广西机场管理集团发展战略研究[D]. 南宁：广西大学，2018.

[63] 马健翔，任安虎，牛孝通. 基于机器视觉的车辆排队长度检测[J]. 国外电子测量技术，2018，37(8): 86-89.

[64] 陈学武，李海波，侯现耀. 城市公交 IC 卡数据分析方法及应用[M]. 北京：科学出版社，2014.

[65] 马晓磊，丁川，于海洋，等. 公共交通大数据挖掘与分析[M]. 北京：人民交通出版社，2017.

[66] 刘辉. 湖南高速公路信息化管理问题研究[D]. 长沙：湖南大学，2012.

[67] 程山英. 基于模糊神经网络的短时交通流预测方法研究[J]. 计算机测量与控制，2017，25(8): 155-158.

[68] 李松，刘力军，翟曼. 改进粒子群算法优化 BP 神经网络的短时交通流预测[J]. 系统工程理论与实践，2012，32(9): 2045-2049.

[69] 张涛，陈先，谢美萍，等. 基于 K 近邻非参数回归的短时交通流预测方法[J]. 系统工程理论与实践，2010，30(2): 376-384.

[70] Davis G A, Nihan N L. Nonparametric regression and short term freeway traffic forecasting [J]. Journal of Transportation Engineering, 1991, 117(2): 178-188.

[71] Rasyidi M A, Kim J, Ryu K. Short-term prediction of vehicle speed on main city roads using the k-nearest neighbor algorithm [J]. Journal of Intelligence and Information Systems, 2014, 20(1): 121-131.

[72] 宫晓燕，汤淑明. 基于非参数回归的短时交通流量预测与事件检测综合算法[J]. 中国公路学报，2003，16(1):83-87.

[73] 张晓利，贺国光，陆化普. 基于 K-邻域非参数回归短时交通流预测方法[J]. 系统工程学报，2009，24(2): 178-183.

[74] 谢振东，刘雪琴，吴金成，等. 公交 IC 卡数据客流预测模型研究[J]. 广东工业大学学报，2018，35(1): 16-22.

[75] 蔡昌俊，姚恩建，王梅英，等. 基于乘积 ARIMA 模型的城市轨道交通进出站客流量预测[J]. 北京交通大学学报，2014，38(2): 135-140.

[76] 李高盛，彭玲，李祥，等. 基于 LSTM 的城市公交车站短时客流量预测研究[J]. 公路交通科技，2019，36(2): 128-135.

[77] 米根锁，赵丽琴，罗淼. GCPSO 优化混合核 SVM 的地铁车站客流预测[J]. 计算机工程与应用，2015，51(14): 231-235.

[78] Qin X, Xing T, Dong X, et al. Research on fluctuation and periodicity of highway passenger flow based on EEMD[J]. Journal of Northeast Normal University (Natural Science Edition), 2016,48(1): 44-48.

[79] Shen C P, Lin J W, Lin F S, et al. GA-SVM modeling of multiclass seizure detector in epilepsy analysis system using cloud computing[J]. Soft Computing, 2017, 21(8): 2139-2149.

[80] Chang C C, Lin C J. LIBSVM: a library for support vector machines[J]. ACM Transactions on Intelligent System and Technology, 2011, 2(3): 1-27.

[81] Vapnik V N. An overview of statistical learning theory[J]. IEEE Transactions on Neural Networks, 1999, 10(5): 988-999.

[82] 任琼，江洪，陈健，等. 基于支持向量机的生态公益林遥感分类研究[J]. 林业资源管理，2009(1): 107-113.

[83] 周佳，蒋玉明. 遗传算法和动态规划综述[J]. 技术与市场，2009，16(12): 18.

[84] 王军涛. 基于遗传算法的优化 BP 神经网络算法研究[J]. 中小企业管理与科技，2017(4): 135-136.

[85] 高明泉. 圆柱共形阵天线赋形方向图的优化算法研究[D]. 西安：西安电子科技大学，2007.

[86] 李红亚，彭昱忠，邓楚燕，等. GA 与 PSO 的混合研究综述[J]. 计算机工程与应用，2018，54(2): 20-28.

[87] Zhou Y, Li Y W, Xia S X. An improved KNN text classification algorithm based on clustering[J]. Journal of Computers, 2009, 4(3): 230-237.

[88] 栗国保，韩青菊. 一种改进 K-means 聚类算法的 MapReduce 并行化实现[J]. 数字技术与应用，2016(12): 134.

[89] Chen T Q, Guestrin C. XGBoost: a scalable tree boosting system[C]//22nd ACM SIGKDD International Conference on Knowledge Discovery and Data Mining. San Francisco: ACM, 2016: 785-794.

[90] Grbic D, Hafferty F, Hafferty P K. Medical school mission statements as reflections of institutional identity and educational purpose:a network text analysis[J]. Academic Medicine, 2013, 88(6): 852- 860.

[91] Dong X B, Yu Z W, Cao W M, et al. A survey on ensemble learning[J]. Frontiers of Computer Science, 2020, 14(2): 241-258.

[92] 陈丹蕾, 陈红, 任安虎. 考虑时空影响下的图卷积网络短时交通流预测[J]. 计算机工程应用, 2021, 57(13):269-275.

[93] Liu B, Li K, Huang D S, et al. iEnhancer-EL: identifying enhancersand their strength with ensemble learning approach[J]. Bioinformatics, 2018, 34(22): 3835-3842.

[94] Shahriari B, Swersky K, Wang Z Y, et al. Taking the human out of the loop:a review of Bayesian optimization[J]. Proceedings of the IEEE, 2015, 104(1): 148-175.

[95] 崔佳旭, 杨博. 贝叶斯优化方法和应用综述[J]. 软件学报, 2018, 29(10): 3068-3090.

[96] 刘钊, 杜威, 闫冬梅, 等. 基于 K 近邻算法和支持向量回归组合的短时交通流预测[J]. 公路交通科技, 2017, 34(5): 122-128.

[97] 李欣, 俞卫琴. 基于改进 GS-XGBoost 的个人信用评估[J]. 计算机系统应用, 2020, 29(11): 145-150.

[98] 林浩, 李雷孝, 王慧. 支持向量机在智能交通系统中的研究应用综述[J]. 计算机科学与探索, 2020, 14(6): 901-917.

[99] Smith B L, Scherer W T, Conklin J H. Exploring imputation techniques for missing data in transportation management systems[J]. Transportation Research Record, 2003, 1836(1): 132-142.

[100] 董春娇, 邵春福, 周雪梅, 等. 基于交通流参数相关的阻塞流短时预测卡尔曼滤波算法[J]. 东南大学学报（自然科学版）, 2014, 44(2): 413-419.

[101] Xu D W, Wang Y D, Jia L M, et al. Real-time road traffic state prediction based on ARIMA and Kalman filter[J]. Frontiers of Information Technology & Electronic Engineering, 2017, 18(2): 287-302.

[102] Elleuch W, Wali A, Alimi A M. Intelligent traffic congestion prediction system based on ann and decision tree using big GPS traces[C]//Intelligent Systems Design and Applications:16th International Conference on Intelligent Systems Design and Applications Cham Springer, 2017: 478-487.

[103] 韦清波, 何兆成, 郑喜双, 等. 考虑多因素的城市道路交通拥堵指数预测研究[J]. 交通运输系统工程与信息, 2017, 17(1): 74-81.

[104] 宋顶利, 张昕, 于复兴. 并行优化 KNN 算法的交通运输路况预测模型[J]. 科技通报, 2016, 32(9): 182-186.

[105] 刘志强, 吕学, 张利. 基于多分类 GA-SVM 的高速公路 AID 模型[J]. 系统工程理论与实践, 2013, 33(8): 2110-2115.

[106] 晏雨婵, 白璘, 武奇生, 等. 基于多指标模糊综合评价的交通拥堵预测与评估[J]. 计算机应用研究, 2019, 36(12): 3697-3700.

[107] Friedman J H. Greedy function approximation:a gradient boosting machine[J]. Annals of Statistics, 2001, 29(5): 1189-1232.

[108] 张威威, 李瑞敏, 谢中教. 基于 PCA-GBDT 的城市道路旅行时间预测方法[J]. 公路工程, 2017, 42(6): 6-11.

[109] Breiman L. Random forests[J]. Machine Learning, 2001, 45(1): 5-32.

[110] Breiman L. Bagging prediction[J]. Machine Learning, 1996: 24: 123-140.

[111] Punnathanam V, Kotecha P. Yin-yang-pair optimization: a novel lightweight optimization algorithm[J]. Engineering Applications of Artificial Intelligence, 2016, 54: 62-79.

[112] 王其涛. 元启发式算法在离散选址中的应用[D]. 南京: 南京航空航天大学, 2010.

[113] 顾荣, 王善永, 郭晨, 等. 基于 Spark 的大规模语义规则后向链推理系统[J]. 中文信息学报, 2018, 32(3): 120-134.

[114] 王靖, 张金锁. 综合评价中确定权重向量的几种方法比较[J]. 河北工业大学学报, 2001(2): 52-57.

[115] 赵彤, 刘斌, 李涛. 基于非均衡局部敏感哈希的并行文本分类研究[J]. 微电子学与计算机, 2017, 34(12): 67-73.

[116] Lu W, Luo M Q, Zhang Z Y, et al. Result diversification in image retrieval based on semantic distance[J]. Information Sciences, 2019, 502: 59-75.

[117] 刘鹏, 滕家雨, 丁恩杰, 等. 基于 Spark 的大规模文本 k-means 并行聚类算法[J]. 中文信息学报, 2017, 31(4): 145-153.

[118] Walker D W, Dongarra J J. MPI: a standard message passing interface[J]. Supercomputer, 1995, 12(1): 56-68.

[119] Dean J, Ghemawat S. MapReduce: simplified data processing on large clusters[J]. Communications of the ACM, 2008, 51(1): 107-113.

[120] 陈卓然，黄翀，刘高焕，等. 基于出租车 GPS 数据的居民就医时空特征分析[J]. 地球信息科学学报，2018，20(8): 1111-1122.

[121] 段宗涛，陈志明，陈柘，等. 基于 Spark 平台城市出租车乘客出行特征分析[J]. 计算机系统应用，2017,26(3): 37-43.

[122] Yuan J W, Tian Y F. Practical privacy-preserving mapreduce based k-means clustering over large-scale dataset[J]. IEEE Transactions on Cloud Computing, 2017, 7(2): 568-579.

[123] Bhattacharya A, Jaiswal R, Ailon N. Tight lower bound inst-ances for K-means++ in two dimensions[J]. Theoretical Computer Science, 2016, 634: 55-66.

[124] Khanmohammadi S, Adibeig N, Shanehbandy S. An improved overlapping k-means clustering method for medical applications[J]. Expert Systems with Applications, 2017, 67: 12-18.

[125] 张文元，谈国新，朱相舟，等. 停留点空间聚类在景区热点分析中的应用[J]. 计算机工程与应用，2018(4): 263-270.

[126] McCallum A, Nigam K, Ungar L H. Efficient clustering of high-dimensional data sets with application to reference matching[C]//Proceedings of the Sixth ACM SIGKDD International Conference on Knowledge Discovery and Data Mining. New York: 2000: 169-178.

[127] Redmon J, Divvala S, Girshick R, et al. You only look once: unified, real-time object detection[C]//2016 IEEE Conference on Computer Vision and Pattern Recognition. Las Vegas: IEEE, 2016: 779-788.

[128] Liu W, Anguelov D, Erhan D, et al. SSD: single shot multibox detector[C]//Computer Vision and Pattern Recognition. Springer International Publishing. Zurich: Springer, 2016: 21-37.

[129] Han K, Wang Y H, Tian Q, et al. GhostNet: more features from cheap operations[C]//2020 IEEE/CVF Conference on Computer Vision and Pattern Recognition (CVPR). Seattle: IEEE, 2020: 1577-1586.

[130] Wang C Y, Liao H Y M, Wu Y H, et al. CSPNet: a new backbone that can enhance learning capability of CNN[C]// Proceedings of the IEEE/CVF Conference on Computer Vision and Pattern Recognition Workshops, 2020: 390-391.

[131] 申翔翔，侯新文，尹传环. 深度强化学习中状态注意力机制的研究[J]. 智能系统学报，2020，15(2): 317-322.

[132] Zhu X K, Lyu S C, Wang X, et al. TPH-YOLOv5: improved YOLOv5 based on transformer prediction head for object detection on drone-captured scenarios[C]//2021 IEEE/CVF International Conference on Computer Vision Workshops (ICCVW). Montreal: IEEE, 2021: 2778-2788.

[133] 曲海成，张雪聪，王宇萍. 基于信息融合策略的卷积神经网络剪枝方法[J]. 计算机工程与应用，2022，58(24): 125-133.

[134] Howard A, Sandler M, Chen B, et al. Searching for MobileNetV3[C]//2019 IEEE/CVF International Conference on Computer Vision (ICCV). Seoul: IEEE, 2019: 1314-1324.

[135] Dalal N, Triggs B. Histograms of oriented gradients for human detection[C]//2005 IEEE Computer Society Conference on Computer Vision and Pattern Recognition (CVPR'05). San Diego: IEEE, 2005, 1: 886-893.

[136] Kazemi V, Sullivan J. One millisecond face alignment with an ensemble of regression trees[C]// 2014 IEEE Conference on Computer Vision and Pattern Recognition. Columbus: IEEE, 2014: 1867-1874.

[137] Huu P N, Anh B N, Nam V T N, et al. Tracking and calculating speed of mixing vehicles using YOLOv4 and DeepSORT[C]//2022 9th NAFOSTED Conference on Information and Computer Science (NICS). Ho Chi Minh City, Vietnam. Ho Chi Minh City: IEEE, 2022: 105-110.

[138] Liu Y C, Shao Z R, Hoffmann N. Global attention mechanism: retain information to enhance channel-spatial interactions[J]. arXiv preprint arXiv:2112.05561, 2021.

[139] Wang H, Jin Y, Ke H C, et al. DDH-YOLOv5: improved YOLOv5 based on double IoU-aware decoupled head for object detection[J]. Journal of Real-Time Image Processing, 2022, 19(6): 1023-1033.

[140] 王蓉. 车牌识别技术的研究[D]. 北京：北京邮电大学，2017.

[141] 李雪娇. 计算机图像处理技术在车牌识别中的应用[J]. 电子技术，2022, 51(1): 24-25.

[142] 陈宏，何小海，吴炜，等. 应用 SVM 的三维车型识别技术[J]. 四川大学学报（自然科学版），2006(6): 1279-1284.

[143] 刘泽新. 基于深度学习的公交客流检测系统研究[D]. 咸阳：陕西科技大学，2020.

[144] 田云飞. 基于深度学习的图像识别应用研究[D]. 杭州：中国计量大学，2019.

[145] Kim K J, Park S M, Choi Y J. Deciding the number of color histogram bins for vehicle color recognition[C]//2008 IEEE Asia-Pacific Services Computing Conference. YiLan: IEEE, 2008: 134-138.

[146] Krizhevsky A, Sutskever I, Hinton G E. ImageNet classification with deep convolutional neural networks[J]. Advances in Neural Information Processing Systems, 2012, 60(6):84-90.

[147] He K M, Zhang X Y, Ren S Q. et al. Deep residual learning for image recognition[C]// Proceedings of the 2016 IEEE Conference on Computer Vision and Pattern Recognition. Las Vegas: IEEE, 2016: 770-778.

[148] Szegedy C, Liu W, Jia Y Q, et al. Going deeper with convolutions[C]// Proceedings of the 2015 IEEE Conference on Computer Vision and Pattern Recognition. Boston: IEEE, 2015: 1-9.

[149] Simonyan K, Zisserman A. Very deep convolutional networks for large-scale image recognition[J]. arXiv preprint arXiv:1409.1556, 2014.

[150] Hochreiter S, Schmidhuber J. Long short-term memory[J]. Neural Computation, 1997, 9(8): 1735-1780.

[151] 于波. 基于视频的公共场合人体异常行为识别[D]. 北京: 北京工业大学，2017.

[152] Shafiq M, Gu Z Q. Deep residual learning for image recognition: a survey[J]. Applied Sciences, 2022, 12(18): 8972.

[153] 彭博，蔡晓禹，唐聚，等. 基于形态检测与深度学习的高空视频车辆识别[J]. 交通运输系统工程与信息，2019, 19(6): 45-51.

[154] 陈薏竹，李一昂. 视频测速综述[J]. 电子技术与软件工程，2014(10): 43-44.

[155] Bell P. Impact imminent[J]. IEEE Review, 2004, 50(5): 42-45.

[156] 吴骜，潘涌，于航. 全固态激光器脉宽测试技术研究[J]. 应用激光，2010, 30(5): 421-424.

[157] 牛国辉. 机动车地感线圈测速系统现场测速误差测量结果的不确定度评定[J]. 计量与测试技术，2019, 46(7): 113-114.

[158] 童剑军，邹明福. 基于监控视频图像的车辆测速[J]. 中国图象图形学报，2005, 10(2): 192-196.

[159] 田会娟，刘嘉伟，翟佳豪，等. 基于多入侵线的视频车速检测方法[J]. 交通运输系统工程与信息，2022, 22(1): 49-56.

[160] Takaba S, Sakauchi M, Kaneko T, et al. Measurement of traffic flow using real time processing of moving pictures[C]// 32nd IEEE Vehicular Technology Conference. San Diego: IEEE, 1982, 32: 488-494.

[161] Barnich O, Van Droogenbroeck M. ViBE: a powerful random technique to estimate the background in video sequences[C]//2009 IEEE International Conference on Acoustics, Speech and Signal Processing. Taipei: IEEE, 2009: 945-948.

[162] Comaniciu D, Ramesh V. Mean shift and optimal prediction for efficient object tracking[C]//Proceedings 2000 International Conference on Image Processing. Vancouver: IEEE, 2000, 3: 70-73.

[163] 崔蓬. ECharts 在数据可视化中的应用[J]. 软件工程，2019, 22(6): 42-46.

[164] 康凤举，华翔，李宏宏，等. 可视化仿真技术发展综述[J]. 系统仿真学报，2009, 21(17): 5310-5313.

[165] 左圆圆，王媛媛，蒋珊珊，等. 数据可视化分析综述[J]. 科技与创新，2019(11): 82-83.

[166] 汤春明，张永乐，于翔. 基于 BlockChain 的车联网数据交换系统设计[J]. 天津工业大学学报，2018，37(2): 84-88.

[167] Dubovitskaya A, Xu Z G, Ryu S, et al. Secure and trustable electronic medical records sharing using blockchain[C]//AMIA Annual Symposium Proceedings. Bethesda, American Medical Informatics Association, 2017: 650-659.

[168] Dong Z Y, Luo F J, Liang G Q. Blockchain: a secure, decentralized, trusted cyber infrastructure solution for future energy systems[J]. Journal of Modern Power Systems and Clean Energy, 2018, 6(5): 958-967.

[169] 陈思捷，王浩然，严正，等. 区块链价值思辨: 应用方向与边界[J]. 中国电机工程学报，2020，40(7): 2123-2132.

[170] Pilkington M. Blockchain technology: principles and applications[J]. Social Science Electronic Publishing, 2016: 225-253.

[171] Lin I C, Liao T C. A survey of blockchain security issues and challenges[J]. International Journal of Network Security, 2017, 19(5): 653-659.

[172] Nakamoto S. Bitcoin: a peer-to-peer electronic cash system[J]. Decentralized Business Review, 2008: 21260.

[173] Buterin V. A next-generation smart contract and decentralized application platform[J]. White Paper, 2014, 3(37): 1-2.

[174] Yang R, Yu F R, Si P B, et al. Integrated blockchain and edge computing systems: a survey, some research issues and challenges[J]. IEEE Communications Surveys & Tutorials, 2019, 21(2): 1508-1532.

[175] Zheng Z B, Xie S A, Dai H N, et al. An overview of blockchain technology: architecture, consensus, and future trends[C]//2017 IEEE International Congress on Big Data (BigData congress). Honolulu IEEE, 2017: 557-564.

[176] Bagga P, Das A K, Wazid M, et al. Authentication protocols in internet of vehicles: taxonomy, analysis, and challenges[J]. IEEE Access, 2020, 8: 54314-54344.

[177] Perlman R. An overview of PKI trust models[J]. IEEE Network, 1999, 13(6): 38-43.

[178] AI-Bassam M. SCPKI: a smart contract-based PKI and identity system[C]. The ACM Workshop on Blockchain, Cryptocurrencies and Contracts. Abu Dhabi: ACM, 2017: 35-40.

[179] Kortesniemi Y, Lagutin D, Elo T, et al. Improving the privacy of IoT with decentralised identifiers (DIDs)[J]. Journal of Computer Networks and Communications, 2019: 1-10.

[180] Kakei S, Shiraishi Y, Mohri M, et al. Cross-certification towards distributed authentication infrastructure: a case of hyperledger fabric[J]. IEEE Access, 2020, 8: 135742-135757.

[181] Yan J Z, Hang X Y, Yang B, et al. Blockchain based PKI and certificates management in mobile networks[C]//Proceedings of the 2020 IEEE 19th International Conference on Trust, Security and Privacy in Computing and Communications (Trust Com). Guangzhou: IEEE, 2020: 1764-1770.

[182] Yakubov A, Shbair W M, Wallbom A. et al. A block chain-based PKI management framework[C]//2018 IEEE/IFIP Network Operations and Management Symposium. Taipei: IEEE, 2018: 1-6.

[183] Shen H J, Zhou J, Cao Z F, et al. Blockchain-based lightweight certificate authority for efficient privacy-preserving location based service in vehicular social networks[J]. IEEE Internet of Things Journal, 2020, 7(7): 6610-6622.

[184] Qin B, Huang J K, Wang Q, et al. Cecoin: a decentralized PKI mitigating MitM attacks[J]. Future Generation Computer Systems, 2020, 107: 805-815.

[185] Chiu W Y, Meng W Z, Jensen C D. Chain PKI-towards ethash-based decentralized PKI with privacy enhancement[C]// Proceedings of the 2021 IEEE Conference on Dependable and Secure Computing(DSC). Aizuwakamatsu: IEEE, 2021: 1-8.

[186] Yang Y. Multi-issuer attribute-based anonymous credential with traceability and revocation[J]. Computer and Information Science, 2022, 15(2): 68.

[187] Wang R, He J, Liu C, et al. A privacy-aware PKI system based on permissioned blockchains[C]//2018 IEEE 9th International Conference on Software Engineering and Service Science (ICSESS). Beijing: IEEE, 2018: 928-931.

[188] Wang J F, Li C, Li H, et al. Key technologies and development status of Internet of vehicles[C]//2017 9th International Conference on Measuring Technology and Mechatronics Automation (ICMTMA). ChangSha: IEEE, 2017: 29-32.

[189] Ding S, Ma M D. An attribute-based access control mechanism for blockchain-enabled internet of vehicles[J]//Advances in Computer, Communication and Computational Sciences. 2021: 905-915.

[190] 邓雨康, 张磊, 李晶. 车联网隐私保护研究综述[J]. 计算机应用研究, 2022, 39(10): 2891-2906.

[191] Yang Y T, Chou L D, Tseng C W, et al. Blockchain-based traffic event validation and trust verification for VANETs[J]. IEEE Access, 2019, 7: 30868-30877.

[192] Shrestha R, Bajracharya R, Nam S Y. Blockchain-based message dissemination in VANET[C]//2018 IEEE 3rd International Conference on Computing, Communication and Security (ICCCS). Kathmandu: IEEE, 2018: 161-166.

[193] Yang Z, Yang K, Lei L, et al. Blockchain-based decentralized trust management in vehicular networks[J]. IEEE Internet of Things Journal, 2018, 6(2): 1495-1505.

[194] Kandah F, Huber B, Skjellum A, et al. A blockchain-based trust management approach for connected autonomous vehicles in smart cities[C]//2019 IEEE 9th Annual Computing and Communication Workshop and Conference (CCWC). Las Vegas: IEEE, 2019: 544-549.

[195] Chaudhary R, Jindal A, Aujla G S, et al. BEST: blockchain-based secure energy trading in SDN-enabled intelligent transportation system[J]. Computers & Security, 2019, 85: 288-299.

[196] Chen W H, Chen Y F, Chen X, et al. Toward secure data sharing for the IoV: a quality-driven incentive mechanism with on-chain and off-chain guarantees[J]. IEEE Internet of Things Journal, 2019, 7(3): 1625-1640.

[197] Zhang L Y, Zhang Y, Wu Q, et al. A secure and efficient decentralized access control scheme based on blockchain for vehicular social networks[J]. IEEE Internet of Things Journal, 2022, 9(18): 17938-17952.

[198] Qin X N, Papadonikolaki E. Shifting trust in construction supply chains through blockchain technology[J]. Engineering, Construction and Architectural Management, 2021, 28(2): 584-602.

[199] Cai T, Chen W H, Psannis K E, et al. On-chain and off-chain scalability techniques[M]//Blockchain Scalability. Singapore: Springer, 2023: 81-96.

[200] 刘敖迪，杜学绘，王娜，等. 基于区块链的大数据访问控制机制[J]. 软件学报，2019，30(9): 2636-2654.

[201] 杜瑞忠，刘妍，田俊峰. 物联网中基于智能合约的访问控制方法[J]. 计算机研究与发展，2019，56(10): 2287-2298.

[202] Blaze M, Bleumer G, Strauss M. Divertible protocols and atomic proxy cryptography[C]//International Conference on the Theory and Applications of Cryptographic Techniques. Berlin: Springer, 2006: 127-144.

[203] Su M, Zhou B, Fu A, et al. PRTA: a proxy re-encryption based trusted authorization scheme for nodes on CloudIoT[J]. Information Sciences, 2020, 527: 533-547.

[204] Wang Y P, Lang P, Tian D X, et al. A game-based computation off loading method in vehicular multi-access edge computing net works[J]. IEEE Internet of Things Journal, 2020, 7(6): 4987-4996.

[205] Kang J W, Yu R, Huang X M, et al. Blockchain for secure and efficient data sharing in vehicular edge computing and networks[J]. IEEE Internet of Things Journal, 2019, 6(3): 4660-4670.

[206] Fu Y C, Yu F R, Li C L, et al. Vehicular blockchain-based collective learning for connected and autonomous vehicles[J]. IEEE Wire less Communications, 2020, 27(2): 197-203.

[207] Li C L, Fu Y C, Yu F R, et al. Vehicle position correction: a vehicular blockchain networks-based GPS error sharing framework[J]. IEEE Transactions on Intelligent Transportation Systems, 2020: 898-912.

[208] Jiang X T, Yu F R, Song T, et al. Blockchain-enabled cross-domain object detection for autonomous driving: a model sharing approach[J]. IEEE Internet of Things Journal, 2020, 7(5): 3681-3692.

[209] Kokoris-kogias E, Jovanovic P, Gasser L, et al. Omniledger: a secure, scale-out, decentralized ledger via sharding[C]//2018 IEEE Symposium on Security and Privacy (SP). San Francisco: IEEE, 2018: 583-598.

[210] Zamani M, Movahedi M, Raykova M. Rapidchain: scaling blockchain via full sharding[C]//Proceedings of the 2018 ACM SIGSAC Conference on Computer and Communications Security. New York: ACM, 2018: 931-948.

[211] Zhang J T, Hong Z C, Qiu X Y, et al. Skychain: a deep reinforcement learning-empowered dynamic blockchain sharding system[C]//49th International Conference on Parallel Processing, 2020: 1-11.

[212] Yun J, Goh Y Y, Chung J M. DQN-based optimization framework for secure sharded blockchain systems[J]. IEEE Internet of Things Journal, 2020, 8(2): 708-722.

[213] 温建伟，姚冰冰，万剑雄，等. 结合深度强化学习的区块链分片系统性能优化[J]. 计算机工程与应用，2022，58(19): 116-123.

[214] Yang Z X, Yang R Z, Li M, et al. A load balance optimization framework for sharded-blockchain enabled Internet of

Things[J]. High Technology Letters, 2022, 28(1): 10-20.

[215] 张志勇，刘心报. 对物流几个基本概念问题的认识[J]. 中国流通经济，2013，27(2): 39-45.

[216] Xu L, Chen L, Gao Z M, et al. Binding the physical and cyber worlds: a blockchain approach for cargo supply chain security enhancement[C]//2018 IEEE International Symposium on Technologies for Homeland Security (HST). Woburn: IEEE, 2018: 1-5.

[217] Wang S A, Zhen L, Xiao L Y, et al. Data-driven intelligent port management based on blockchain[J]. Asia-Pacific Journal of Operational Research, 2021, 38(3): 1-16.

[218] 翟玲. 基于区块链技术的饲料企业物流体系构建研究[J]. 中国饲料，2021(7): 143-146.

[219] 钟芸. 区块链赋能城市智能交通的应用探索[J]. 交通与港航，2020，7(3): 56-59.